DER MUSIKER-GUIDE

Christian Hentschel

DER MUSIKER-GUIDE

Tips für Musiker vom ersten Konzert bis zum Plattenvertrag

SCHWARZKOPF & SCHWARZKOPF VERLAG

IMPRESSUM

Christian Hentschel: Der Musiker-Guide. Tips für Musiker vom ersten Konzert bis zum Plattenvertrag. ISBN 3-89602-314-4. © bei Schwarzkopf & Schwarzkopf Verlag GmbH, Berlin 1999. Dieses Werk ist urheberrechtlich geschützt. Jede Verwendung, die über den Rahmen des Zitatrechtes bei vollständiger Quellenangabe hinausgeht, ist honorarpflichtig und bedarf der schriftlichen Genehmigung des Verlages.

BILDNACHWEIS

Titelfoto von Helge Arnold und Gestaltung von Andreas Fack. Seite 8: Norbert Frank für K&P Music; 28: Olaf Heine für Motor Music; 41: S.Müssigbrodt für Virgin; 80: Olaf Blecker für Polydor; 85: Ralf Stratmann für Virgin; 110: Elbtonal; 114: Schizotainment; 116: Volkswagen Sound Foundation; 117: Zimmermann & Endig für MMK; 118: Zimmermann & Endig für MMK; 120: Michael Holz für Intercord; 129: Goodlife Records; 132: Markus Wustmann; 133: Olaf Heine für Intercord; 136: Christof Graf; 143: Thomas Nitz für Elbtonal; 147: Markus Wustmann; 148: Big Noise Records; 163: Billy & Hells für Polydor; 166: Jim Rakete für Eastwest; 197: Alex Merck Music; 199: Mercury; 201: Jim Rakete für SPV; 206: Zimmermann & Endig für MMK; 219: EMI; 221: Olaf Heine für BMG Berlin; 267: Sean Pollock für BMG Berlin; 272: BMG Ariola; 275: Ines Leisegang für BMG Berlin; 279: Tanja Schirrmacher; 283: Dirk Schelpmeier für BMG Ariola; 290: Zimmermann & Endig für MMK; 293: Brigitte Braune für BMG Berlin; 297: Olaf Heine für Edel; 302: Epic; 303: Motor Music; 304: BMG Ariola; 305: Golden Core/Zyx; 306: Rough Trade; 308: EMI; 311, 315, 317: Christian Appl;

KATALOG

Wir senden Ihnen gern unseren kostenlosen Katalog. Schwarzkopf & Schwarzkopf Verlag GmbH / Abt. Service, Kastanienallee 32, 10435 Berlin. Fax: 030 – 44 11 783

INTERNET

Ausführliche Informationen zum Verlagsprogramm finden Sie im Internet.
www.lexikon-imprint.de   www.schwarzkopf-schwarzkopf.de

DANK

Danke an alle Interviewpartner sowie besonderen Dank an Julia-D. Rechtacek, Heidrun & Werner Hentschel, Andreas Fack, Annett Thoms, Hannes Höttl, Peter Matzke und das gesamte gaffa-Team. Speziellen Dank auch an den unkompliziertesten Verleger Oliver Schwarzkopf.

EINLEITUNG

Die Ausgangssituation ist bekannt: Man gründet irgendwann seine eigene Band, das endlose Proben im Schulkeller oder in einer Garage findet seinen vorläufigen Höhepunkt bei einem selbstorganisierten Konzert in einem Jugendzentrum, welches dank großem Freundeskreis gut gefüllt ist, und tatsächlich sind die guten Bekannten allesamt maßlos begeistert. Wer jetzt als Musiker denkt, er habe »es« geschafft, irrt gewaltig, denn eigentlich geht es jetzt erst los (für ganz Schlaue: bei der Unterzeichnung des ersten Plattenvertrages geht es ein weiteres Mal eigentlich erst richtig los...).

Denn plötzlich scheint das eigentliche Anliegen, nämlich Musik zu machen, zur Nebensache zu avancieren. Ein Wust an Organisationskram vereinnahmt den Musiker, und eine traurige Erkenntnis wird bittere Realität: es nützt überhaupt nichts, die genialsten Songs zu schreiben, zu spielen oder zu singen, wenn man nicht die leiseste Ahnung hat, wie man diese auch unters Volk kriegt.

Selbstverständlich führen aber viele Wege nach Rom, so daß es beinahe fraglich ist, ob so ein wie hier vorliegender Guide wirklich notwendig ist und die gut gemeinten Hinweise tatsächlich beherzigt werden sollten.

Ich denke: Ja! und habe im vorliegendem Buch besonders jene Punkte berücksichtigt, die ich in den Anfangsjahren meiner Tätigkeit als Manager/Booker/Promoter gern selbst nachgelesen hätte.

Berlin, im Sommer 1999   Christian Hentschel

Christian Hentschel, Jahrgang 1967, ist Herausgeber und Chefredakteur des Musikmagazins »gaffa«. Zuvor arbeitete er einige Jahre als Bandmanager, Booker und Promoter. Dadurch kennt er die Musikbranche von der Pieke auf: er organisierte Konzerte in kleinen Kneipen genauso wie Open Air-Tourneen, handelte Honorare mit Clubmachern genauso aus wie Vorschüsse bei großen Plattenfirmen und promotet auch heute noch einige Acts, die sich mitunter in den Top 100 wiederfinden. Aufgrund seiner umfangreichen Erfahrungen im Musikbusiness sowie seiner Art, diese zu vermitteln, wird er immer wieder gern für Seminare auf Show- und Musikmessen sowie Musikertreffs engagiert.

I. DIE OCHSENTOUREN.

ODER: DAS LEBEN VOR DER ERSTEN PLATTE

Nehmen wir mal an, bei Euch verhält es sich ungefähr so: das jahre/monate/tage-lange Proben hat sich vollends gelohnt. Ihr habt jetzt ein paar mal auf Parties gespielt und neulich sogar mal im Jugendzentrum, wo Euch der Veranstalter prompt die kompletten Eintrittseinnahmen auszahlte und murmelte, daß das wohl gar nicht so übel sei, was Ihr ihm (und dem Publikum) musikalisch geboten hattet. Und der Typ vom Einlaß, der sonst im angesagtesten Club Eurer Stadt an der Tür steht, meinte, daß er mal gucken wolle, was sich da machen läßt, weil er ja schließlich den Booker sehr gut kennt. Kurz: Ihr habt Blut geleckt! Und jetzt wollt Ihr es wissen: Euren Sound in jedem noch so kleinen und beschissenen Club abliefern – überall, in jedem noch so kleinen Winkel der Republik. Mindestens! Aber: der so Euch zugetanene Türsteher kann nicht überall stehen (und somit Euch nicht überall empfehlen). Und daß das Jugendzentrum wegen Euch jetzt schon zweimal fast ausverkauft war, ist zwar äußerst bemerkenswert (und sollte – ein wenig anders formuliert – unbedingt ins Info, doch dazu später), aber bereits in der nächsten Stadt interessiert das keine S.. mehr. Wie Ihr wohl selber wißt: die Live-Szene liegt sozusagen am Boden. Clubs, die zeitweilig durch öffentliche Mittel gefördert wurden, werden das nun nicht mehr und machen dicht. Beim nächsten Club, der auch ohne Förderung lief, haben die Nachbarn mobil gemacht und wegen ruhestörendem Lärm das Verbot für Livemusik erfolgreich durchgedrückt. In einem weiteren Club gabs immer Schlägereien, die Konsequenz der Regionalpolitiker: keine Veranstaltungen mehr in diesem Club! Und beim nächsten Club ist zwar alles beim alten, aber die Leute bleiben aus. Es ist nämlich Sitte geworden, für einen Top-Act aus den obersten Chartsplatzierungen auch mal schlappe 80 Märker (für eventuelle Nachauflagen: 40 Euro...) und mehr hinzublättern (ohne mit der Wimper zu zucken), während es unerhört und überhaupt unangemessen unverschämt ist, wenn der Eintritt bei einer vielversprechenden Newcomerband ohne VIVA-Präsenz und SONY-Logo auf der CD so um die acht Mark liegt. Liebe Musiker, jetzt nicht empört tun, sondern mal nachdenken, wann Ihr das letzte Mal zu einer Euch noch völlig unbekannten Band gegangen seid, ohne den Eintritt auf die Hälfte gedrückt zu haben. Noch gar nicht so lange her? Gut. Und warum seid Ihr gerade auf diesem Konzert gelandet? Weil in diesem Club immer nur geile Bands spielen? Oder haben Euch die riesigen Plakate angemacht, die überall in der Stadt hingen? Oder doch das Foto im Veranstaltungsteil Eurer Tageszeitung? Oder wars die supergeniale Formulierung auf dem Flyer, daß jene Band Hip mit Hop mixt (oder so ähnlich...)? Im übrigen alles Sachen, die Ihr für Eure eigene Band auch (u.a.) berücksichtigen solltet, doch der Reihe nach...

DER BANDNAME

Das Buch fängt gut an, gleich im ersten Kapitel gibt es keine wirklichen Tips. Das liegt daran, weil wohl inzwischen beim Bandnamen alles möglich ist. Als ich die ersten Bands betreute, und wir händeringend nach Namen suchten, gaben uns die damaligen Printmedien haarsträubende Tips mit auf dem Weg. Knackig sollte der Name sein, gut einprägsam, leicht auszusprechen, deutsche Texte = deutscher Bandname, englische Texte = englischer Bandname... Auch wenn diese Gedankengänge heutzutage größtenteils immer noch nachvollziehbar sind und damit rege Anwendung finden, sind sie schon lange nicht mehr »Gesetz«. Bekanntes Beispiel gefällig? INCHTABOKATABLES. Obwohl ich von den Jungs bereits ein paar Platten zu stehen habe, klingt dieser Bandname bei mir nur dann gut ausgesprochen, wenn ich ihn ganz schnell sage. Dennoch: trotz ein gewisses Maß an Unaussprechlichkeit setzte sich die Bezeichnung INCHTABOKATABLES durch. Deshalb freue mich um so mehr, wenn ich auf Fans treffe, denn hier darf man liebevoll Inchies sagen. Einen genialen Bandnamen haben auch die Hamburger DERNAMEISTSOLANGDENKANNSICHEHKEINSCHWEINMERKEN. In die gleiche Kerbe schlägt (sagt man so?) OSTZONENSUPPENWÜRFELMACHENKREBS. Natürlich ist es praktisch, einen kürzeren Namen zu haben, der mühelos ins Ohr klettert und dort kleben bleibt. Aber oftmals hatten andere schon die gleiche Idee, so daß man es mit einem einfachen Namen nicht immer auch wirklich einfach haben muß.

FEAL ist so ein Name, eine hoffnungsvolle Band aus Frankfurt/Main, die sich reichlich ärgern darf: FEEL (auch aus Hessen, die haben wahrscheinlich wirklich abgeguckt), PEAL (aus Berlin), VEAL (aus Kanada), PEEL, KEEL usw. Das ist schon ärgerlich, vielleicht war die FEAL-Sängerin deshalb – als sie kürzlich ihre Band verließ – bei der Namensfindung ihres

Haben bewiesen, daß es auch mit einem nicht schnell einprägsamen Namen funktionieren kann: die Inchtabokatables aus Berlin.

neuen Projektes nicht ganz so kreativ: Stereoblonde! Da kann man nichts falsch machen, Stereo und Blonde gibt es derzeit nämlich sehr oft und wird damit automatisch zeitgemäß. Ein paar Beispiele: Adventures In Stereo, Apples In Stereo, Heavy Stereo, Soda Stereo, Stereo Clowns, Stereo Expanteum Club, Stereo MC's, Stereo Nation, Stereo Nova, Stereo Total, Stereo Maximus, Stereolab, Stereophonic Spaces und Stereophonics; und die blonden: 4 Non Blondes, Blackeyed Blonde, Blonde Ambition, Blonde On Blonde, Blonde Redhead, Concrete Blonde, Mr. Blonde, Petide Blonde, Platinum Blonde... Aber es geht noch witziger: bevor jene Sängerin ans Mikrofon von FEAL und STEREOBLONDE trat, sang sie bei der hessischen Band BARBIE Q. Dieser Name wurde wiederum erst kürzlich von vier Leipzigern gewählt, die eine der deutschen Antworten auf den Britpop sind. Neulich landeten die Leipziger BARBIE Q gar in die engere Auswahl des ostdeutschen f6 Music Award, dort gewannen jedoch die Berliner ULTRA VIOLET. Musikalisch recht eigenständig, ist es wieder der Bandname, den es bereits ähnlich gibt: Ultrasound, Ultrasonics, Ultra, Ultra Baby Fat, Ultra Cindy, Ultrahigh, Ultra Living, Ultra Lounge, Ultra Love Machine, Ultra Montaines, Ultra Montanes, Ultra Nate, Ultra Red, Ultra Vivid Scene, Ultramatix, Ultras, Ultraspank, Ultravibe und Ultravox. Und VIOLET finden wir in March Violets, Psycho Violets, Uncle Violet, Violets, Violet Blue Flames und Violent Femmes. Aber die eigentliche Pointe ist die Heavyband Ultraviolence, die 1994 das Album »Life Of Destructor« und 1998 die EP »Paranoid« veröffentlichte. Um es noch einmal zu toppen: eine herausragende Klassikreihe der Plattenfirma VIRGIN nennt sich ebenfalls Ultra Violet. Doch Ultra Violet können sich trösten, denn auch dem Zweitplazierten gehts nicht wesentlich besser: ZOMBIE JOE aus Halle/Saale sind nämlich nicht die einzigen Zombies im Musikbusiness: da gibt/gab es immerhin noch die Zombies an sich, den White Zombie, den Zombie Rob und wer weiß, welche Zombies zur Zeit noch in den Übungskellern und Probegaragen schlummern. Solche Dopplungen ziehen sich durch alle Bereiche und sind manchmal bitterböse. Beispiel: GANDALF. Der Österreicher zählt seit Jahren zu den Künstlern im New Age-Bereich, hat ca. 20 Alben eingespielt, davon eine mit Steve Hackett und eine mit einem großen Wiener Orchester, kurz: er dürfte mal so langsam nach all den Jahren den Musikkennern ein Begriff sein – und nun kommt eine Heavyband daher und nennt sich GANDALF (wer es nicht weiß: Gandalf ist der Name des guten Zauberers in Tolkiens Roman »Der Herr der Ringe«). Das Grausame: die Plattenfirma der Heavy-Gandalfs tut nichts für ihre Schützlinge und so kommts, daß der Tonträgerhandel es gar nicht merkt, daß sie zwei Gandalfs im Sortiment haben. So landet Heavy-Gandalf sofort im New Age-Regal (wo Heavy-Fans meist weniger schauen, während die New Age-Fans des bekannteren GANDALF im Handel, bei der Plattenfirma und bei GANDALF selbst sich über das schreckliche Album »Deadly Fairytales« mokieren). Selbst eine Band, die es schon seit über zwanzig Jahren gibt, nämlich SILLY aus Berlin, fand in den letzten Jahren viele Namensverwandte: Silly Noise, Silly Season, Silly Solid Swound System, Silly Encores, Silly Walk, und davon auch gleich nochmal die Steigerungsform: Silly Walks Movement.

Mir selbst passierte 1993 folgendes: Ich betreute die deutschlandweit in Liveclubs nicht unbekannte Gitarrenpopband DUNE, und dank unserer zahlreichen Pressereviews wußte man auch im entferntesten Zipfel von unserer Existenz. Plötzlich erreichte uns ein Brief von einer Bochumer Heavyband (!) mit etwa folgendem Inhalt: Wir sollten ab sofort nicht mehr den Namen DUNE verwenden, da sonst den Bochumer Kollegen immenser Schaden entstehen würde... Doch die Heavyband hatte zu früh gebrüllt, in solchen Fällen kommt nämlich das Urhebergesetz zum Einsatz, welches sinngemäß besagt, daß logischerweise der den Namen verwenden darf, der ihn zuerst hatte. Mit alten Konzertverträgen und einem alten Mietvertrag für einen noch älteren Proberaum konnten wir letztlich belegen, daß der Name DUNE unserer ist. Witzigerweise kam kurz danach eine Dancepopband mit Erfolg auf den Markt, die ebenfalls diesen Namen verwendete. Leider gab sich die von mir betreute Band kurz zuvor einen neuen Namen, so daß wir weder den neuen DUNEs noch ihrer großen Plattenfirma weismachen konnten, daß uns ein Schaden entstanden ist...

Die Sache mit dem Urheberrecht ist natürlich so ein Gummiparagraph. Wenn die Bochumer Band pfiffig gewesen wäre, hätte sie bei uns angefragt, seit wann wir den Namen verwenden. Bei entsprechender Antwort hätten sie prompt reagieren und noch ältere (getürkte) Verträge schicken können. Deshalb – wer jetzt Panik bekommt – gleich zum Patentamt (gibt es in München und in Berlin) und den Namen schützen lassen. Das kostet zwar einiges, aber leider ist das unter Umständen eine notwendige Investition.

Vor einem von Musikspezialisten gern gegebenen Tip möchte ich warnen: Der Tip besagt, daß Ihr Euch selbst ein Einschreiben mit Rückschein schicken sollt. Motto: »Ab heute heißen wir Gruppe XYZ, Datum: der soundsovielte.« Wenn jetzt eine andere Gruppe mit dem Namen daher kommt, könnt Ihr anhand des Einschreibens beweisen, daß Ihr die eigentlichen Urheber seid. Das ist natürlich geballter Schwachsinn. Ihr könnt zwar beweisen, daß Ihr an einem bestimmten Tag ein Einschreiben losgeschickt bzw. bekommen habt, was aber wirklich drin stand, weiß niemand. Selbst ein noch zugeklebter Brief, der praktisch erst vor Richters Augen geöffnet wird, kann ein manipulierter sein. Eine meiner leichtesten Übungen. Ich habe noch nie von einem Fall gehört, bei dem so ein Brief als Beweis galt.

Deshalb: Wenn Ihr wirklich sicher gehen wollt: Laßt Euch Eure Namenswahl von einem Notar beurkunden, das kostet ein paar Mark, oder, sogar noch besser und auch ein bißchen teurer: Tragt Euren Bandnamen gleich als Marke ein. Das kostet mindestens 500 Mark. Wenn Ihr den Namen auch für andere Gebiete als die Musik schützen wollt, sind das für jedes Gebiet noch mal 150 Mark extra, aber vielleicht wollt Ihr ja unter Eurem Bandnamen GANZDOLLVIELSCHLANKERDENNJE später auch mal eine Diät herausbringen oder als Gitarrenband SCHÖNEVOLLEUNTERHOSE einmal eine eigene Dessous-Modelinie – wer weiß? Der Schutz gilt zunächst für 10 Jahre, kann aber verlängert werden.

Merke: Nur der Eintrag als Marke beim Patentamt schützt Euch wirklich gegen Namensklau! Wenn Ihr wirklich eine erfolgreiche Band werden wollt, es ernsthaft betreibt und Karriere machen wollt, dann ist Euer Name das Wertvollste, was Ihr habt! BOYZONE-Fans würden nie BACK STREET BOYS-Platten kaufen.

Und wenn Du, der das hier liest, der Bandgründer bist und Du begründete Zweifel hast, daß Deine Bandkollegen es mit der Karriere und der Musik genau so ernst meinen wie Du: Bezahl die paar Mark, selbst wenn es weht tut, aus Deiner Tasche und trag die Marke ganz auf Dich allein ein, dann bist Du der alleinige Inhaber. Und wenn Ihr Euch später verkracht (Glaub mir: Ihr werdet euch verkrachen), dann kannst Du auf jeden Fall den Namen behalten, egal was passiert. Das gilt sogar, wenn die Band Dich kollektiv rausschmeißt – dann nimmst Du den Namen mit und suchst Dir ein paar neue Musiker. So what.

VOM BESCHAFFEN DER RICHTIGEN ADRESSEN

Die Szene Eurer eigenen Stadt kennt Ihr wie die eigene Westentasche (Stadt steht natürlich für Euren Heimatort: wer vom Dorf kommt, setzt Dorf ein – und wer in seinem Dorf keine Szene hat, setzt Gegend ein). Wenn Eure Stadt klein genug und somit überschaubar ist, gehört man eh' sehr schnell zum so genannten Szeneklüngel, in dem ja nicht nur die Musiker abhängen, sondern auch alle anderen »Macher«, wie beispielsweise die Clubbetreiber. Das ist zunächst ein gewaltiger Vorteil: der heimatliche Rock'n' Roll-Traum verwirklicht sich unter Umständen schneller als man denkt. Aber genau das wird prompt zum Nachteil: man hat sehr schnell überall gespielt, wo man nur spielen kann – und das mehrmals. Also will man raus in andere Städte. Vielleicht klappt es auch in der eigenen Region nicht so richtig. Ich kenne altbackene Deutschrockbands, die in Berlin oder Hamburg keinen Fuß mehr in die Tür kriegen, aber in Bayern zumindest Achtungserfolge erzielen. In Thüringen soll es auch Blues-Hochburgen geben... Und für einige provinzielle Clubs ist z.b. die Herkunft ein Qualitätsmerkmal. Motto (Beispiel): wer aus Berlin kommt, muß einfach gut sein (in Berlin selbst haben Berliner Bands natürlich kaum Vorteile...). Oftmals ist dann im Veranstaltungskalender das »aus Berlin« größer als der Bandname... Im internationalen Format funktioniert das auch in größeren Städten: eine Band aus New York läßt eben mehr aufhorchen als eine aus Halle-Neustadt. Um es an einem Beispiel festzumachen: die Chartbreaker LIQUIDO kommen aus Sinsheim (somit alles bestens), während SCYCS in Magdeburg zu Hause sind (und darum in den Medien bedauert werden, auch wenn West-Sinsheim genauso tot wie Ost-Magdeburg ist!).

Die Gründe, nicht nur die Jungs und Mädels in der eigenen Region mit seinen Songs beglücken zu wollen, mögen recht unterschiedlich sein, der Weg dahin ist jedoch der selbe!

Zuallererst stellt sich die Frage, wie checkt man ab, wo in 500 km Entfernung der Bär steppt? Die wohl einfachste Möglichkeit: in den Kleinanzeigenteil diverser Musik(er)magazine schauen und nach »Verkaufe Veranstalterkartei« suchen. Nicht erschrecken, aber für diese Teile sind meistens so um die 100 – 150 DM hinzulegen. Ein ordentlicher Preis, der sich jedoch unter Umständen bezahlt macht. In jedem Fall solltet Ihr vorher abklären (wenn Ihr z.B. die Bestellung einer Kartei telefonisch macht), was Euch beim Veranstalteradressenkauf erwartet. Es mag ja fantastisch klingen, wenn es da in der Kleinanzeige heißt »1000 Adressen für nur 100 DM«, aber wenn es sich dann wirklich nur um die Auflistung »purer« Adressen handelt, ist Euch eher wenig geholfen. Aus diesen Adressen geht nämlich nicht hervor, ob es sich um eine kleine Musikkneipe, einen mittleren Club oder doch um eine große Halle handelt. Solche Listen bringen nur dann was, wenn Ihr einen konkreten Tip erhaltet: In Stadt X, im Club Y müßtet Ihr mal spielen... Dann schaut Ihr eben nach unter X und Y. Aber Hand aufs Herz: genauso könntet Ihr ins Telefonbuch schauen, die Auskunft anrufen, im Internet surfen usw. Dann schon lieber die zweite Kategorie der angebotenen Karteien, wo eben nicht nur die Adressen zu finden sind, sondern auch eine Reihe von wichtigen Infos: Ansprechpartner, Stilrichtung usw. Wenn es z.B. schon im vornherein deutlich wird, daß ein Irish Pub nur Irish Folk-Künstler einlädt, braucht man da als Heavy-Band nichts hinschicken. Genauso aussichtslos ist die Bewerbung einer Jazzband im Countryclub. Natürlich ist so ein Recherchieren eine höllische Arbeit –

und der, der sich diese Arbeit gemacht hat, um damit ein bißchen Geld zu verdienen, ist zum Schluß so hippelig (weil die Kleinanzeige, in der er den Verkauf seiner Kartei anbietet, schon erschienen ist, obwohl sie vielleicht noch gar nicht fertig ist), daß er am Ende ungenau wird. Club Sowieso in Stadt Soundso hatte er vielleicht schon vor einem Jahr recherchiert, das kann schon längst wieder hinfällig sein. Deshalb eine solch gekaufte Kartei nie als bare Münze nehmen, sondern eher als Basis für die eigenen Recherchen. Ich selbst habe jedenfalls noch keine Kartei gesehen, die mich rundum zufrieden machte. Falls Ihr so eine kennt, die sich wirklich lohnt, sagt mir bitte Bescheid (Ihr erreicht mich über den Verlag).

Weitaus ergiebiger ist das Aufbauen der eigenen Kartei. Hier aber gleich der bescheidene Hinweis, daß diese nie fertig wird, da kann man akkurat und penibel dran arbeiten, die Liveszene mit ihren Neueröffnungen, Schließungen und Veränderungen ist einfach schneller... Ansonsten ist der Weg zur eigenen Veranstalterkartei so: Nie mehr abschalten, auch im Urlaub nicht (speziell da nicht, zumindest dann nicht, wenn man in Gegenden unterwegs ist, wo man theoretisch auch Konzerte geben kann). Wenn Ihr in einer anderen Stadt seid, dann sofort an den nächsten Zeitschriftenkiosk/Bahnhofspressehandel etc. stürmen und nach Stadtmagazinen fragen (und – wenn welche da sind – kaufen!), dann gleich in die nächste Szenekneipe und sich genau umsehen: meistens liegen hier irgendwo die Gratisstadtmagazine (manchmal auch ganz versteckt: auf dem Zigarettenautomaten, in dunklen Ecken, auf dem Weg zum Klo), ja – und wenn Du durch die Stadt läufst, nicht nach den Sehenswürdigkeiten schielen, sondern nach plakatierten Bauzäunen/Häuserwänden usw. gucken. Wenn Ihr also ein Plakat seht mit einer Euch unbekannten Band, dann sofort mal nachlesen, wo die denn spielen. Damit könnt Ihr dann natürlich immer noch falsch liegen: die Band ist vielleicht regional bekannt und spielt in einer Halle, in der Ihr niemals (also noch nicht) spielen werdet. Aber meistens klappt diese Variante. Es leuchtet ein, daß Ihr nicht in jeder Stadt sein könnt, und es so unter Umständen Jahre dauern kann, bis sich Euer Sammeln von Veranstalteradressen wirklich Sammlung nennen kann. Wenn Ihr Glück habt, braucht Ihr eigentlich nur drei Adressen in Deutschland anschreiben und Ihr habt wenige Tage später alle relevanten deutschen Stadtmagazine auf dem Tisch. Diese Magazine leben meistens vom Anzeigenverkauf. Und damit sich nicht jedes Ministadtmagazin allein bei den großen Firmen, die überregionale Werbung schalten (zum Beispiel Zigaretten usw.), melden muß, wurden irgendwann Kombis erfunden. Das sind praktisch Media-Agenturen, die die finanziellen Interessen der Stadtmagazine vertreten und eben eine Reihe dieser Hefte unter ihren Fittichen haben. In Deutschland gibt es derzeit drei ernstzunehmende dieser Kombis, die man ja einfach mal anschreiben kann. Wenn Ihr allerdings schreibt, sehr geehrte Damen und Herren, wir sind gerade dabei, uns eine schicke Veranstalterkartei zu basteln, werdet Ihr wenig Erfolg in Sachen Rückmeldung haben, denn die Jungs und Mädels in den Anzeigenkombis sind nicht dazu da, Euch mit den notwendigen Infos der Liveszene Deutschlands auszurüsten, sondern wollen – verständlicherweise – in erster Linie Anzeigen verkaufen. Also schreibt, daß Ihr eine Tour bewerben wollt oder daß Ihr eine Werbeagentur seid und mal für einen Eurer Kunden schauen wollt, was es so an Medien gibt. Diese Variante klingt genial, war es auch einmal (ich hielt mich so jahrelang auf dem laufendem), ist es aber schon lange nicht mehr. Denn diese Vorgehensweise praktizieren immer mehr Musiker/Manager, teilweise wird sie auch publik gemacht (wie z.B. jetzt hier) und so kommt es, daß die zuständigen Kombi-Mitarbeiter ein regelrechtes Gespür für wirklich potentielle Anzeigenkunden entwickelt haben. Das soll heißen: nicht jeder von Euch, der diesen Tip jetzt praktiziert, gehört dann wirklich zu den Glücklichen und hat eine Woche später sämtliche Stadtmagazine Deutschlands auf dem Tisch. Aber: Es sind ja nur dreimal DM 1,10 Porto zur Zeit. (Adressen unten) Die nächste Variante, etwas aufwendigere, ist das Anschreiben aller einzelnen Magazine (oder vielleicht erstmal die in den Regionen, wo man denn tourmäßig so hin will). Kleines Fax, kurze E-Mail oder eine Karte an die jeweilige Redaktion mit der Bitte eines kostenlosen Probeexemplares. Die meisten professionell arbeitenden Redaktionen haben auch kein Problem damit, umgehend ein Exemplar zu schicken. Wer von Euch skeptisch ist, kann ja auf der Karte/dem Fax/das Mail schreiben, daß er schon demnächst in die jeweilige Stadt ziehen wird und schon mal Ausschau nach einem geeigneten Stadtmagazin halten möchte. Spätestens hier schlägt das Herz jedes Vertriebsleiters höher, da Du ja ein potentieller Abonnement bist. Dritte und gleichzeitig derzeit schickste/coolste Variante: das Internet! Die meisten Stadtmagazine sind

MEGAKOMBI	CITY MEDIEN	CITY COMBI
Alt-Moabit 62 – 63	Varrentrappstr. 53	Media Connect GmbH -
10555 Berlin	60486 Frankfurt/Main	Advertising-
Telefon:	Telefon:	Kurt-Schumacher-Str. 14
(030) 39 92 65 50	(069) 97 95 17 10	30159 Hannover
Fax (030) 39 92 65 59	Fax (069) 97 95 17 19	Telefon (0511) 18 60 7
e-mail: megakombi@t-online.de	e-mail: info@citymedien.de	Fax (0511) 13 18 54 2
http: www.megakombi-stadtillus.de	http: www.citymedien.de	e-mail:citycombi@media-connect.de
		http: www.media-connect.de

nämlich schon im Netz und der jeweilige Besuch dort lohnt sich in den meisten Fällen. Die Vorgehensweise: die Internetadresse der Kombis eingeben und warten, welche Mags aufgelistet werden. Zumeist sind dann auch Links vorhanden zu den einzelnen Regionalmagazinen. Die Homepages der Stadtmagazine sind von der Qualität her genauso unterschiedlich wie die gedruckten Hefte auch. Und oftmals wird vor lauter High Tech-Firlefanz wirklich wichtiges (wie z.B. das Impressum mit der Redaktionsadresse) vergessen. Und die Adressen von Clubs und anderen Livespielmöglichkeiten fehlen bei vielen auch. Doch da wir ja nicht wegen schön anzusehender Seiten im Netz sind, sondern um uns eine Veranstalterkartei aufzubauen, sollten wir (jedenfalls zur Zeit noch) die Printausgabe der Stadtmagazine vorziehen und das Internet maximal als Ergänzung nutzen. Wer aber gerade im Netz ist, kann ja mal unter www.allmusic.de schauen, dort sind über 200 nützliche Veranstalteradressen zu finden. Mehr Tips zu Bandhilfe im Internet lest Ihr bitte im dafür extra gesonderten Kapitel nach! Was machen wir aber jetzt eigentlich mit den Stadtmagazinen? Wir lesen sie, nicht alles, aber einiges ganz genau. Nämlich die Terminseiten sowie – falls vorhanden – Seiten mit Konzertankündigungen. Wer sich in der Musikszene auskennt (und davon sollte man mindestens einen in der Band haben bzw. einen kennen), kennt auch die Größenordnungen der in der jeweiligen Stadt gastierenden Bands. Wer also liest, in Veranstaltungshalle X spielen H-Blockx und eine Woche später Xavier Naidoo, braucht sich hier vorerst nicht zu melden (es gibt natürlich immer wieder Ausnahmen, weil z.B. der Riesenhallenbesitzer noch einen kleinen Club hat und sowieso ein Herz für Newcomerbands – aber in den meisten Fällen ist das nicht so, und deshalb gehen wir davon hier jetzt auch nicht aus). Wenn Ihr aber lest, Gruppe X stellt im Keller Y ihre in Eigenregie entstandene CD vor, dann habt Ihr auch schon mal für Euch einen potentiellen Club. Ihr könnt Euch über diesen Club auch schon ein klein wenig besser informieren: Schaut den Terminkalender ganz genau durch! Wenn besagter Club immer wieder unter »Livemusik« auftaucht, und das nicht nur freitags oder samstags, dann wißt Ihr schon mal, daß hier einiges an Livemusik passieren muß. Wenn dann irgendwo noch eine Anzeige dieses Clubs im Stadtmagazin zu finden ist, dann wißt Ihr, daß die Clubbetreiber den Sinn von Werbung erkannt haben (letzten Satz bitte nicht mit »Ein Club ist nur ein guter Club, wenn er im Stadtmagazin auch Anzeigen schaltet!« verwechseln). Das alles klingt nach mühevoller Recherche, ist es aber nur bedingt. Denn es kann sogar Spaß machen, schon allein durchs Lesen durch die verschiedensten Clublandschaften zu streifen. Mich selbst hat das Finden attraktiver Clubadressen immer hoch motiviert.

ADRESSEN VON STADTMAGAZINEN

DRESDEN

BLITZ! Dresden
CITY Werbeverlags
GmbH
Redaktionsbüro Dresden
Ammonstraße 72
01067 Dresden
Tel: (03 51) 4 90 67 94
Fax: (03 51) 4 90 67 93
Chefredakteur:
Bert Hähne
Musikredakteur:
Peter Matzke

DRESDNER Medien
Verlags GmbH
Ludwigstr. 2
Tel: (03 51) 8 07 21 – 0
Fax: (03 51) 8 07 21 – 33
e-mail:post@dresdner.nu
Redaktionsleitung:
Jana Betscher, Grit
Böhm; Musikredaktion:
Heinz K.

SAX
Helgolandstraße 5 g
(2.Hof)
01097 Dresden
Tel: (03 51) 8 29 39 – 0
Fax: (03 51) 8 29 39 – 49
e-mail: sax@advis.de
Internet: www.cyber-sax.de
Musikredaktion: Uwe
Stuhrberg

FRITZ Dresden
Büro Dresden
Büroleitung: Hendrik
Rotzsch
Goetheallee 34
01309 Dresden
Tel: (03 51) 2 57 12 65
Fax: (03 51) 2 54 25 84
erscheint im:

VERLAG PETER BEUG
GmbH
Elsteraue 9
04469 Leipzig
Tel: (03 41) 4 67 69 10
Fax: (03 41) 4 67 69 19
e-mail: Dresden@fritz-magazin.de; Internet:
www.fritz-magazin.de
Chefredakteur:
Michael Roch

COTTBUS

hermann – Der Fabrik
Verlag
Parzellenstraße 27-28
03050 Cottbus
Tel: (03 55) 43 12 40
Fax: (03 55) 43 12 424
e-mail: hermann@lausitz.net; Internet:
www.lausitz.net/hermann
Redaktionsleitung:
Jörg Ackermann

LEIPZIG

KREUZER
Schuhmachergäßchen 1-3
04109 Leipzig
Tel: (03 41) 2 69 80 00
Fax: (03 41) 2 69 80 88
e-mail: info@kreuzer-leipzig.de; Internet:
www.kreuzer-leipzig.de
Chefredakteur:
Björn Achenbach
Musikredaktion:
Jörg Augsburg

BLITZ! Leipzig
CITY Werbeverlags
GmbH
Bahnhofstraße 32
04466 Leipzig-Lindenthal
Tel: (03 41) 4 61 82 13
Fax: (03 41) 4 61 82 14
e-mail: info@blitz-stadt-magazin.com
Internet: www.blitz-stadt-magazin.com
Chefredakteur:
Bert Hähne
Musikredakteur:
Peter Matzke

HALLE

BLITZ! Halle
CITY Werbeverlags
GmbH
Redaktionsbüro Halle
Große Ulrichstraße 53
006108 Halle
Tel: (03 45) 2 09 10 40
Fax: (03 45) 2 09 10 42
Chefredakteur:
Bert Hähne
Musikredakteur:
Peter Matzke

FRITZ Halle/Leipzig
Büro Halle
Büroleitung:
Gerd Behrend
Am Steintor 10
06112 Halle
Tel: (03 45) 2 08 04 50
Fax: (03 45) 2 08 04 52
erscheint im:
VERLAG PETER BEUG
GmbH
Elsteraue 9
04469 Leipzig
Tel: (03 41) 4 67 69 10
Fax: (03 41) 4 67 69 19
e-mail: Halle@fritz-magazin.de
Leipzig@fritz-magazin.de
Internet: www.fritz-magazin.de
Chefredakteur:
Michael Roch

CHEMNITZ

Stadtstreicher
Am Feldschlößchen 18
09116 Chemnitz

Tel: (03 71) 38 38 00
Fax: (03 71) 38 38 038
e-mail: info@stadtstreicher.de
Chefredaktion:
Jenny Zichner

BLITZ! Chemnitz
CITY Werbeverlags
GmbH
Zentrales Redaktionsbüro
Bahnhofstraße 32
04466 Leipzig-Lindenthal
Tel: (03 41) 4 61 82 13
Fax: (03 41) 4 61 82 14
e-mail: info@blitz-stadtmagazin.com
Internet: www.blitz-stadtmagazin.com
Chefredakteur:
Bert Hähne
Musikredakteur:
Peter Matzke

POTSDAM

events
mns Medien GbR mbH
Nansenstraße 21
14471 Potsdam
Tel: (03 31) 90 16 12
Fax: (03 31) 90 16 12
e-mail: events@potsdam-online.de
Internet: www.potsdam-online.de
Chefredakteur:
Thomas Seipt

NEUBRANDENBURG

Piste Neubrandenburg,
Greifswald & Stralsund
media consult
Service-, Beratungs- und
Vermittlungs GmbH
Verlagsbüro Neubrandenburg
Fritz-Reuter-Str. 16 a
17033 Neubrandenburg

Tel: (03 95) 5 82 40 20
Fax: (03 95) 5 82 56 35
e-mail: pisteNB-HGW-HST@t-online.de
Internet: www.piste.de

ROSTOCK

Piste Rostock
media consult
Service-, Beratungs- und
Vermittlungs GmbH
Vertretung Rostock
St. Petersburger Str. 18 b
18107 Rostock
Tel: (03 81) 7 69 86 – 33
Fax: (03 81) 7 69 86 – 45
e-mail: rostock@piste.de
Internet: www.piste.de

SCHWERIN

piste Schwerin
media consult
Service-, Beratungs- und
Vermittlungs GmbH
Verlagsbüro Schwerin
Wallstraße 49
19053 Schwerin
Postfach 15 03 43
19033 Schwerin
Tel: (03 85) 7 58 86 06
Fax: (03 85) 7 58 86 08
e-mail:
Schwerin@piste.de
Internet: www.piste.de

HAMBURG

hamburg: pur
Doppelpunkt Verlags-
GmbH
Gurlittstraße 10
20099 Hamburg
Tel: (0 40) 28 40 62 – 14
Fax: (0 40) 28 40 62 – 11
e-mail: redaktion@hamburg-pur.de

Internet: www.hamburg-pur.de
Chefredaktion:
Gerhard Fiedler

SZENE Hamburg
Hamburger Stadtillustrierten Verlagsgesellschaft mbH
Schulterblatt 120-124
30357 Hamburg
Tel: (0 40) 43 28 42 – 0
Fax: (0 40) 43 28 42 – 30
e-mail: redaktion@szene-hamburg.de
Internet: www.szene-hamburg.de
Redaktionsleitung:
Christoph Twickel

piste hamburg
Kollaustraße 122
22453 Hamburg
Tel: (0 40) 23 68 72 22
Fax: (0 40) 23 05 79
e-mail:
hamburg@piste.de
Internet: www.piste.de

LÜNEBURG

21zwanzig
Chamäleon Verlagsgesellschaft mbH
Große Bäckerstraße 10
21335 Lüneburg
Tel: (0 41 31) 40 11 09
Fax: (0 41 31) 40 11 93
e-mail: info@21.zwanzig.de; Internet:
www.21.zwanzig.de
Redaktionsleitung:
Thorsten Lustmann

LÜBECK

piste
Verlag: media consult
Dr.-Julius-Leber-Str. 26
23552 Lübeck

Tel: (04 51) 7 02 11-0
Fax: (04 51) 7 02 11-89
e-mail: luebeck@piste.de
Internet: www.piste.de
Redaktionsleitung:
Ilka Koch

BAD SCHWARTAU

SZENE ROSTOCK &
SZENE LÜBECK
Szene-Verlag GmbH &
Drupa-Verlag GmbH
Langenfelde 11
23611 Bad Schwartau
Tel: (04 51) 2 10 47
Fax: (04 51) 2 60 39
Chefredaktion:
Dieter Spiel
Musikredaktion:
Peter Gliesmann

KIEL

PROMEDIA VERLAG
Niemannsweg 46
24105 Kiel
Tel: (04 31) 3 52 58
Fax: (04 31) 33 90 52

PARTOUT
Schönwohlder Weg 23
24113 Kiel
Tel: (04 31) 68 78 75
Fax: (04 31) 68 78 97
e-mail: partout@t-
online.de; Internet:
www.norden-
online.nu/partout
Redaktionsleitung:
Dirk Schneekloth

KIEL Das Stadtmagazin
4c Marketing und Media
Verlag
Eckernförder Str. 259
24119 Kiel-Kronshagen
Tel: (04 31) 54 20 72
Fax: (04 31) 54 20 92
Internet: www.regio-
NET-kiel.de/KiEL-Stadt-
magazin
Redaktionsleitung:
Jens Langhoff

STATION TO STATION
Werftbahnstr. 8
24143 Kiel
Tel: (04 31) 7 02 10-0
Fax: (04 31) 7 02 10-10
e-mail: station@com-
city.de; Internet:
www.station.de
Redaktionsleitung:
D. Wohlenberg

NEUMÜNSTER

After Dark
Friedrichstraße 8
24534 Neumünster
Tel: (0 43 21) 1 62 66
Fax: (0 43 21) 1 23 50
e-mail: red@afterdark.de

OLDENBURG

DIABOLO
Bahnhofstr. 11
26032 Oldenburg
Tel: (04 41) 2 18 35 – 0
Fax: (04 41) 2 18 35 – 55
e-mail: diabolo-ol@t-
online.de; Internet:
www.dianolo.stadtzeitun-
gen.de

OLDENBURG

Mox-Journal
Bahnhofstr. 11
26122 Oldenburg
Postfach 49 60
26039 Oldenburg
Tel: (04 41) 2 18 35-0
Fax: (04 41) 2 18 35-19
Redaktionsleitung:
Jens Lükermann

big Oldenburg
Achternstr. 13
26122 Oldenburg
Tel: (04 41) 9 57 22 93
Fax: (04 41) 9 57 22 92
Redaktionsleitung:
Lothar Bienkowski

BREMEN

big Bremen
Postfach 10 67 09
28067 Bremen
Tel: (04 21) 7 90 07 15
Fax:(04 21) 7 90 07 77
Redaktionsleitung:
Lothar Bienkowski

BREMER
Humboldtstraße 56
28203 Bremen
Postfach 10 67 09
28067 Bremen
Tel: (04 21) 7 90 07 – 11
Fax:(04 21) 7 90 07 – 77
e-mail: redaktion@bre-
mer.de; Internet:
www.bremer.de
Chefredakteur:
Lothar Bienkowski

MIX
MIX-Verlags GmbH
Goebenstr. 14
28209 Bremen
Tel: (04 21) 3 46 99 66
Fax:(04 21) 3 46 99 63
e-mail: mix@mix-
online.de; Internet:
www.mix-online.de

HANNOVER

magaScene
Lange Laube 22
30159 Hannover
Tel: (05 11) 1 55 51
Fax: (05 11) 1 31 61 69

Schädelspalter
R&T Verlags- und Vertriebsgesellschaft mbH
Lister Meile 33
30161 Hannover
Tel: (05 11) 3 40 24 46
Fax: (05 11) 3 40 24 64
e-mail: redaktion@schaedelspalter.de
Internet: www.schaedelspalter.de
Chefredaktion:
Susanne Kautz

piste
D.Müller & H.Franke GbR
Fössestraße 97 a
Postfach 91 02 08
30422 Hannover
Tel: (05 11) 9 28 61 61
Fax: (05 11) 9 28 61 62
e-mail: piste@deus.de
Internet: www.piste.de

HILDESHEIM

PUBLIC
Osterstraße 31-32
31134 Hildesheim
Tel: (0 51 21) 3 70 72
Fax: (0 51 21) 13 24 58
e-mail: PublicHi@aol.com
Chefredaktion:
Karen Roske

NIENBURG

NUMERO UNO –
Das Magazin
Burgmannshof 15
31582 Nienburg
Tel: (0 50 21) 91 14 40
Fax: (0 50 21) 91 09 60
Internet: www.no1-magazin.de
Redaktionsleitung:
Gunthram v. Schenck

HAMELN

VOICES
Hastenbecker Weg 8
31785 Hameln
Tel: (0 51 51) 5 65 68
Fax: (0 51 51) 5 65 66
Internet: www.voices-magazin.de
Chefredaktion:
Bernd Waniewski
Musikredaktion:Eric Gutsche, Frank Schultheiss

MINDEN

News
Verlag & Agentur E. Ulrich-Heumann
Uferstraße 5
32423 Minden
Tel: (05 71) 8 28 55 – 0
Fax:(05 71) 8 28 55 – 10
Chefredaktion:
E. Ulrich-Heumann

BIELEFELD

TIPS-Verlag GmbH
Herforder Straße 155A
33609 Bielefeld
Postfach 10 28 73
33528 Bielefeld
Tel: (05 21) 9 32 56 – 0
Fax:(05 21) 3 47 11
e-mail: tips@bielefeld-online.de
Internet: www.bielefeld-online.de/tips
Redaktionsleitung:
Thomas Volkmar

ULTIMO
Redaktion:
Bünder Straße 1-3
33613 Bielefeld
Tel: (05 21) 44 18 12
Fax: (05 21) 44 18 64
e-mail: ultimo@teuto.de

Internet: www.ultimo.devcon.de
Redaktionsleitung:
Thomas Friedrich
Musikredaktion:
Rainer Liedmeyer

KASSEL

FRITZ – Das Magazin
Friedrich-Ebert-Str. 30
34117 Kassel
Tel: (05 61) 72 09 00
Fax: (05 61) 72 09 045
e-mail: infotip@kassel-online.de;
Internet:www.fritz-magazin.de
Chefredaktion:
Carmen Schilling-Ebermann
Musikredaktion:
Bernd Hesse

Xcentric
Just in Team
Agentur für Werbung und Medien GmbH
Wilhelmstraße 9
34117 Kassel
Tel: (05 61) 7 89 69 – 0
Fax:(05 61) 7 89 69 – 99
e-mail: Xcentric@t-online.de; Internet:
www.just-in-team.de

WARBURG

WILDWECHSEL
Verlag Koch & Waldschmidt
Sternstraße 40
34414 Warburg
Tel: (0 56 41) 6 00 94
Fax: (0 56 41) 6 08 13
e-mail: redaktion@wildwechsel.de; Internet:
www.wildwechsel.de
Redaktion: Jürgen Koch

MARBURG

EXPRESS (Giessener Magazin, Marburger Magazin)
Marbuch Verlag GmbH
Ernst-Giller-Str. 20 a
35039 Marburg
Tel: (0 64 21) 68 44 – 0
Fax: (0 64 21) 68 44 44
e-mail: feedback@marbuch-verlag.de
Internet: www.marbuch-verlag.de

SIEGEN LIVE
Marbuch Verlag GmbH
Ernst-Giller-Str. 20 a
35039 Marburg
Tel: (0 64 21) 68 44 – 0
Fax: (0 64 21) 68 44 44
e-mail: feedback@marbuch-verlag.de
Internet: www.marbuch-verlag.de

GIESSEN

FRITZ – Gießen, Wetzlar, Wetterau, Marburg
Ludwigplatz 5
35390 Gießen
Tel: (06 41) 9 32 61 – 0
Fax: (06 41) 9 32 61 – 61
Verlagsleitung:
Peter Hoffmann

GÖTTINGEN

FRITZ Das Magazin
Lotzestraße 29
37083 Göttingen
Tel: (05 51) 50 75 100
Fax: (05 51) 7 30 47
Internet: www.fritz-magazin.de
Chefredaktion:
Claudius Dahlke

BRAUNSCHWEIG

SUBWAY
Postfach 42 62
38032 Braunschweig
Damm 2
38100 Braunschweig
Tel: (05 31) 2 43 20-0
Fax: (0190) 16 11 90
e-mail: Chefredaktion@SUBWAY-net.de; Internet: www.SUBWAY-net.de
Chefredaktion: Christian Göttner

COCKTA!L
Esdes Mediengesellschaft
Leopoldstr. 7 a
38100 Braunschweig
Tel: (05 31) 2 40 52-40
Fax: (05 31) 2 40 52-02
e-mail: cocktail@esdes.de
Internet: www.esdes.com/cocktail
Chefredaktion:
Michael Völkel

DACAPO
Ebertallee 45 a
38104 Braunschweig
Tel: (05 31) 79 83 47
Fax: (05 31) 79 83 43
e-mail: da-capo@t-online.de; Internet: www.dacapo-online.com
Redaktionsleitung:
Birgit S. Schmiedt

WOLFSBURG

indigo
megalon medienproduktion
Verlag Ingrid Schade
Merser Weg 34
38442 Wolfsburg
Tel: (0 53 62) 6 39 34
Fax: (0 53 62) 6 25 94
e-mail: indigo@wobnet.de
Chefredaktion:
Stuart Mentiply, Eckhard Wohlgemuth

MAGDEBURG

GÜNTER KulturSzene-Magazin
Postfach 11 52
39001 Magdeburg
Tel: (03 91) 8 11 88 50
Fax: (03 91) 8 11 88 54
e-mail: redaktion.magdeburg@citymags.de
Internet: www.guenter-magdeburg.de

DÜSSELDORF

LIVE! Düsseldorf
ÜBERBLICK Verlags GmbH
Lierenfelder Str. 45
40231 DÜsseldorf
Postfach 10 29 27
40020 Düsseldorf
Tel: (02 11) 73 09 60
Fax: (02 11) 73 70 784
Chefredaktion Düsseldorf: Martina Vogt

ÜBERBLICK
Überblick Verlags GmbH
Lierenfelder Str. 45
40231 Düsseldorf
Tel: (02 11) 73 09 60
Fax: (02 11) 7 37 07 84
e-mail: info@ueberblick.de
Internet: www.ueberblick.de
Chefredaktion:
Martina Vogt

METTMANN

you + me
Westphal&Rauen-Verlags GbR
Gruitener Str. 6
40822 Mettmann
Tel: (0 21 04) 91 78 17

Fax: (0 21 04) 91 78 77
e-mail: hallo@
youandme.de
Internet: www.
youandme.de
Chefredaktion:
Marcuß Westphal

MÖNCHENGLADBACH

stadtmagazin
Johannes-Heck-Str. 48
41238 Mönchengladbach
Tel: (0 21 66) 92 40 94
Fax: (0 21 66) 2 03 27
e-mail:
MGMedien@aol.com
Internet: www.stadtmagazin.de
Redaktionsleitung:
Peter Wagner

WUPPERTAL

ITALIEN
Friedrich-Ebert-Str. 17
42103 Wuppertal
Tel: (0202) 30 89 29
Fax: (0202) 31 26 70
e-mail: rjaeger.italien@t-online.de; Internet:
www.italien.wtal.de
Chefredaktion:
Uwe Becker

»Heinz«-Magazin Verlags-GmbH
Tannenbergstraße 35
42103 Wuppertal
Tel: (02 02) 3 71 70-0
Fax: (02 02) 31 07 97
e-mail:
heinzline@aol.com
Redaktionsleitung:
Gerhard Roßmann

BOCHUM

MARABO
Bolero Verlag Mediengesellschaft mbH
Kronenstraße 49
44789 Bochum
Tel: (02 34) 3 70 35 – 36
Fax: (02 34) 33 53 54
e-mail: redaktion@
marabo.de; Internet:
www.marabo.de
Chefredakteur: Christian Hennig

HOTLINE
Bolero Verlag Medienge
sellschaft mbH
Kronenstr. 49
44789 Bochum
Tel: (02 34) 3 70 35/36
Fax: (02 34) 33 53 54
Internet: www.marabo.de
Chefredaktion:
Christian Dorndorf

ESSEN

FOYER
Verlagsgesellschaft mbH
& Co KG
Isenbergstraße 71
45130 Essen
Tel: (02 01) 89 61 30
Fax: (02 01) 89 61 321
Chefredaktion:
Torsten Kohlbrei

ESSEN

»Heinz«-Magazin Verlags
GmbH
Wusthoffstraße 1
45131 Essen
Tel: (02 01) 79 88 663
Fax: (02 01) 79 88 664
e-mail:
heinzline@aol.com
Redaktionsleitung:
Gerhard Roßmann

MÜNSTER

ULTIMO
Hafenweg 18
Postfach 80 67
48043 Münster
Tel: (02 51) 6 03 02
Fax: (02 51) 6 76 98
e-mail: ultimo@muenster.de
Redaktionsleitung:
Rainer Liedmeyer

GIG Verlags GmbH
Sauerländer Weg 2 a
48145 Münster
Tel: (02 51) 9 87 23 – 0
Fax: (02 51) 9 87 23 – 50
e-mail: office@gig-online.de; Internet:
www.gig-online.de
Chefredaktion:
Hubert Steinert

OSNABRÜCK

STADTBLATT
Georgenstr. 14
49074 Osnabrück
Tel: (05 41) 35 78 70
Fax: (05 41) 2 46 02
Redaktionsleitung:
Andreas Bekemeier

KÖLN

StadtRevue Verlag
GmbH
Maastrichter Straße 49
50672 Köln
Tel: (02 21) 95 15 41 – 0
Fax: (02 21) 95 15 41-11
e-mail: redaktion@stadtrevue.de; Internet:
www.stadtrevue.de
Redaktionsleitung:
Astrid Meiß

EINBLICK Verlags GbR
Subbelrather Str. 140
50823 Köln
Tel: (02 21) 51 06 55-0
Fax: (02 21) 51 06 55-1
e-mail: einblick@einblick.de; Internet:
www.einblick.de/einblick
Chefredaktion:
Oliver Mostert

KÖLNER ILLUSTRIERTE
Redaktion und Verlag:
Bischofsweg 50
50969 Köln
Tel: (02 21) 93 47 27 – 0
Fax: (02 21) 93 47 27-42
e-mail: so@koelner.de
Internet: www.koelner.de
Redaktionsleitung:
Achim Göbel

Live! Bonn
Bischofsweg 50
50969 Köln
Tel: (02 21) 93 47 27 – 0
Fax: (02 21) 3 40 50 49

Live! Köln
Bischofsweg 50
50969 Köln
Tel: (02 21) 93 47 27 – 0
Fax: (02 21) 3 40 50 49
Redaktionsleitung:
Achim Göbel

LEVERKUSEN

LIVE! Leverkusen
Bahnhofstraße 7 a
51379 Leverkusen
erscheint in der
K.I. Medien GmbH
Bischofsweg 50
50969 Köln
Tel: (02 21) 93 47 27 – 0
Fax: (02 21) 3 40 50 49
Redaktionsleitung:
Anja Kronenberg

BERGISCH GLADBACH

Freizeitbörse
Johann-Wilhelm-Lindlar-Straße 9
51465 Bergisch Gladbach
Tel: (0 22 02) 9 36 90-10
Fax: (0 22 02) 9 36 90-22; e-mail:
informa@glonline.de
Internet: www.GLonline.de
Redaktionsleitung:
Dorothea Dietsch

Live! Rhein-Berg
Informa Verlag GmbH
Johann-Wilhelm-Lindlar-Straße 9
51465 Bergisch-Gladbach
Tel: (0 22 02) 9 36 90-10
Fax: (0 22 02) 9 36 90-22; e-mail:
informa@glonline.de
Internet: www.GLonline.de
Redaktionsleitung:
Dorothea Dietsch

AACHEN

klenkes
Oranienstr. 9
52066 Aachen
Tel: (02 41) 4 50 – 0
Fax: (02 41) 53 32 96
e-mail: redaktion@klenkes.de; Internet:
www.klenkes.de

BONN

SCHNÜSS
Wolfstraße 41
53111 Bonn
Tel: (02 28) 6 04 76 – 14, – 15
Fax: (02 28) 6 04 76 – 20
e-mail: schnuess@schnuess.de; Internet:
www.schnuess.de

MAINZ

FRITZ Das Magazin
BOULEVARD Illustrierten Verlag GmbH
Rheinallee 7
55118 Mainz
Tel: (0 61 31) 9 65 11-0
Fax: (0 61 31) 9 65 11-90
Internet: www.fritz-magazin.de

BAD KREUZNACH

VorSicht
Bleichstraße 25
55543 Bad Kreuznach
Tel: (06 71) 83 99 30
Fax:(06 71) 83 99 339

LAHNSTEIN

DATES
Braubacher Str. 1
56112 Lahnstein
Tel: (0 26 21) 91 72 24
Fax: (0 26 21) 91 72 26
Chefredaktion:
Sascha König

NEUWIED

picture
H.W.G. Verlag & Werbung
Wiedbachstr. 50
56567 Neuwied
Postfach 13 01 44
56533 Neuwied
Tel: (0 26 31) 96 46 – 0
Fax:(0 26 31) 96 46 – 12 o. 13; Internet: www.picture-net.de

Redaktion: H.-D. Gras
(V.i.S.d.P.)
Musikredaktion:
H. Maxeiner

FRANKFURT/MAIN

JOURNAL FRANKFURT
Ludwigstr. 37
60327 Frankfurt/M.
Tel: (069) 97 46 0 – 0
Fax:(069) 97 46 04 00
e-mail: journal@mmg.de
Internet:
www.journal.rm.net
Chefredaktion:
Helmut Ortner
Musikredaktion:
Detlef Kinsler

FRITZ Das Magazin
SKYLINE Medien Verlags GmbH + Redaktion
Varrentrappstraße 53
60486 Frankfurt/Main
Tel: (0 69) 97 95 17 20
Fax: (0 69) 97 95 17 29
e-mail: info@fritz-magazin.de; Internet:
www.fritz-magazin.de
Redaktionsleitung:
Uwe Bettenbühl

FRITZ Das Magazin
Eschborner Landstraße 100
60489 Frankfurt/Main
Postfach 60 03 45
60333 Frankfurt/Main
Tel: (0 69) 78 80 29 81
Fax: (0 69) 78 80 25 57
Internet: www.fritz-magazin.de

OBERTSHAUSEN

Media Markt VISION
Mainhattan Media,
Musik und Kommunikations GmbH
Friedrich-Ebert-Str. 48
63179 Obertshausen
Tel: (0 61 04) 98 59 -0
Fax: (0 61 04) 98 59 -59
e-mail: redaktion@mainhattan.com; Internet:
www.mediamarkt.de/hotvision
Chefredaktion:
Rosi Thielen

ASCHAFFENBURG

FRITZ
MorgenWelt Kommunikation & Verlags GmbH
Grünewaldstr. 1
63739 Aschaffenburg
Tel: (0 60 21) 21 91 23
Fax:(0 60 21) 21 91 93
e-mail: FRITZ@kultmag.de; Internet:
www.fritz-magazin.de
Chefredaktion:
Iris Wrede
Musikredaktion:
Matthias Garbe, Michael Noe

Aschaffenburger Stadtmagazin
Büro Aschaffenburg
Auhofstraße 11
63741 Aschaffenburg
Postfach 11 02 27
63718 Aschaffenburg
Tel: (0 60 21) 2 44 50
Fax: (0 60 21) 1 55 40
e-mail: redaktion@stadtzeitung.de; Internet:
www.stadtzeitung.de
Chefredaktion:
Thomas Giegerich

MÜHLTAL

FRITZ – Darmstadt
KLAPPE Verlag & Agentur GmbH
Ober-Ramstädter Str. 96
64367 Mühltal
Tel: (0 61 51) 91 58 – 0
Fax: (0 61 51) 91 58 – 58
e-mail: magazin@fritz-darmstadt.de; Internet:
www.fritz-online.de
Musikredaktion:
Markus Philipp

WIESBADEN

HAI LIGHTS
Stadtmagazin Verlags GmbH
Beethovenstr. 9
65189 Wiesbaden
Tel: (0611) 1 66 98-0
Fax: (0611) 1 66 98-10
e-mail: info@hai-lights.de
Chefredaktion:
Conny Becker

SAARBRÜCKEN

L!VE Magazin Saar
Dieselstraße 2
66130 Saarbrücken
Tel: (06 81) 8 83 27 88
Fax: (06 81) 8 73 96 14
e-mail: Live@live-magazin.de; Internet:
www.live-magazin.de
Chefredakteur:
Lorenz Wagner

KAISERSLAUTERN

PAVILLON
Redaktion: Gersweiler Weg 4
67657 Kaiserslautern
Tel: (06 31) 3 40 18 94

Fax:(0 63 71) 5 20 38
e-mail: pavillon@t-online.de; Internet:
www.pavillon.de
Redaktionsleitung:
Horst E. Wegener

MANNHEIM

MEIER
Delta Medien GmbH
Melchiorstr. 1
68167 Mannheim
Tel: (06 21) 3 38 80 – 0
Fax: (06 21) 33 33 67
e-mail: info@meier-online.de; internet:
www.meier-online.de

Scala (Rhein-Neckar-Dreieck)
Delta Medien GmbH
Melchiorstr. 1
68167 Mannheim
Tel: (06 21) 3 38 80 – 0
Fax: (06 21) 33 33 67
Internet: www.scala-web.de

STUTTGART

lift Stuttgart
Falbenhennenstr. 17
70180 Stuttgart
Postfach 10 30 45
70026 Stuttgart
Tel: (07 11) 60 17 17 17
Fax: (07 11) 60 17 17 49
e-mail: info@lift-online.de; Internet:
www.lift-online.de
Chefredakteur:
Arne Braun

LUDWIGSBURG

Scala
Ludwigsburger Musikverein e.V., Kinokult e.V.
Stuttgarter Str. 2
71638 Ludwigsburg
Tel: (0 71 41) 90 21 42
Fax: (0 71 41) 90 21 17
e-mail: Kinokult@compuserve.de

HEILBRONN

Das Freizeit Journal
Dammstraße 52
74076 Heilbronn
Tel: (0 71 31) 95 35 35
Fax: (0 71 31) 95 30 03
Chefredaktion:
Sascha Seifert, Holger H. Karnetzky

MORITZ-Verlags-GmbH
Kreuzenstraße 94
74076 Heilbronn
Tel: (0 71 31) 15 30 –
040 18 94
Fax: (0 71 31) 15 30 –
111
Redaktionsleitung:
Alexander Rülker, Tanja Weilemann

PFORZHEIM

City – Pforzheimer Stadtmagazin
Altstädter Kirchenweg 43
75175 Pforzheim
Postfach 10 19 69
75119 Pforzheim

KARLSRUHE

KLAPPE AUF
Adlerstraße 22
76133 Karlsruhe
Tel: (07 21) 38 08 934

Fax: (07 21) 38 01 21
e-mail: klappe-auf@t-online.de; Internet:
www.karlsruhe.citysurfer.de

ETTLINGEN

SZENE AKTUELL
Beim Runden Plom 13
76275 Ettlingen
Tel: (0 72 43) 53 41-41
Fax: (0 72 43) 53 41-43
e-mail: szene-aktuell@t-online.de; Internet:
www.szene-aktuell.net
Chefredaktion:
Kathrin Kunterding

LANDAU

point – das magazin
Werbeagentur Decker & Partner
Rheinstr. 12
76829 Landau
Tel: (0 63 41) 91 71-0
Fax: (0 63 41) 9171-30
e-mail: info@point.de
Internet: www.point.de

KONSTANZ

akzent Verlags-GmbH
Hüetlinstraße 39
78462 Konstanz
Tel: (0 75 31) 2 34 97
Fax: (0 75 31) 2 91 20
e-mail: F.Armbruster@t-online.de
Chefredaktion:
Heike Schwartz

MERZHAUSEN

F&K – Freizeit & Kultur
Brigitte Hrabé-Lorenz
F&K Verlag

Dorfstraße 28
79249 Merzhausen
Postfach 12 43
79245 Merzhausen
Tel: (07 61) 40 53 33
Fax:(07 61) 40 53 41
e-mail: FundK@t-online.de
Chefredaktion:
Günter Lorenz

MÜNCHEN

münchner
Schwere-Reiter-Str. 35
80797 München
Tel: (0 89) 30 61 00 – 0
Fax: (0 89) 30 61 00 – 11
e-mail: redaktion@muenchener.de; Internet:
www.muenchener.de
Chefredakteur:
Klaus Schrage

in München
Hohenstaufenstraße 1
80801 München
Tel: (0 89) 38 99 71 – 14
e-mail: redaktion@in-muenchen.de; Internet:
www.in-muenchen.de
Redaktionsleitung:
Uwe Feigl

TRAUNSTEIN

Ludwig
A.M.O.K. Verlags GmbH
Bürgerwaldstr. 4
83278 Traunstein
Tel: (08 61) 16 44 73
Fax: (08 61) 16 44 83
e-mail: ludwig@chiemgau-online.de
Internet: www.ludwig-magazin.de
Redaktionsleitung:
Sandra Karl

INGOLSTADT

megazIN
megazIN Media Verlag GmbH
Bergbräustr. 2
85049 Ingolstadt
Tel: (08 41) 15 60
Fax: (08 41) 14 06
e-mail: Chef@megazin.de
Internet:
www.megazin.de
Chefredaktion:
Daniel Melegi

AUGSBURG

NEUE SZENE AUGSBURG
Am Katzenstadel 28
86152 Augsburg
Tel: (08 21) 15 30 09
Fax: (08 21) 15 80 43
e-mail: redaktion@neue-szene.de; Internet:
www.neue-szene.de
Chefredaktion:
Walter Sianos

LANDSBERG

CHECKPOINT
Schlossergasse 383 b
86899 Landsberg
Postfach 1252
86822 Landsberg
Tel: (0 81 91) 5 99 50
Fax: (0 81 91) 5 99 62
e-mail: info@checkpoint-red.com
Chefredaktion:
Markus Oberhäußer

LINDENBERG

SZENE KULTUR
Postfach 12 06
88152 Lindenberg
Tel: (0 83 81) 9 26 44-0

Fax: (0 83 81) 9 26 44-20; e-mail: szene-kultur@t-online.de; Internet: www.szene-kultur.de
Chefredaktion:
Michael Pertl

NEU-ULM

Cene Magazin
Memminger Straße 72/213
89231 Neu-Ulm
Tel: (07 31) 8 69 67
Fax: (07 31) 8 69 67
e-mail:
ceneulm@aol.com
Internet: www.cene.de
Chefredaktion:
Verlag Josef Reuter
Musikredaktion:
Mathias Schneider

CiA City Magazin
CiA Verlag & Promotion
Wiley, Gebäude 235 Ost
Memminger Str. 72
89231 Neu-Ulm
Tel: (07 31) 9 80 77 01
Fax: (07 31) 9 80 77 00
Chefredaktion:
Bernd Greißl

NÜRNBERG

plärrer
plärrer Verlags GmbH
Singerstraße 26
90443 Nürnberg
Tel: (09 11) 4 24 78 – 0
Fax: (09 11) 41 81 46
e-mail: info@plaerrer.de
Internet:
www.plaerrer.de
Chefredakteur:
Jochen Schmoldt

LÄRRI

plärrer Verlags GmbH
Singerstraße 26
90443 Nürnberg
Tel: (09 11) 4 24 78 – 26
Fax: (09 11) 41 81 46
Redaktionsleitung:
Rainer Büschel

WEIDEN

EXPULS
Scheibenstr. 2
92637 Weiden
Tel: (09 61) 3 90 82-0
Fax: (09 61) 3 90 82-26
e-mail:
expuls@weiden.de
Internet: www.expuls.de
Chefredaktion:
Jürgen Huhn

REGENSBURG

DIE REGENSBURGER
STADTZEITUNG
Verlag Peter Kittel
Margaretenstr. 8
93047 Regensburg
Tel: (09 41) 5 38 36
Fax: (09 41) 56 02 42
e-mail: rsz@donau.de
Chefredaktion:
Peter Kittel

logo Stadtmagazin
Werftstraße 6
93059 Regensburg
Tel: (09 41) 5 26 26
Fax: (09 41) 5 11 99
Redaktionsleitung:
Margit Schichtl

STRAUBING

bagpipes
media concept
Verlag und Eventmanagement
Rosengasse 29
94315 Straubing
Tel: (0 94 21) 8 99 94
Fax: (0 94 21) 83 99 68
Internet:
www.bagpipes.de
Chefredaktion:
Hermann Lammer

HOF

Redaktion Franky
Am Münstergrund 17
95030 Hof
Tel: (0 92 81) 20 15
Fax: (0 92 81) 2017
e-mail: post@citygraphix.de; Internet:
www.frankys.net
Chefredaktion:
Kathrin Schröter

WÜRZBURG

TREND – Stadtmagazin
Trend-Verlag GmbH
Semmelstraße 15
97070 Würzburg
Tel: (09 31) 1 40 91
Fax: (09 31) 1 40 94
e-mail: Verlag@trend-magazin.com; Internet:
www.trend-wue.com
Chefredaktion:
Kai Fraass

REICHENBERG

Doppelpunkt
Am Haag 10
97234 Reichenberg
Tel: (09 31) 6 94 69
Fax: (09 31) 6 94 70
Redaktionsleitung:
Werner Schmitt

ERFURT

FRITZ Erfurt
Büro Erfurt
Rosengasse 5 b
99084 Erfurt
Tel: (03 61) 6 44 26 06
Fax: (03 61) 6 44 26 08
erscheint im:
Boulevard Illustrierten-
verlag GmbH
Rheinallee 7
55118 Mainz
Tel: (0 61 31) 9 65 11-0
Fax: (0 61 31) 9 65 1190
e-mail: erfurt@fritz-magazin.de; Internet:
www.fritz-magazin.de

Städtemagazin t.akt
Wilhelm-Wolff-Straße 4
99099 Erfurt
Tel: (03 61) 4 40 82 20/ -222/ -223
Fax: (03 61) 4 40 83 06
e-mail: taktmag@aol.com
Chefredakteur:
Endrik Schubert

Wem als Musiker schon dieses Stadium nicht so richtig paßt, sollte bald überlegen, ob er den nicht eh' schon kleinen Kuchen teilen will: sprich, nach einem Manager suchen (dazu an anderer Stelle mehr!). Ergänzenderweise solltet Ihr aber auch weitere Möglichkeiten nutzen, um brauchbare Adressen zu akquirieren. Zum Beispiel befreundete Bands fragen, wenn die irgendwo gespielt haben. Die komplette Adresse kriegt Ihr über die Telefonauskunft raus. Oder aber Ihr legt Euch alle deutschen Telefonbücher auf einer CD-Rom zu. In Musikmagazinen gibt es meist auch Seiten mit den aktuellen Tourdaten. Oftmals sind hier mitunter Bands gelistet, die gar nicht soweit von Eurer Größenordnung entfernt sind. Auch hier lohnt sich das Recherchieren mit Hilfe der Telefonauskunft bzw. genannter CD-ROM.

Ja und damit sich die Investition, die Ihr durch den Kauf dieses Buches getätigt habt, auch wirklich gelohnt hat, findet Ihr anbei viele Stadtmagazin-Adressen. Ihr braucht diese Adressen übrigens nicht nur zum Veranstalterkartei-Aufbau, sondern auch für Euren Promo-Verteiler, doch dazu an späterer Stelle mehr.

DAS INFOPÄCKCHEN FÜR VERANSTALTER

Ein schwieriges Kapitel. Ihr habt durch beschriebene Aktion passende Veranstalteradressen gefunden, wollt Euch nun in den jeweiligen Clubs bewerben – und habt auch schon hierzu eigene Ideen entwickelt, wie Ihr Euch anbietet/präsentiert – und nun komme ich daher und will Euch erzählen, wie das Nonplusultra der Gigbewerbung aussieht. Nun, es gibt unzählige Varianten und jede kann richtig/vernünftig sein. Macht Eure eigenen Erfahrungen! In meinen Anfangstagen als Booker habe ich jeden Tip auf die Goldwaage gelegt – und war mit meinen Gigbewerbungen wahrscheinlich förmlicher als bei einer Bewerbung für einen Verkäuferjob gleich um die Ecke. Es gibt nicht die richtige Lösung (jedenfalls nicht nur eine), aber es gibt viel falsches, was man vielleicht vermeiden kann, ohne sich den Grundgedanken seiner (eventuell genialen) Idee glattbügeln zu lassen.

Also, wie lernt der Veranstalter Euch im Vorfeld am besten kennen? Er muß Euch hören, muß Euch sehen, muß von Euch viel erfahren und muß das Gefühl kriegen, daß er nicht der einzige Dumme ist, dem das gefällt. Doch der Reihe nach!

DER AUFHÄNGER

Wichtige Werbeagenten sind immer in noch wichtigeren Meetings und grübeln verzweifelt, was wohl das Besondere, das absolut Einmalige am gerade werbemäßig betreuten Produkt ist – und vor allem, wie man darauf am geschicktesten hinweist. Die Werbeagenturen sprechen vom USP, und ganze Hundertschaften werden in der Marketingbranche beschäftigt, um diesen USP zu finden. Und was ist das Besondere an Euch? Ah ja, Eure Musik... Nur woher soll man das wissen? Natürlich, ein ordentlicher Veranstalter, der seinen Job ernst nimmt, setzt sich auf seinen Arsch und hört sich gefälligst jedes Hörbeispiel komplett an und stellt anschließend das Clubprogramm zusammen. Okay, so naiv bist Du nicht. Ein doofes Beispiel gefällig? Joghurt im Supermarkt. Wie fällt Dir ein neues Joghurt unter

Zur allerersten RAMMSTEIN-Single (die Band kannte damals niemand) »Du riechst so gut« gab es kleine Parfümproben.

den vielen anderen auf? Weil Du immer Ausschau nach neuen Plastebechern hältst oder weil es sich unterscheidet von all den anderen (also nicht vom Geschmack her, das kannst Du ja noch gar nicht wissen, wenn Du die Joghurts verpackt im Kühlregal siehst)? Vielleicht ist der Becher (durch eine völlig neue Becherform...) irgendwie ganz anders? Oder er wurde besonders farbig/ungewöhnlich bedruckt? Oder da stehen tolle Slogans drauf: jetzt noch cremiger... Kurz und wieder auf unsere Thematik gemünzt: bevor der Veranstalter Euch auf dem Tape/der CD hört, im Info schmökert usw., müßt Ihr ihm schon irgendwie auffallen. Beispiel aus der Praxis (ich nehme absichtlich eine Band mit Eigenproduktion, um zu zeigen, daß für gute Ideen nicht immer gleich große Plattenfirmen gebraucht werden): Neulich erhielt ich Post vom Kölner Folkhippopsextett LECKER SACHEN. Sie schickten mir ihre CD »Im Tal der Infrarotlurche«, und mal abgesehen von der ansprechenden Coveroptik fielen sie durch einen sogenannten und ziemlich gut passenden Gimmick auf: die Band heißt nicht nur LECKER SACHEN, sie schicken auch LECKER SACHEN, nämlich zwei kleine, in durchsichtiger Tüte verpackte, aus süßem Schaumgummi bestehende Reptilien, konkreter Lurchis, weil das Album schließlich »Im Tal der Infrarotlurche« heißt. Die hariboverwandten Lurchis waren nicht wirklich lecker (Geschmackssache!), und ob die CD jemals zu meinen Lieblingsplatten zählen wird, ist auch noch nicht sicher. Ganz sicher dagegen ist, daß mir durch diese Aktion die Band ein Begriff ist, daß ich mich sogar an den Albumnamen erinnern kann. So arbeiten übrigens auch die Majors (also die großen Plattenfirmen) beim Lancieren ihrer neuen Produkte. Zum Beispiel gab es bei der allerersten RAMMSTEIN-Single »Du riechst so gut« von der Plattenfirma MOTOR einen kleinen edlen Pappkarton mit der Aufschrift »Riech mich!«, in dem sich eben jene Single und ein Probefläschchen eines Parfüms befand. Und als kürzlich die Warner die Compilation »Tibetiya« veröffentlichte, gab es ein Päckchen Tee aus Tibet dazu. Das soll jetzt nicht heißen, daß jede Band nach einem Geschenk für Veranstalter suchen soll, aber vielleicht sollte jeder überlegen, wie er den Wiedererkennungswert seines Produktes, nämlich seiner Band, steigern kann. Aber bitte nicht auffallen um jeden Preis. Manche halten sich für verdammt witzig und legen dem geschickten Material Konfetti bei. Beim Empfänger angekommen, machen sich dann beim Herausholen des Postinneren die Konfettis auf Schreibtisch und Fußboden breit. Ich selbst erhalte solche Post mindestens einmal wöchentlich und kann schon lange nicht mehr darüber lachen. Und dadurch, daß diese Masche von immer mehr Leuten praktiziert wird, kann man wohl kaum noch von Originalität sprechen.

Ich selbst hatte übrigens für das Booking »meiner« Bands leider keine

Gimmicks (auf die Idee kam ich damals nicht, es hatte mir auch keiner gesagt, und dieses Buch gab es schließlich auch noch nicht), aber zumindest bei den Infos oder ähnlichen Unterlagen achtete ich auf eine gewisse Auffälligkeit. So konnte ich dem Veranstalter, der sich nicht immer an den jeweiligen Bandnamen erinnern konnte, beispielsweise sagen: das war die Band in der knallroten Mappe...

Überhaupt sollte man darauf achten, sich einen gewissen Wiedererkennungswert zu schaffen, doch dazu mehr unter

CORPORATE IDENTITY

Das klingt hochtrabend und ist es auch. Gemeint ist damit das Gesamterscheinungsbild, das Gesicht einer Firma, in unserem Falle Band. Von der Werbebranche wird das Corporate Identity genannt oder noch kürzer: CI. Wie das konkret gemeint ist, läßt sich an jeder x-beliebigen (größeren) Firma nachvollziehen. Das beginnt beim immer wieder eingesetzten Logo über eine bestimmte Farbe bis hin zu Gemeinsamkeiten in den verschiedensten Marketingschritten. Die TELEKOM hat das gut hingekriegt, mal abgesehen vom Logo trifft uns das typische Telekom-Rosa in der Werbung, in den Geschäften und selbst auf unser Telefonrechnung.

Dieser rote Faden sollte sich auch durch Eure einzelnen Punkte ziehen: wenn CD, Info und Plakat gleich oder zumindest ähnlich aussehen, ist das nicht das schlechteste (muß aber natürlich nicht).

Wichtig ist auch Eure Glaubwürdigkeit: wer beispielsweise die Umweltverschmutzung anprangert und sein Programm auch noch »Back To The Nature« nennt, ist gut beraten, wenn er das Info nicht auf sogenanntem »Baum-Tot-Papier« druckt. Und ein Info einer Punkband auf hochglänzendem Farbkarton wäre auch nicht ganz stimmig, oder? Zum Logo noch ein durchaus berechtigter Tip: macht Euer Logo lesbar, sehr oft sieht man Logos, die zwar immer wieder auftauchen, aber einfach nicht zu lesen sind...

DAS PORTO

Na, auch geschmunzelt beim Lesen dieser Teilüberschrift? Verständlich, klingt es doch nahezu unglaublich, daß es Tips in Sachen Frankieren für das Infopäckchen geben kann. Gibt es aber und sollte – vor allem finanziell – nicht unterschätzt werden. Die Post verdient nämlich schon an Euch, bevor Ihr überhaupt den ersten Gig (außerhalb) absolviert habt. Das soll sie auch, schließlich ist es die Post (mitunter), die Eure Informationen zum Veranstalter bringt. Das kann und soll sie sich gut und gerne bezahlen lassen. Sporadisch erhöht die Post auch die Gebühren, deshalb folgendes Beispiel immer an die jeweilige (Preis) Situation der Post anpassen. Jetzt ist 1999 und ein sogenannter Großbrief (egal ob A5, A4 oder noch ein bißchen größer) kostet DM 3,00. Die Höhe darf dabei maximal nur 20 mm hoch sein. Diese minimale Höhe ist schnell ausgeschöpft: schon bei 21 mm werden aus den DM 3,00 ganze DM 4,40 (Maxibriefe). Also aufgepaßt: Beim Entscheiden der Verpackung und des Infos aus Portogründen immer auch an die Höhe denken. Das gilt auch für die Maße Breite mal Länge. Was länger als 35,3 cm und breiter als 25 cm ist, wird automatisch zum Päckchen (z.Z. DM 6,90). Das heißt, wenn Ihr z.B. in der Druckerei seid, um Euch Kostenvoranschläge für Euer geplantes Info einzuholen, dann immer die aktuellen Porto-Tarife im Kopf haben. Es nützt also nichts, wenn der Drucker sagt, laß uns doch das Ganze ein paar Millimeter dicker/länger machen, es kostet auch nicht mehr... Das mag verlockend klingen, aber die Post macht Euch mit ihren Preisen einen Strich durch die Rechnung. Andererseits bietet die Post diverse Möglichkeiten an, ein bißchen Briefmarkengeld zu sparen. Da gibt es zum Beispiel den sogenannten »Infobrief«, der dann recht nützlich ist, wenn Ihr (mindestens) 50 Veranstalter auf einmal bestückt. Dann kommen nämlich keine Briefmarken mehr auf die Versandtasche, sondern nur noch der Stempel »Entgelt bezahlt«, und was sonst DM 3,– pro Brief kosten würde, kostet nur noch DM 2,70 – und der DM 4,40-Brief nur noch DM 3,70. Noch günstiger geht es mit der »Warensendung«, hier darf zwar kein persönlicher Brief drin liegen, aber dafür ist das Porto unschlagbar. Dennoch rate ich hier aus eigenen Erfahrungen ab: ich hatte mal 30 Veranstalter mit einer »Warensendung« bestückt, ca. die Hälfte hatte die CD nie gekriegt. Das scheint überhaupt ein Problem der Post zu sein: viele Sendungen kommen einfach nicht an! Früher hatte ich immer gedacht, daß die Adressaten, die meine Sendungen erhalten sollten – aber nicht erhielten, nur so tun, als bekämen sie die Post nicht, aber seitdem ich selbst in einer Musikmagazinredaktion sitze, weiß ich, daß vieles nicht ankommt. Die Post selbst wird jetzt sicher mit Statistiken winken, daß nur ein ganz geringer Prozentsatz an Sendungen die Empfänger nicht erreicht. Aber Ihr könnt jeden in der Musikbranche fragen, all die Booker, all die Promoter in den Plattenfirmen... Vermeidet vielleicht auf den Versandtaschen solch tolle Slogans wie »In dieser Sendung befindet sich der Sound von morgen« (als dummes Beispiel). Gestraft sind besonders Firmen wie SONY oder ARIOLA, die kennt auch der Laie, und wenn dann der Brief etwas dicker ist, weiß jeder Depp, daß hier nur ein Tape oder eine

CD drin sein kann. Einziger Trost: Selbst, wenn man den einen oder anderen Veranstalter doppelt bestücken muß, kommt das billiger, als wenn man jedem ein versichertes Paket schickt.

Wer wissen will, was die Post so alles anbietet, sollte mal in die selbige schlendern, dort gibt es ein kleines Gratisheftchen »Service-Informationen: Produkte und Preise der Deutschen Post AG«.

DAS INFO

Wie muß ein gutes Info aussehen? Da gibt es sicher genauso viele Meinungen wie auch verschiedene Infos. Dennoch denke ich, daß man sich ganz genau überlegen sollte, wie man's macht. Es muß ja nicht nur besonders schön aussehen oder nur extrem auffallen, sondern es muß auch für die eigentliche Funktion taugen, nämlich: das Info soll informieren! Und Veranstalter sind eine sehr gestreßte Spezies Mensch, sie sind ständig unterwegs, müssen nochmal zur Brauerei und zum Kulturamt, der GEMA nochmal was schreiben, die Quartalsabrechnung machen, zur Druckerei fahren wegen dem neuen Flyer, dann zum PA-Verleiher neue Konditionen aushandeln, nochmal zum Ordnungsamt wegen Beschwerden diverser Anwohner und, und, und... Eigentlich grenzt es an ein Wunder, daß der Veranstalter scheinbar so ganz nebenbei auch noch Konzerte organisiert und durchführt. Macht er aber, und so gilt es, dem genervten Veranstalter in aller Kürze unaufdringlich und doch wesentlich formuliert zu informieren. Das klingt einleuchtend, aber: mach das mal! Jeder, der das schon mal probiert hat, weiß, daß das richtige Infoschreiben eine wahre Kunst ist. Was im übrigen die wenigsten beherrschen! Selbst die Kollegen in den großen Plattenfirmen haben damit wahrlich Probleme. Erst neulich las ich im Info zur neuen Ritchie Blackmore-Platte, daß Blackmore seine Latte höher gelegt hat... Und gern werden auch gut klingende Formulierungen bemüht, z.B. lese ich oft über diverse Albumproduktionen »atmosphärisch dicht!« Aber keiner, zumindest keiner, der es geschrieben hat, kann mir so richtig erklären, was damit gemeint ist.

Doch zurück zur äußeren Form des Infos. Die wohl einfachste Lösung: ein A5- oder A4-großes Blatt mit den notwendigen Infos darauf kopiert. Copy-Shops bieten diese meist ab 8 Pfennig an, auf farbigem Papier ab 12. Aber letztendlich sind die nicht wirklich schick. Motto: Der Zweck heiligt die Mittel, aber wer sich eben von den meisten Einsendungen abheben will (und die meisten Veranstalter ersticken in Bandpost) kommt wohl nicht drumherum, ein paar Mark in ein gedrucktes Info zu investieren. Die

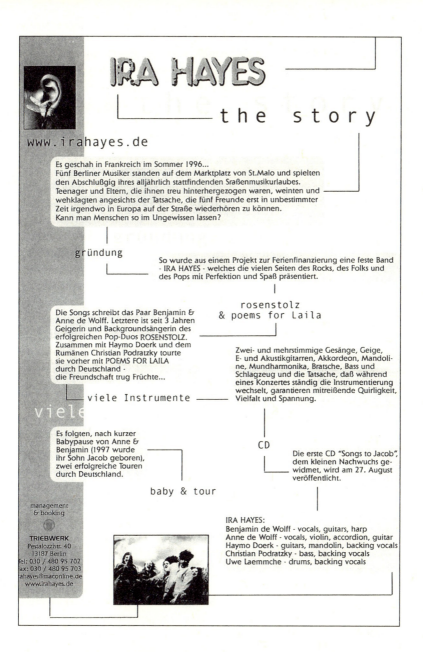

Obwohl es sich »nur« um ein kopiertes Blatt handelt, wirkt das Info der Band IRA HAYES. Durch das übersichtliche Layout lädt es zum »Querlesen« ein, und zwangsläufig bleibt man hängen...

gedruckten Infos sind meist sogenannte 4-Seiter, also A3-Format auf A4 gefaltet, oder A4 auf A5, manche wollen dann besonders originell sein und lassen sich was quadratisches drucken oder, oder, oder... Allzuviel Möglichkeiten gibt es da auch wieder nicht und muß es ja auch nicht. Innovation in der Musik ja, aber beim Info sollten eher praktische Aspekte berücksichtigt werden. Zum Beispiel will der eine oder andere Veranstalter, der Euch nicht sofort bucht, Euer Info abheften. Wenn Euer Info nun ein Format hat, was partout nicht in den Veranstalterhefter paßt, dann hat es wohl auch kaum Chancen, dort zu landen. Ist Euer Info gefaltet zu klein, paßt es zwar prima in den Ordner, wird aber unter Umständen überblättert. Manche Infos sind auch ganz raffiniert gefaltet. Nur läßt sich das manchmal nach erstmaligem Auseinanderfalten nicht mehr nachvollziehen und bekommt somit eine Chance mehr, im Müll zu landen. Ich persönlich favorisiere – wenn gedrucktes Info – das gedruckte A3-Format auf A4 gefaltet. So hat man praktisch vier A4-Seiten. Vorderseite vielleicht für großes Foto, Logo usw., die Innenseiten – also die Seiten 2 und 3 – für das eigentliche Info (sprich: die eigentlichen Informationen) und die Rückseite für die Kontaktadresse oder ähnliches (z.B. Diskographie bei mehreren Veröffentlichungen). Format und Ausstattung – wie hier beschrieben – mögen bieder klingen, aber diese Variante hat sich in der Praxis bewährt. Und glaubt mir, dadurch, daß viele krampfhaft etwas neues erfinden wollen und unbedingt ganz anders sein wollen, machen das gar nicht soviele.

Der Nachteil eines gedruckten Infos liegt in der Sache an sich: Es ist gedruckt! Da läßt sich nichts mehr rütteln, was hier schwarz auf weiß oder blau auf gelb (usw.) steht, bleibt! Wenn Ihr morgen einen ganz anderen Sound fabriziert, die Besetzung wechselt oder aber von Euch zehn mal am Tag ein Videoclip bei MTV und VIVA läuft, in Eurem Info steht nix davon, weil es ja unter Umständen schon vor den grandiosen Ereignissen gedruckt wurde.

Die Frage, die sich jetzt stellt, lautet: kann man nur zwischen »Schickes/hochwertiges Info, aber veraltet« und »Billig/simpel gemacht, dafür aber immer up to date« wählen oder kann man gar Profi-Info und Aktualität vereinen?

Auch mir ging es so mit meinen Bands, man war ja eh immer bemüht, noch größere Auftritte zu bekommen, noch bessere Presse usw., ja – und wenn man eben solche Trophäen einheimste, wollte man das der Welt auch wissen lassen, ohne gleich jedes Mal in die nächste Druckerei zu stiefeln, um wieder mal ein Infoblatt drucken zu lassen.

Ich bin dann darauf gekommen, mir eigene Mappen drucken zu lassen. Sie waren nicht wesentlich teurer als eigentliche Infos, nur konnte man sie viel besser, sprich: vielseitiger einsetzen. Den Mappeninhalt hatte ich fortan kopiert, dennoch sah alles aufgrund der Mappe drumherum sehr edel aus. So arbeiten übrigens selbst Riesenkonzerne: die Zigarette Marlboro oder auch der Autohersteller VW zum Beispiel. Edle Mappen und innen die jeweiligen Informationen. Wenn die Mappe groß/dick genug ist, könnt Ihr auch gleich einen Tonträger oder mindestens die Fotos mit hinein tun, und Euch sicher sein, daß alles noch beieinander ist, auch wenn der Briefumschlag selbst schon lange im Müll liegt. Neben den ständigen Aktualisierungen könnt Ihr nun problemlos auch die Inhalte variieren. Wenn Ihr morgen einen fetten Artikel in einem Musikmagazin habt, kopieren und ab damit in die Mappe. Pressemeldungen, auf die man mal unheimlich stolz war oder Formulierungen, die man mal richtig witzig und passend fand, nun aber eben nicht mehr, lassen sich nun auch wieder prima entfernen. Bei einer meiner Bands bin ich gar ein wenig dreist vorgegangen: ich teilte per Info der restlichen Republik mit, daß es sich um eine DER Berliner Bands handelt. Das konnte ich in Berlin selbst natürlich nicht tun (auch wenn es nicht gelogen war, aber es klang einfach so überkandidelt). Ja und als es erstmals in die Schweiz ging, schrieb ich natürlich, daß es sich um eine DER deutschen Bands handelt (war zwar nicht wirklich gelogen, aber war auch nicht wirklich richtig). Die Profimappe mit den kopierten Seiten machts möglich! Und noch ein Hinweis: überlegt Euch die Farbigkeit Eures Infos/Eurer Mappe. Für den Drucker gibt es praktisch 4 Farben, der nennt das 4c (das c steht für colour) und meint damit bunt. Sobald Ihr ein Farbfoto auf dem Info drucken laßt oder aber ein Logo mit roten und grünen Buchstaben sowie einem gelben I-Punkt und das ganze auch noch blau unterstrichen, habt Ihr automatisch 4c, was im Druck teurer ist als zum Beispiel ein s/w-Bild und ein roter Schriftzug. Das sind wieviel Farben? Richtig, das ist 2c.

Zum Inhalt vielleicht soviel: Info kommt von Information, und in Information steckt das Wörtchen informativ. Das haben die meisten Bands vergessen. Häufigster Generalfehler: »Wir passen in keine Schublade.« Bitte, bitte, schreibt das nicht! Das glaubt Euch sowieso keiner! Auch, wenn Ihr wirklich in keine Schublade paßt. Bedankt Euch bei Euren unzähligen Kollegen, die das auch geschrieben haben und nach Anhören der Hörbeispiele beim Veranstalter eher als billigster Abklatsch diverser Rockepochen da standen. Wem die Schubladen Pop oder Rock zu platt oder zu ungenau sind (und das sollten sie, weil Pop und Rock machen ja wohl alle...), muß eben bei der Schubladenfindung kreativ sein: Band XY vermengen Soul, Jazz und TripHop mit einer Prise Noise... Oder als ein Wort: Groovyfunkpopjazz... Wie auch immer. Es muß einfach gut klingen, und es braucht nicht 100%ig genau sagen, was musikalisch eigentlich passiert (wenn es natürlich den Nagel auf dem Kopf trifft, um so besser). Der Veranstalter will es in sein Info schreiben, die Presse will es ankündigen usw.... Auch gilt es, beim restlichen Info mit Fakten aufzuwarten.

Wenn Ihr zum Beispiel schreibt, daß Harry M. bisher den Baß spielte und aufgrund musikalischer Differenzen im letzten Jahr aus der Band ausstieg, ist das zwar ein sicher tiefer Einschnitt in Eurer Bandhistorie, aber es ist nicht wirklich interessant für den Veranstalter, daß dieser Harry den Baß zupfte. Es sei denn, er spielt jetzt bei den GUANO APES (oder bei ähnlichen Durchstartern), dann sollte man schon den Querverweis bringen, daß der eine oder andere Popstar seine Wurzeln in Euren Reihen hat. Das solltet Ihr dann jedoch relativ geschickt tun, nicht, daß der Veranstalter das Gefühl kriegt, daß die Könner Eurer Band eh' nicht mehr dabei sind und nur noch die Looser Eurer Truppe am Werkeln sind.

Was die Länge betrifft, so habe ich da schon alles gehört: angeblich wünschen die einen eine seitenlange Biographie (meiner Meinung nach kaum vorstellbar), andere empfehlen Ein-, Fünf- und Zehnzeiler... Fakt dagegen ist, daß Veranstalter wirklich selten richtig Zeit haben und aufgrund der großen Menge an Bandbewerbungen immer ein bißchen genervt sind, insofern kann es gar nicht falsch sein, sich (relativ) kurz zu fassen. Wichtig ist eben nur, daß alles, was gesagt werden muß, gesagt wird (also in unserem Falle geschrieben) – und das auch noch ziemlich gut! Gefällt Deine Band dem Veranstalter und er engagiert Euch für ein Konzert, muß selbiges Info gleich den nächsten faszinieren: nämlich der örtlichen Presse. Ohne den einen oder anderen Kollegen bei den Tageszeitungen zu nahe treten zu wollen, scheint bei vielen dieser Schreiber ein wenig Einfallslosigkeit zu herrschen, so daß sich diese Spezie von Journalisten ziemlich wortgetreu an Euer Info halten oder es nur minimal »umdichten«. Das soll heißen, wenn Ihr schon nichts tolles formuliert habt, dann könnt Ihr das auch nicht in Euren Konzertankündigungen in den Tageszeitungen erwarten. Ein paar mehr Einzelheiten zu »Wie kriege ich meine Band in die Zeitung« findet Ihr im Abschnitt »Wie kommt man als Band in die Printmedien?«

Also merke, die paar Zeilen im Info über Euch müssen nicht nur den Veranstalter begeistern, sondern auch die Medien. Wem das zu schwierig ist, hat jetzt am eigenen Leib erfahren, warum Profitexter angeblich zuviel verdienen. Übers Infoschreiben läßt sich noch eine Menge philosophieren, aber um es kurz zu machen (Ihr wollt heute vielleicht noch zur Probe) einige Beispiele:

Bei der Band TROST hört sich das zum Beispiel so an:

TROST

»subpopulärintensivrockaholica – trost ist eine kleine band, die kleinst mögliche rockmusikalische allianz: ein trio. nach einer personellen durststrecke sind die herren kulinsky, scherm und sweet nun angetreten, ihre vorstellungen von intensivem rock'n'roll der sperrigen, eher schlecht verkäuflichen sorte ins land zu tragen. dabei ist das trio immer noch auf der suche nach dem perfektem song, der ihrer meinung nach irgendwo zwischen emotionalen akkordverbindungen und textlichen bildern aus sehnsucht, zweifel, aufrichtigkeit und leidenschaft versteckt ist. wenn dir das alles nichts sagt, dann nenn es einfach die sucht nach rock'n'roll: rockaholica, dude.«

Die Band BRENNER bringt es noch kürzer, aber nicht weniger informativ.

BRENNER

»Brenner. Die Band um den Sänger, Songwriter und Gitarrero Peter Brenner macht ernst. Hooklines, Hymnen, Hits und Härte. Sehnsüchtig und schön. BRENNER kommt. P. Brenner war Initiator der Band MILK AUF EX, mit der er '96 BON JOVI auf seiner Deutschlandtournee als Vorband begleitete und auch verschiedentlich im Vorprogramm von TIC TAC TOE auftrat.«

Das ist natürlich alles ziemlich kurz, es geht natürlich noch länger, aber glaubt mir, die meisten, die das lesen sollen, haben weder Zeit noch Nerv darauf, sich durch Eure Biographie zu kämpfen. Geschickt hat es auch die Berliner Band BEATSTEAKS (oder ihr Label...) hingekriegt, die schlagen einen zwar sämtliche Infos um die Ohren, aber sie haben es in einzelne Abschnitte aufgeteilt, so daß man trotz der enormen Textmenge Lust bekommt, den einen oder anderen Punkt »zu überfliegen«. Und das beste daran: will ich wirklich alles wissen, lese ich einfach alles:

BEATSTEAKS

»10... gute Gründe reichen natürlich nicht, um diese musikalische Ausnahmeerscheinung aus Berlin auch nur annähernd vorzustellen:
9... zehnhundertfünfundneunzig im Sommer fing alles (natürlich ganz

anders) an. Im Herbst erscheint das erste Demo, das in Berlin bereits für Furore sorgt. 1996 findet das 10. Konzert der Band als Support von den SEX PISTOLS und SHELTER in der ausverkauften Berliner »Arena« statt.

8... undvierzig/neunundvierzig – ist nicht nur die Hausnummer des inzwischen verwaisten Proberaums, sondern auch Laufzeit und Titel ihres Debütalbums, das 1997 bei XNO veröffentlicht wurde. Rotzig und ungeschliffen wie es war, wurde es im Nu zum Kult in der Szene. Die Kunst, diese Mischung aus Punk, Rock und Hardcore nicht zu einem weiteren Crossoverding verkochen zu lassen, sondern die Zutaten so zu dosieren, zu verfeinern oder auch einfach eigenständig nebeneinander bestehen zu lassen, bilden neben Humor und Unbefangenheit den Stil dieses Albums.

7... Siegel hat das Buch des Erfolges und auf einem steht in großen Lettern: touren, touren, touren. Unzählige Konzerte in den kleinsten Clubs und in den großen Hallen – alleine, als Support von Bands wie THUMB, LAGWAGON, FAITH NO MORE, BLOODHOUND GANG, SEX PISTOLS oder auf Festivals wie der WARPED TOUR, der MONSTERS OF HAUPTSTADT TOUR, dem MÜNSTER MONSTER MASTERSHIP, dem BIZARRE – bringen dem Berliner Geheimtip eine schnell wachsende Anhängerschaft. Beim 100. Konzert der Band, das im August 1998 im Rahmen der Fete de la Musique im Berliner Mauerpark stattfindet, sind mehr als 5000 begeisterte Gesichter zu zählen. Kein Wunder, daß die Beatsteaks vom Berliner Fachpublikum im Zuge des Metrobeats zum besten Live-Act der Stadt gewählt werden.

6... si sindse natürlich ooch! Und am 6. November 98 findet im hoffnungslos ausverkauften Knaack-Club die Jahresabschluß-Show statt, auf der es für die »wahren« Fans eine limitierte 7" als Vorgeschmack auf das zu erwartende Album gibt.

5... Freunde sollt ihr sein!

Arnim – mal singta und mal schreita (gesang, gitarre) – wollte eigentlich nicht Sänger werden und kam nur in den Proberaum »um mal zu gucken«. Inzwischen außer Stimme auch Brandleger zwischen Band und Publikum.

Peter – jedet Solo verdrehta (Macho-Leadgitarre, Hintergrundgesang) – bester Freund von Arnim und mit ihm großer Verehrer von ALL und DESCENDENTS. Seine Gitarre in Kombination mit der von

Bernd – von Kopf bis Fuß jehackt – (Gitarre, Geschrei) sind zu großen Teilen mitverantwortlich für den ganz eigenen Sound der Beatsteaks.

Ali – steht neben Manowar ziemlich doll auf Slayer (Baß) – die gute Seele mit dem nötigen Weitblick, die jede Band so dringend braucht.

Thomas – das Newkid hinterm Drumkid ist vom Übergangs-Ersatzmann längst zum festen und unverzichtbaren Bestandteil der Band geworden.

4... zehn Songs befinden sich auf dem neuen Album »Launched«. Aufgenommen im Berliner Studio Elektro Automatisch, gemischt im Berliner Nucleus Studio, produziert von Uwe Sabirowski (THUMB, MAD SIN) und last but not least in New York von Howie Weinberg (SICK OF IT ALL, RAMONES) gemastert. Man merkt »Launched« diesen erhöhten Produktionsaufwand im Gegensatz zu »48/49« natürlich an. Auch die Songs sind mittlerweile ausgefeilter und durchdachter. Doch hat dieser Reifeprozess, der unglaublichen Frische, die diese Band zu verbreiten weiß, keinen Abbruch getan.

3... Gitarren in einer Band! Wann gab es das nach LYNYRD SKYNYRD?

2... o'clock, Panic, Shut up Stand up, Excited, Filter, We Have To Figure It Out, Happy Now, Shiny Shoes, Fake und Go sind die definitiven Anspieltips, um zu erfahren, daß hier Musikgeschichte geschrieben wird. Never mind Rock'n'Roll hier kommt PUNK'N'ROLL, ROCK'N'PUNK oder »other Bands play, Beatsteaks rule«! Mit »Mietzies song« schafft es diese Band, eine Ballade zu schreiben, die eigentlich gar keine ist und mit »Manöver« eine geniale Cover-Version, die auch von Spezialisten des ursprünglichen Genres kaum als solche erkannt wird. »Schluß mit Rock'n'Roll« ist ein Song, den die Ärzte sicherlich gern geschrieben hätte und nicht nur der beweist, daß diese Band Spaß versteht (»...doch bitte kommt nicht zum Konzert, nur weil ihr dieses Lied hier hört, die kluge Band von heut'denkt mit und spielt erst ganz zum Schluß den Hit...«).

1... ste deutsche Band auf dem Punkrock-Kult-Label Epitaph.

Folgendes Info möchte ich auch noch unbedingt zitieren, weil es zeigt, wie man einen »Mißstand« im Info dennoch positiv formulieren kann. Es geht um die BATES, die zwar immer noch genug, aber eben nicht mehr soviele Platten verkaufen und Leute in die Konzerte ziehen, aber genau das ist jetzt der Vorteil. Lest selbst:

BATES

»Die Substanz einer Band zeigt sich oftmals erst im Anschluß an Momente größter Erfolge, hellster Scheinwerfer oder surrender Kameras. Die wahre Substanz offenbart sich, wenn nach Jet Set, nach Kaviar, Sekt und Kanapees die Normalität wieder eingekehrt ist, wenn man – etwas pathetisch formuliert – wieder auf den Boden der Normalität zurückgekehrt ist. Es gibt zahllose Beispiele in der Geschichte der Rockmusik, bei denen ein bahnbrechender Megahit ungewolt den Schwanengesang einer Band eingeläutet hat. Plattenfirmen, Managements, Konzertagenturen: Sie alle wollen stetige Wachstumsraten, akzeptieren häufig weder Einhalt noch gesunde Konsolidierung eigener Werte. Wer in solchen Augenblicken nicht über Charakter, über Nehmerqualitäten und wahre Liebe zu seiner Musik verfügt, bleibt im Haifischbecken des schnellebigen Musikbiz gnadenlos auf der Strecke. Der sensationelle Erfolg von ›Billie Jean‹ war ein solcher Gefahrenpunkt, an dem die Kasseler Bates hätten zerbrechen können. Die Band besitzt jedoch all jene wichtigen Qualitäten, die sie auch bei konjunkturell bedingten Schwankungen unbeirrbar an ihrem authentischen, jederzeit unverkennbaren Punkrock festhalten lassen.«

Aber nicht alle Infos sind gut getextet, auf meinen Tisch landen ziemlich viele schlechte (vielleicht sollte ich meinem Verleger mal das Manuskript »Lexikon der schlechten Bandinfos« anbieten), die möchte ich hier aber gar nicht zitieren. Nur an einem kurzem Beispiel möchte ich es zeigen, daß selbst die großen Plattenfirmen nicht immer die Größten im Texten sind:

TORN

Was passiert, wenn sich fünf Freunde im Alter zwischen 21 und 26 Jahren – gesegnet mit einem riesigen Potential musikalischer Ideen, Spielfreude, dem nötigen Können und beeinflußt von amerikanischen Bands der Post-Grunge-Phase mit »richtigen« Instrumenten in einen Übungsraum verziehen, um handgemachte Musik zu spielen? Bei der Band TORN jedenfalls ist das Resultat Musik, die schon beim ersten Hören bestes Feeling weckt und trotz verregneter Tage Sonne pur transportiert.

Es klingt zwar nicht wirklich bescheuert, aber das ist so klischeeüberladen, daß es bei den Empfängern nur noch ein Gähnen auslöst und somit die Musik oftmals ungehört bleibt. Also merken: so nicht!
Wer es noch amtlicher machen will, schreibt noch darunter, Abdruck honorarfrei, Beleg erbeten. Die meisten Redakteure schreiben eh' ab, mit der schicken Formulierung zum Schluß wissen sie, daß sie auf der sicheren Seite sind.

Die BATES werden zur Zeit nicht mehr so »hoch« gehandelt wie vor wenigen Jahren, und genau das ist jetzt ihr Vorteil im Info ihrer Plattenfirma VIRGIN.

DAS FOTO

Grundsätzlich gilt auch für den Abschnitt »Foto«: Macht Eure eigenen Erfahrungen! Laßt Euch nicht verrückt machen! Die einen schreien nach Querformat, die anderen nach Hochformat. Die einen nach schwarz/weiß, die anderen nach Farbe. Die eine Band will in jeder Zeitung das gleiche Foto haben (wegen dem Wiedererkennungswert), die nächste will jedesmal ein anderes Motiv, damit die Pressemappe nicht langweilig wird. Macht, was Ihr wollt, aber macht vor allem ein gutes Foto. Ganz klar: qualitativ einwandfrei, aber auch interessant.

Ein interessantes Foto will gut »komponiert« sein: Im Idealfall drückt das Foto schon Eure Musikrichtung aus. Beispiel: Zu Eurem Instrumentarium gehören Akkordeon und Geige: nehmt diese Instrumente einfach mit aufs Bild! Laßt Euch ein Motiv einfallen, das ungewöhnlich ist, eines, bei dem der Bildredakteur der jeweiligen Zeitung meint, egal, was für einen Sound die Band spielt, dieses Foto muß abgedruckt werden. Stellt Euch nicht nur an eine Wand nebeneinander oder steckt nicht nur die Köpfe zueinander (das gab es einfach zu oft).

Ihr wollt einige Beispiele? Okay, hier sind sie!

BLIND PASSENGERS

Dieses und ähnliche sind die offiziellen Pressefotos der Berliner Band BLIND PASSENGERS zum von Epic/Sony veröffentlichten Album »Bastard«. Die Typen darauf sehen ziemlich fertig aus, und das kann im vorliegenden Fall nur gutes heißen: Die Jungs sehen alles andere als langweilig aus (vermutlich trifft das auch auf die Musik zu), und einige Musikschubladen werden auch gleich ausgeschlossen: wer so aussieht, macht weder Boygroupsounds noch wird man diese Band jemals auf den »Kuschelrock«-CDs finden (wahrscheinlich!). *(Foto: Norbert Frank)*

BIG LIGHT

Die Jungs von BIG LIGHT sehen überhaupt nicht gefährlich aus, aber: sie sind wahrscheinlich immer für Überraschungen gut! Und tatsächlich waren BIG LIGHT (die Band hat sich inzwischen aufgelöst) in erster Linie eine Popband, aber was für eine: sie kombinierten Rock mit vielen Samples und Dance-Elementen. Vielleicht suggeriert das Foto auch sowas wie sehr zeitgemäßen Pop. Kurzhaarfrisuren und Anzüge sind im Pop ja schon länger möglich, nur die Knarren wären vor wenigen Jahren bei Popbands undenkbar gewesen...

(Foto: Concha Prada)

ECONOLINE CRUSH

Econoline Crush aus Kanada stehen für geradlinigen, dennoch reichlich innovativen Rock. Das Foto vermittelt dabei geschickt eine gewisse Stimmung. Die Jungs sehen wahrscheinlich bei weitem nicht so interessant aus, wie ihre Musik wirklich ist. Aber das Foto macht neugierig, auch wenn man nicht jedes einzelne Gesicht erkennen kann.   *(Foto: Gil Reynolds)*

DADDY DEEP

Absoluter Treffer! Als ich das Daddy Deep-Album hörte (und den Musiker noch nicht gesehen hatte) stellte ich mir genauso einen Typen vor. Einer, der 100%ig weiß, was er da macht, der genau weiß, wohin er musikalisch will, der scheinbar alt genug ist, um einige musikalische Jahre schon auf dem Buckel zu haben, und auch sonst mit beiden Beinen im Leben steht (Ehering). Gleichzeitig verrät das Foto, daß DADDY DEEP eher anspruchsvolle Hörer hat und gut in verräucherten Clubs ankommt (Zigarette!). Theoretisch hätte auf dem Foto noch ein süffiger Rotwein gut gepaßt! Wer aufgrund dieses Fotos in ein DADDY DEEP-Konzert geht, hat zu Hause auch einige Jazz- und Tom Waits-Scheiben: und liegt damit gar nicht mal so falsch! *(Foto: Alex Merck Music)*

GRAVITY KILLS

Die Typen von GRAVITY KILLS sehen ja nicht wirklich spannend aus. Zwar ist das Foto ganz nett gemacht, aber »Drei gucken in die Kamera, einer guckt zur Seite« ist wohl so neu auch nicht mehr.

Da kam die rettende Idee: so tun, als wären es vier einzelne Teile, die beim Wiederzusammenkleben nicht mehr so richtig aneinander paßten. Somit ließen die GRAVITY KILLS die Herzen vieler Magazinlayouter höher springen: auch mit minimalsten Aufwand dank ungewöhnlichem Fotoformat eine schicke Seite layoutet... *(Foto: Epic/Sony)*

DIE ART

Nach wie vor sehr ungewöhnlich und deshalb auch sehr mutig. Manche Ideen bleiben dann doch zu waghalsig, es sei denn, man ist Grönemeyer oder die Beatles. Bei allen anderen Künstlern, die in Verkaufszahlen »darunter« liegen, müssen damit rechnen, daß Bildredakteure einige Fotos auch doof finden und somit nicht veröffentlichen. Ich selbst verfolge DIE ART schon seit ein paar Jahren und finde vorliegendes Foto mit am interessantesten. Leider haben mir viele gesagt, daß sie dieses »gemalte« Foto doof finden. Wahrscheinlich Geschmackssache! Wie die Musik?

(Foto: Zomba)

GOMEZ

GOMEZ sehen aus wie die Jungs von der Schülerband, die immer in Nachbars Keller probt, sind aber eine der britischen Lichtblicke der Popmusik fürs nächste (für Nachauflagen: gerade begonnene) Jahrtausend (und bei Virgin unter Vertrag). Der Fotograf hat das beste daraus gemacht: er knipste die Band in einem Moment, in dem die Musiker am wenigsten »gestellt« aussahen. Und Tageszeitungen konnten bei diesem Foto prima Bildunterzeilen aus dem Ärmel schütteln: »GOMEZ auf dem Weg zum Konzert« oder »GOMEZ auf dem Weg in die Charts«...

(Foto: Scarlet Page)

STONED FISH

Wer meint, ist ja klar, daß die Fotos alle gut aussehen, die Musiker darauf haben ja alle fette Plattenverträge, darf hier gucken: STONED FISH aus Erfurt – bisher ohne Deal – wissen auch, wie ein gutes Foto funktioniert. Und wer im Bandnamen das Wörtchen »Fish« trägt, darf auch in einen solchen singen anstatt in ein Mikrofon – zumindest auf dem Foto...

(Foto: die Band selbst)

X-FISCH

Und nochmal eine Band mit dem Wörtchen »Fisch« in der Kapellenbezeichnung. Allerdings nannten die sich schon so, als sich viele dann doch nicht so trauten... (die Band gibt es inzwischen nicht mehr). Auch mit dem Foto war das Berliner Trio seiner Zeit voraus. Die Musik konnte man durchaus als Crossover bezeichnen, das Foto vermittelt das auf hervorragende Weise... *(Foto: die Band selbst)*

NUZ:Y

Ebenfalls eine Band ohne Deal (bei Redaktionsschluß des Buches), aber mit einer genialen Fotoidee. Wie zeigt man sieben verschiedene Gesichter, deutlich, ohne zu langweilen, und macht gleichzeitig die ungewöhnliche Schreibweise des Bandnamen bekannt? Ganz einfach: siehe Foto! *(Foto: die Band selbst)*

KORN

KORN gelten als recht durchgeknallte Combo, und so verwundert es kaum, auf vorliegendem Bild nicht nur fünf fotogene Typen vorzufinden, sondern auch weiße Hunde, Fahrräder und – last but not least – wunderschöne Discokugeln! *(Foto: Epic/Sony)*

BABYFOX

Dem Fotografen gilt großes Lob. Obwohl er die drei Musiker mehr oder weniger einfach nur »abgebildet« hat, weiß die Fotografie zu faszinieren. Der Typ rechts im Bild mit Brille, Bart und »Fresse« trägt natürlich seinen (erheblichen) Teil dazu bei, daß das Foto nicht langweilt. Die anderen beiden sehen so aus, als würden sie sich eher auf aktuelle Musikströmungen konzentrieren (und nicht etwa auf Outfit). Und das stimmt: Baby Fox machen sehr eigenwilligen TripHop. *(Foto: Donald Christie)*

BRINGS

BRINGS waren mal eine richtig angesagte Band, und da die Jungs richtig gut aussehen, waren die bisherigen Bandfotos immer recht einfach gemacht: 5 tolle Typen, bei denen es Spaß macht, sie auf einem Foto anzuschauen. Inzwischen muß BRINGS richtig kämpfen, um überhaupt am Ball zu bleiben. Das Bandfoto sieht zum Glück schon mal nach was aus. Das Original hat eine leicht bräunliche Einfärbung, so daß das Foto auf einer Farbseite einen eigenen Charme entwickelt. *(Foto: Axel Schulten)*

N'DEA DAVENPORT

Eigentlich ein Farbfoto. Und normalerweise sieht die Sängerin eher nett aus, wirkt sonst eher als Sympathieträgerin. Aber vorliegendes Foto macht's möglich, daß man auf jeden Fall hinschaut, auch wenn man den Namen »N'Dea Davenport« zuvor vielleicht noch nie gehört hat.

(Foto: Barron Clayborne)

VIKTORIAPARK

Fotograf Dirk Schelpmeier ist eigentlich auch Musiker (beim Duo MARIA PERZIL) und hatte dort das Glück, für sein zweites Album (1999 veröffentlicht) von Starfotograf Jim Rakete »abgelichtet« zu werden. Vielleicht will der Fotograf Schelpmeier seinen Kollegen ähnliche Qualität bieten oder er weiß einfach, wie man Musiker ihrer Musik entsprechend »in Szene setzt«. Die Typen auf dem VIKTORIAPARK-Foto sehen alle recht unterschiedlich aus, und obwohl das Foto nicht wirklich lustig aussieht, kann man dennoch manchmal darüber schmunzeln. Insofern ist das Foto der Musik sehr ähnlich. *(Foto: Dirk Schelpmeier)*

KAKTUS INTERRUPTUS

Die Idee ist nicht neu, Fotos von Bands, die sich Blätter mit gemalten Gesichtern vor die Köpfe halten, gab es schon öfter und sollte allein deshalb nicht zur Nachahmung empfohlen werden. Vorliegendes Foto zählt aber zweifellos zu den besseren Realisierungen dieser Idee. Und die gemalten Gesichter sind auch witziger. *(Foto: Skrock Fotografie)*

FAST FOOD CANNIBALS

Von den Erfurtern FAST FOOD CANNIBALS habe ich schon viele gute Fotos gesehen. Und das vorliegende ist nicht mal das beste, aber es erfüllt bestens seinen Zweck: das Foto macht die Band interessant, und so ganz nebenbei hatten die Layouter wieder ihre Freude daran: die meisten hatten das »Rohr« ausgeschnitten und hatten somit für ihr Layout ein rundes Bild... *(Foto: Carlo Bansini)*

SCABIES

Die Funpunkband SCABIES duscht sogar zusammen, das Foto beweist es. Eine nette Idee, die sich ohne viel Aufwand und Firlefanz realisieren läßt. Was will man mehr? *(Foto: Katharina Franck)*

MOTORSHEEP

Olaf Heine ist ein vielbeschäftigter Fotograf und fotografiert sie derzeit alle: Stars wie die Ärzte, internationales wie Asian Dub Foundation, Newcomer wie Ivee Leon, alte Hasen wie die Scorpions und eben auch die Hamburger MOTORSHEEP: sowohl in Farbe als auch in s/w sind ihm hervorragende MOTORSHEEP-Fotos gelungen, die ganze Geschichten erzählen. Glatzköpfe und Fleischerhaken wirken zwar recht gruselig, aber verleitet trotzdem zum genauer Hingucken.   *(Foto: Olaf Heine)*

RADIOTRON

Thomas Nitz (der auch schöne Fotos von Fiddlers Green und Beatsteaks gemacht hat) hatte bei diesem Bild zweifellos eine grandiose Idee. Die Band RADIOTRON, die an ihren Sounds bastelt und werkelt, in einer Werkstatt. Fotos von Bands im Studio gibt es schon reichlich – und wo, wenn nicht in einer Werkstatt, kann man sonst nach am Sound feilen...

(Foto: Thomas Nitz)

Radiotron

KASHMIR

Die Dänen KASHMIR im Proberaum! Die einzelnen Musiker sind nicht wirklich richtig zu erkennen, aber das ist auch nicht wichtig. Viel mehr soll reichlich Atmosphäre vermittelt werden, und das klappt. Die Instrumente Baß, Gitarre und Schlagzeug zeigen deutlich, daß es hier kaum um Synthiepop geht, und vermutlich machen KASHMIR was alternatives, sonst hätten sie sich niemals so ablichten lassen. Außerdem muß die Band gut im Geschäft sein: es handelt sich um einen Proberaum mit Fernheizung... (ganz hinten im Bild zu sehen)

(Foto: Double T)

Kashmir

YELLOWIDE

YELLOWIDE sind zweifellos eine Popband, jedenfalls deutet alles auf dem Foto darauf hin. Sie tragen bunte Hemden, rote Hosen, Anzüge... (das Bild ist im Original ein Farbfoto). Mit ihren Kurzhaarfrisuren sind sie richtig nett anzusehen, sie sind so nett wie ihre Songs, die geschmeidig ins Ohr wandern. Und das viele Weiß des Bildes inspiriert Layouter zu Höchstleistungen. Besser kann Britpop aus Hamburg nicht aussehen...

(Foto: Laughing Horse)

YOUR FINEST DROPS

Die Cranberries und Bell Book & Candle hätten sich theoretisch warm anziehen müssen: YOUR FINEST DROPS aus dem Ruhrpott hatten alles, was eine Popband Ende der 90er braucht. Auch ein brauchbares Bandfoto, welches mit eher bescheidenen Mitteln realisiert werden konnte. Wenig später stand ihnen jedoch das Wasser bis zum Halse (um mal beim Bildmotiv zu bleiben), und sie lösten sich auf.

(Foto: NRW Records)

BOTTOM 12

Die L.A.-Formation ist/war immer für abgefahrene Ideen gut. Vorliegendes Foto wird vor allem dadurch recht amüsant, weil es sich hier weder um übergroße Blechmasken oder Außerirdischen-Kostüme noch um Polizeischutzschilder handelt, sondern um ganz normale Stühle...

(Foto: Vielklang)

ANDREAS LUDVIGSEN

Andreas Ludvigsen ist Marketingdirector und A&R-Chef des dänischen Heavy- und Hard Rock-Labels DIEHARD. Und welche Plattenfirma hat schon so tolle Aufnahmen ihrer Mitarbeiter? Wer schon mal eine Platte aus dem Hause DIEHARD gehört hat, weiß, wie gut vorliegendes Foto dazu paßt. Es läßt aber auch vermuten, daß man sich als Band mit 0815-Material erst gar nicht melden braucht.

(Foto: Mette Krull)

GOM JABBAR

Wenn man so einen Frontmann wie die Berliner Band GOM JABBAR hat, dann sollte man ihn auch in die Bildmitte stellen... Aussagekräftiger gehts kaum. Aber: besagter Frontmann ist inzwischen nicht mehr dabei. GOM JABBAR weiß sich trotzdem zu helfen: alle sieben (!) Musiker in einer Badewanne. Ein sehr witziges Motiv. Da stört es kaum, daß die Jungs ihren Champagner aus Weingläsern trinken. *(Foto: Thomas Nitz)*

DIE ROTEN ROSEN und BAZOOKA CAIN

Auch das gibt es: DIE TOTEN HOSEN agieren manchmal als die ROTEN ROSEN, einem Side-Projekt, bei dem es vor allem um Spaß geht. Das drückt sich auch auf den Bandfotos aus: bei Trainingsanzügen und angeklebten Bärten darf man natürlich schmunzeln... Nur schade, wenn es die Idee schon einige Jahre zuvor gab, wie im vorliegenden Fall: BAZOOKA CAIN aus Hamburg hatten viel früher ein sehr ähnliches Motiv am Start. Ein schöner Beleg dafür, daß nicht nur immer die Kleinen bei den Großen klauen...
*(Fotos: Michael Lübke,
Rüdiger Nehmzow)*

JANSEN

Wer solche Bäume im Garten hat, sollte sie auf jeden Fall mit aufs Bild nehmen... Outfit der Musiker und Instrumentarium verraten außerdem, daß es sich hier um keine »normale« Rockband handelt.

(Foto: die Band selbst)

Jansen

Vielleicht solltet Ihr Euch zum Bandfoto noch folgende Gedanken machen: Vervielfältigt das Foto nicht zu klein. Natürlich kann man auch ein kleines Foto einscannen, aber es sollte schon irgendwie gut in der Hand liegen... Also nehmt am besten mindestens Postkartenformat oder noch besser 13 x 18 cm – das sind die gängigsten Größen. Beachtet auch, daß diese quadratischen Fotos zwar sehr schön aussehen und scheinbar zur Zeit besonders begehrt sind, aber in der Vervielfältigung wesentlich teurer sind als die ansonsten üblichen Formate.

Einige Bands schicken ihr Bildmaterial inzwischen auch auf Datenträger wie CD oder Diskette, ich persönlich halte jedoch nichts davon. Wenn bei uns in der Redaktion Bandbewerbungen ankommen, und ich mir noch nicht sicher bin, ob ich die Band mit ins Magazin nehme, entscheidet oftmals das Bandfoto. Das ist meistens eine spontane Angelegenheit, und wenn ich dann auch noch anfangen müßte, mir am PC erst einmal eine CD zu öffnen... Und wer noch schwankt, ob es ein s/w- oder Farbfoto werden soll, sollte überlegen, in welchen Medien er sich die größten Veröffentlichungschancen ausrechnet. Wer auf die Musik- und Lifestyle-Magazine hofft (so naiv sollte natürlich keiner sein), sollte auch mit schicken Farbfotos aufwarten können; wer mehr mit Konzertankündigungen in Tageszeitungen rechnet, sollte schwarz/weiß bevorzugen. Aber wenn die Printmedien ehrlich wären, wüßten wir alle, daß man Farbfotos auch ganz gut in schwarz/weiß einscannen kann, und daß man s/w-Fotos mit einem sogenannten Duplex hinterlegen kann, wodurch ein ganz spezieller Farbeffekt entsteht (für den Außenstehenden: das sind jene Fotos, die entweder nur bläulich, rötlich, bräunlich usw. sind).

Ja und folgendes ist auch ganz wichtig: Klebt auf die Rückseite des Fotos einen Zettel/Aufkleber oder schreibt es notfalls darauf, wer überhaupt auf dem Foto ist. CD/Tape, Info und Foto werden meist nach Ankunft »getrennt«. CD/Tape landen in der Kiste der ungehörten Demos, das Info wird abgeheftet oder erst einmal gut weggelegt und das Foto – weil es jetzt schon zum dritten Mal aus der Infomappe rausgerutscht ist – kommt in einen Schuhkarton oder in ein Schubfach. Außerdem ist es für den Veranstalter echt mühselig, wenn er die Fotos an die Lokalpresse weiterreicht, auf jedes noch den Bandnamen zu notieren.

Beinahe noch wichtiger: Schreibt den Zaubersatz »Zum honorarfreien Abdruck« ebenfalls mit hin. Es ist üblich, daß alle Firmen, die Öffentlichkeitsarbeit betreiben (und das sind fast alle), Presse- und Bildinformationen zum honorarfreien Abdruck herausgeben. Jetzt kommt natürlich gleich der Robin Hood in Euch durch: schließlich hat der Fotograf einen prima Job gemacht und soll dafür auch sein entsprechendes Honorar sehen. Wenn

Ihr das also so seht, dann bezahlt ihr ihn. Aber, das sind nun mal die Spielregeln! Ihr müßt Euch das so vorstellen: Ich sitze in der Redaktion und mache einen schönen großen Artikel über die Rolling Stones. Dann rufe ich bei der Virgin (das ist die Plattenfirma der Stones) an, und prompt habe ich am nächsten Tag mehrere schicke Dias von den Stones in der Post. Alle zum honorarfreien Abdruck! Jetzt kommt Ihr daher (die unbekannte Band) und Euer Fotograf möchte für den Abdruck seines Fotos Geld... Und schon sinkt das komplette Interesse an Eurer Band. Nicht etwa, weil gegeizt wird (ein bißchen Geld für den Fotografen wäre eigentlich sogar da), sondern weil Aufwand und Nutzen in keiner Relation stehen. Die kleine Meldung über Euch mit dem noch kleineren Foto beschäftigt die Buchhaltung (»Hat der schon 'ne Rechnung geschickt?«), die Bank (»Wir haben hier noch 25 Mark 80 zu überweisen!«)... Das macht kaum jemand... Und glaubt mir, viele Medienpartner sagen sich: Wenn ich die großen Stones so abdrucken kann, dann wohl die paar Hansels aus dem Jugendzentrum erst recht...

Wieso das alles so ist, warum die Fotografen die Dummen sind? Keine Ahnung! Da haben es die Texter schon besser: die Zeitungen haben zwar kein Problem damit, daß alle die gleichen Fotos abbilden, aber bei den Texten will jeder seine eigenen. Auch wenn die Herren und Damen Redakteure das Info nur fleißig umschreiben. Nun ja, das ist ein anderes Thema.

**The Cain (diese Seite) und Boring (nächste Seite)
Fotos: M. Wustmann**

NACHGEFRAGT BEI MARKUS WUSTMANN, FOTOGRAF

Markus Wustmann, Jahrgang 75, ist ein junger Fotograf, der auch Bands mit kleineren Budgets ins rechte Licht setzt. Faszinierenderweise sind seine Fotos oft besser als die Musik der jeweiligen Bands. Ich wollte von ihm wissen, was Bands bei ihren Fotos beachten sollten.

Was hat Dich dazu gebracht, zu fotografieren?
Von Kind an fasziniert durch die Schönheit der Natur, vor allem aber, wie sich die Umwelt in den Gesichtern meiner Mitmenschen reflektiert, nein nicht nur reflektiert – sich einfrißt in Falten, in die Haut, in die Augen – griff ich zunächst zu Buntstift und Papier – weil gute Kameras ziemlich teuer im Osten waren. Ich habe dann auch immer die in Leipzig kasernierten Soldaten der Roten Armee um Rubel angebettelt, weil ich in einem Film gesehen habe, daß es in der Sowjetunion gute Fotoapparate schon ab 15 Rubel gab. Nun ja, wie so vieles, war auch das gelogen.

Wie kam es dazu, daß Du Bands fotografierst?
Mein Vater arbeitete in der hiesigen Brauerei. In der Abfüllabteilung. Als ich nach der Wende endlich eine Kamera zum Geburtstag bekommen hatte, aber noch bevor der Betrieb abgewickelt wurde, besuchte ich meinen Vater und seine Kollegen an ihrem Förderband. Dies war das erste Band, das ich

fotografiert habe. Und was soll ich sagen, seitdem hat mich das Band nicht mehr losgelassen.

Beeinflußt Dich die Musik der Band fürs Foto?
Ja. Die Qualität ihrer Musik beeinflußt die Qualität meiner Bilder. Scheißband = Scheißfoto. Das ist wie bei einem Journalisten: Scheißfragen = Scheißantworten.

Was meinst Du, was machen viele Bands bei/auf ihren Fotos falsch?
Die häßlichsten Musiker sind meist die wichtigsten innerhalb des Bandgefüges und meinen, daß diese Wichtigkeit auch auf dem Foto rüberkommen muß. Sie schieben sich in den Vordergrund. Deshalb sind dann auch die Fotos häßlich. Ein guter Fotograf wie ich karikiert das, indem er auf ihre ganz charakteristischen Makel auch noch fokussiert.

Gibt es Tips für Musiker, die Du ihnen für ihre Fotos geben kannst?
Macht keine Fotos von Euch, sondern von Eurer Musik.

Kosmos

DAS PLAKAT

Auch hier möchte ich es mir verkneifen, über Hoch- oder Querformate zu entscheiden. Hochformat ist sicher die bessere Variante, weil es meist noch da hin paßt, wo eben ein Querformat nicht mehr paßt. Und sollte wirklich Platz sein, könnte man ja auch mehrere Hochformat-Plakate nebeneinander ankleben. Also doch am besten Hochformatplakate, aber bitte nur dann, wenn Ihr es auch so seht und nicht, weil ich es geschrieben habe (das hier ist ja schließlich nicht die Bibel!).

Bei der Plakatgröße möchte ich Euch A1 ans Herz legen. Wenn Ihr A0 macht, zeigt Ihr zwar, daß Ihr in der Lage seid, der Druckerei ein paar Scheine mehr rüber zu reichen, aber Ihr zeigt es nicht wirklich überall, weil A0 so riesig ist, daß es nirgends mehr hinpaßt. Und wegen einem kleinen Clubkonzert werden sicher nicht gleich Bauzäune zum Plakatieren angemietet. Manchmal sieht man auch noch A2-Plakate, das geht wohl sicher auch noch, aber guckt nochmal genau in die Bandkasse: A1 sollte es schon sein. Natürlich hält die Praxis immer wieder Episoden bereit, die alle gut gemeinten Ratschläge hinfällig machen. So ist es mir passiert, daß meine Band und ich zu den glücklichen gehörten, die eine Tour in der Schweiz absolvieren durften. Da waren Orte dabei, die gar nicht mal so klein waren, dafür aber blitzeblank. So sauber, daß in der ganzen Stadt nicht ein Plakat klebte (abgesehen von Litfaßsäulen). Dieses Informationsdefizit machten jedoch viele Einzelhändler in ihren Schaufenstern wieder wett, in dem sie die Plakate dezent und mit wenig Tesa in ihre Schaufenster hängten. Als sie damals unsere wunderschönen A1-Plakate erhielten, fielen die Einzelhändler förmlich um, denn soviel Platz wollten sie nun doch nicht berappen. Die Veranstalter wollten dann am liebsten A3-Plakate (oder noch kleiner... – ja, Ihr lest richtig). Das konnten wir natürlich nicht liefern, weil sämtliche Werbematerialien von uns dem deutschen Musikermarkt zugeschnitten waren. Aber die Schweizer wußten sich zu helfen, sie bastelten aus den A1-Plakaten welche in A3. Deshalb sollte ich Euch vielleicht folgenden Tip geben: macht A1-Plakate und versucht in die Schweiz zu kommen, um das schöne Erlebnis zu haben, wie sich jemand mit Euren Plakaten soviel Mühe gibt.

Was die Gestaltung des Plakates betrifft, so habe ich auch hier die verschiedensten Varianten als die richtige zu hören bekommen. Da war alles dabei, von »Da darf nur der Bandname drauf stehen« bis hin zu »Das muß wie die CD aussehen«. Um Euch nicht endlos zu verwirren, nur ein kleiner Denkansatz: Was will ich mit diesem Plakat überhaupt bezwecken?

Logisch, das sollen viele Leute sehen, die dann auch alle ins Konzert kommen.

Wenn das Plakat also gesehen werden soll, ist es sicher praktisch, daß man es schon von weitem oder aber auch beim schnellen Vorbeigehen oder – noch besser – beim Vorbeifahren sieht. Die logische Schlußfolgerung: Der Bandname muß groß und deutlich aufs Plakat. Mit einem anderen Wort: PLAKATIV! Wenn Ihr Tom Waits seid, dann braucht natürlich nichts weiter aufs Plakat (der könnte theoretisch auch sein Frühstücksei darauf abbilden). Ihr seid aber nicht TOM WAITS, deshalb ist es grundsätzlich fantastisch, wenn man irgendwie erfährt, ob es sich lohnt, meinen Arsch in Euer Konzert zu bewegen. Ähnlich, wie ich es schon beim Bandfoto beschrieben habe, kann es nur von Vorteil sein, wenn man auf dem Plakat erkennt, welche Musik mich erwartet. Eine interessante Grafik / ein aufregendes Bild, was erst auf dem zweiten Blick mit der Band zu tun hat (wenn überhaupt), geht natürlich auch, dafür gibt es unzählige Beispiele, die funktioniert haben. Vielleicht sollte man aber in solchen Fällen immer das schnelle Lesen des Bandnamens auf dem Plakat im Kopf haben. »Ich gehe heute abend ins Konzert zu der Band mit den roten Dreiecken auf dem Plakat...« Keiner weiß, wo er gewesen ist. Jetzt sagst Du natürlich: erinnere Dich an den Durchbruch von NIRVANA mit ihrem Album »Nevermind«! Die Plakate hingen überall in der Stadt, darauf war ein Baby zu sehen (im Wasser einem Geldschein hinterher tauchend) und tatsächlich dachten einige Verwandte von Dir, das ist eine moderne Pampers-Werbung. Nirvana haben es trotzdem geschafft, aber da gab es ja noch mehr als nur das Plakat... Zurück zu Dir, dem (noch) unbekannten Musiker: Wenn Du nun schon ein geiles Plakat hast, was aber wenig Aufschluß über Dein musikalisches Treiben gibt, dann schreib es doch mit rauf. Beispiel: DIE FANTASTISCHEN VIER – HipHop! Dann ist der Rest schon egal (solange das Plakat trotzdem noch gut aussieht und man den Bandnamen gut lesen kann).

Ja und wie schon beim Info näher erklärt: achtet auf die Farben. Es muß nicht immer 4c sein, damit es gut aussieht. Ich habe schon mehrfach Plakate gesehen, auf denen ein s/w-Foto und ein (z.B.) roter Schriftzug drauf war – sehr wirkungsvoll. Oder mit dem bereits an anderer Stelle erwähnten Duplex: Ein s/w-Bild mit einer Farbe hinterlegt, das ist auch sehr wirkungsvoll. Und ist im Druck eben um einiges günstiger. Aber: spart nicht an der falschen Stelle! Es mag zwar schön sein, am Schluß der ganzen Investiererei noch einen Tausi in der Bandkasse zu haben, aber bitte schön nicht auf Kosten des Plakates. Das ist das allerwichtigste. Und Veranstalter arbeiten gern mit schönem Material... Wenn sich jetzt bei Euch die Frage aus finanziellen Gründen ergibt, was wichtiger ist, nämlich Plakat oder Infomappe (da Ihr Euch nur eine Sache leisten könnt), dann entscheidet Euch fürs Plakat. Denn mit einem schönen Plakat wirbt man nicht nur beim Veranstalter, sondern auch beim Publikum. Es läßt sich ja folgendes machen: Das Plakat (also eins) auf A4 herunterkniffen und darin CD/Tape sowie kopiertes Info verstauen (somit hat das gefaltete Plakat eine Art Mappenfunktion). Das sieht doch auch noch halbwegs amtlich aus. Grundsätzlich sollte man sich überlegen, ob man nicht jeder Aussendung ein Plakat beilegt. Veranstalter kennen die Werbewirksamkeit guter Plakate. Und wenn sie zwischen einer guten Britpopband aus Dortmund und einer genauso guten Britpopband aus Düsseldorf entscheiden sollen, dann schätze ich mal, daß die Band mit dem attraktiveren Plakat den Zuschlag zum Konzert erhält.

Was auch nicht vergessen werden darf: laßt unten auf dem Plakat einen weißen Balken frei, den braucht nämlich der Veranstalter, um seinen Termin mit Euch einzudrucken bzw. einzuschreiben.

DAS DEMO

Last but not least muß der Veranstalter natürlich auch ein Demo bekommen. Der eine oder andere unter Euch wird jetzt die Nase rümpfen, daß ich das wichtigste, nämlich Eure Musik, erst zum Schluß der Erläuterungen zum Infopäckchen erwähne. Aber das hat auch seinen bestimmten Grund. Können nämlich die anderen Sachen nicht schon irgendwie überzeugen, dann wird der Veranstalter wohl kaum Lust verspüren, in Euer Demo reinzuhören. Aber – vielleicht durch die ersten Kapitel dieses Buches – habt Ihr bereits 1A-Material, was sich wie ein roter Faden auch bis zum Demo durchzieht.

Was sollte das Demo nun beinhalten? Mindestens zwei bis vier Songs, und nach Möglichkeit Eure besten. Fangt nicht mit einem außergewöhnlichen Intro an, das mag zwar konzeptionell ganz gut passen, aber der Veranstalter will Euch so schnell wie möglich kennenlernen, weil auf seinem Tisch noch viele andere Demos warten, um gehört zu werden. So will er dann auch nicht irgendwelchen von Euch inszenierten Spannungsbögen folgen (es ist ja auch immer Ansichtssache!), sondern sofort mit Euren Songs konfrontiert werden. Wenn Ihr welche habt, die sofort in die Gehörgänge wandern und sich obendrein dort auch noch einnisten, dann sollten die aufs Demo und zwar an erster Stelle. Da Ihr Euch ja um einen Live-Auftritt bemüht, liegt die Vermutung nahe, daß es richtig ist, eine Live-Aufnahme parat zu haben. Nun, dieser Gedanke ist nicht falsch, aber die zwei von mir befragten Clubbooker (die kompletten Interviews folgen auf hinteren Seiten) sagen, daß sie noch nie ein wirklich gutes Live-Demo gehört haben. Wichtig ist noch die Formatfrage: CD oder Tape? Ich weiß, es ist eine Kostenfrage, aber die Preisdifferenz hält sich inzwischen in Grenzen, so daß ich Euch in jedem Fall eine CD ans Herz legen möchte. Die ist flacher, fügt sich also super in die oben erwähnte Infomappe ein, der Veranstalter kann von Song zu Song zappen usw. Ja und noch etwas: wenn Ihr eh' eine eigene CD gemacht habt, dann laßt gleich fürs Booking welche mitpressen (das sind dann Peanuts). Es ist zwar ausreichend, nur zwei – vier Songs abzuliefern, aber es wäre der größte Quatsch, nochmal eine weitere CD herstellen zu lassen.

Was Ihr außerdem nicht vergessen dürft: auf dem Demo muß unbedingt neben dem Bandnamen (logisch!) Eure Kontaktadresse stehen. Demo und Info gehen oftmals nach Ankunft beim Veranstalter getrennte Wege.

DER KONTAKT ZUM VERANSTALTER

Jetzt darfst Du natürlich berechtigt fragen, was soll ich mit dem ganzen Zeug? Und kann der Mann auch mal Tips geben, die kein Geld kosten? Zum erstgenanntem: Der Veranstalter wird – um es mal ganz kraß zu sagen – mit Material zugeschissen. Den ganzen Tag erhält er Anrufe von Agenturen/Managements/Bands, die ihm alle angeblich das nächste große Ding liefern wollen, das volle Brett, eine Show, wie er sie noch nie gesehen hat... Und das kann er eben – nach all den Anrufen – nicht mehr glauben. Teilweise kann er auch die vielen Tapes nicht mehr hören. Aber oftmals macht er es trotzdem, schließlich ist das sein Job. Übrigens ein wichtiger, aber noch nicht genannter Aspekt: so ein Club muß sich irgendwie finanzieren, der Veranstalter kann eben keine Bluesband engagieren, auch wenn er Blues über alles liebt, wenn die Leute nur noch zu HipHop kommen. Doch zurück zum Werbeaufwand: der lohnt sich wirklich, bei der Masse an Einsendungen reagiert der Veranstalter nun mal auf schöne Sachen. Und wenn Ihr eben keine Bastler seid, die sich selbst etwas zurecht friemeln können, dann bleibt der Griff ins Portemonnaie unabdingbar.

Zu zweitgenanntem: Natürlich ist das blöd, wenn man sich dieses Büchlein für beinahe 30 DM leistet, um dann zu lesen, wie man noch mehr Geld ausgeben kann. Diese ganzen Werbesachen, und das fängt ja mit der teuren Demoaufnahme schon mal an, sind lebensnotwendig. Eventuell wollt Ihr ja mal die eine oder andere Mark mit Eurer Musik verdienen, und wenn nicht Ihr, zumindest der Veranstalter, der Euch engagiert. Insofern solltet

Ihr Euch als Firma betrachten, die unter Umständen eben auch investieren muß. Natürlich gibt es immer wieder Beispiele, daß es Bands direkt aus dem Keller in die Charts geschafft haben, aber es ist doch leider die Ausnahme. Und die Livescene ist auch nicht mehr das, was sie mal war. Ein wichtiger Gedanke ist natürlich auch der, wie weit Ihr es mit Eurer Musik schaffen wollt. Wer die 150-Mark-Gigs im Umkreis von 60 Kilometer, bei denen die zuschauen, die da sonst Billard und Dart spielen, als Ziel vor Augen hat, der kann sicher minimaleren Aufwand fahren. Für alle anderen, die großes wollen, aber dennoch keine Kohle haben (ich weiß, die Banken lachen sich tot bei Eurem Anliegen), sollten sich die Dinge peu à peu realisieren. Eben anfangen mit Proberaummitschnitt und kopiertem Info, ein paar Konzerte in der Region für 80 Mark Gage oder so, das sammeln, ein Plakat drucken (selbstverständlich ein Gutes wie wir aus dem entsprechendem Kapitel wissen) usw..

An dieser Stelle könnte ich Euch Tips geben, daß Ihr die Veranstalter anrufen müßt, daß Ihr Euch eine Liste anlegen müßt, wem Ihr alles ein Demo geschickt habt usw., aber soviel Eigeninitiative setze ich bei Euch fitten Musikern voraus. Ihr seid nicht blöd, und deshalb möchte ich auch nicht im Urschleim anfangen.

Da ich weder den Rock'n'Roll noch das Booking von Konzerten erfunden habe und somit auch nicht immer alles weiß, habe ich zwei Bookern von Clubs einen Fragebogen gegeben, mit der freundlichen Bitte, ihre jahrelangen Erfahrungen preiszugeben. Booker Nr. 1 ist Peter Matzke, der einige Jahre im Leipziger (Studenten)club MORITZBASTEI die Konzerte organisierte. In der Moritzbastei, deren Konzertsaal ca. 400 Plätze umfaßt, gehen jährlich 120 Konzerte über die Bühne – und das schon seit 1979. Die musikalische Spanne reicht von Jazz bis Hardcore, darunter bekannte Bands wie Rosenstolz und H-Blockx, Bates, In Extremo, Inchtabokatables, Subway To Sally, aber auch viele Newcomer... (das waren sie alle mal – als sie hier spielten). Ungefähr genauso lang gibt es schon das GAMBRINUS im hessischen Bad Homburg. Anfangs spielten hier täglich Bands, seit ca. 1982 nur noch ein bis zwei die Woche. Inzwischen sind es nur noch drei bis vier im Monat, und wenn's gut läuft, kommen 300 Leute (dann ist hier aber auch voll). Musikalisch gehts hier auch Querbeet, allerdings keinen Jazz und nur wenig Metal. Highlights der letzten Zeit waren u.a. die Lemonbabies, Vivid und Hazeldine. »Gebookt« wurde hier von Kerstin Sprinkmann, die ebenfalls so freundlich war, und mir meine Fragen beantwortete.

Gaben schon mehrmals Konzerte in der Leipziger Moritzbastei: ROSENSTOLZ

Wie und warum wird man Booker?
PETER MATZKE: Man glaubt erstens, für sein Lieblingshobby, das Musikhören, plötzlich bezahlt zu werden, und zweitens Bands weiterhelfen zu können, die man musikalisch oder persönlich mag.
KERSTIN SPRINKMANN: »Wie« ist eine gute Frage, dafür gibt es keine richtige Antwort, da es keinen vorgeschriebenen Weg oder Ausbildung zum Booker gibt. Und warum wird man Booker? Weil man Spaß an dem Musik-Business hat, ist die einzige ehrliche Antwort, denn die wenigsten Booker werden für diesen stressigen und zeitaufwendigen Job entsprechend bezahlt!

Was meinst Du, welche Voraussetzungen muß man mitbringen,
um für einen Club das Booking zu machen?
PETER MATZKE: Ahnung und Verständnis für (Pop)Musik, den Wunsch, nicht nur zu konsumieren, sondern auch die Hintergründe zu erfahren, ein gewisses Geschick im Umgang mit Menschen, die Fähigkeit viel, lange und hart auch am langweiligstem Bürokram zu sitzen, die Reife, herbe Niederlagen ebenso wie unerwartete Triumphe wegstecken zu können.
KERSTIN SPRINKMANN: Als Booker muß man verschiedene Voraussetzungen erfüllen. Zuverlässigkeit und Engagement stehen wohl an erster Stelle. Außerdem muß man das Risiko einer Veranstaltung richtig einschätzen können und einen guten Riecher haben, was beim Publikum angesagt ist. Planung und eine gute Ordnung sind für einen Booker unerläßlich, da neben festen Terminen wie Redaktionsschlüsse der Zeitungen und Magazine der Überblick bei allen anderen Abläufen nie verloren gehen darf. Außerdem muß ein Booker immer auf dem Laufenden sein, welche Bands es gibt, welche lokalen Bands wann und wie oft spielen, welche überregionalen oder internationalen Bands am Kommen sind, welche Bands realistisch in seinen Club passen.

Nach welchen Auswahlprinzipien hast du Dir die Bands ausgesucht?
PETER MATZKE: In allererster Linie nach finanziellen Gesichtspunkten und (was dasselbe ist) dem Geschmack des Publikums, danach, weit untergeordnet, dem eigenen Geschmack, den deutschen Gesetzen, persönlichen Sympathien, dem Wetter...
KERSTIN SPRINKMANN: Da gab es verschiedene Kriterien. Qualität und gute Musik sollten immer an erster Stelle stehen, wobei man als Booker auch Überraschungen erleben kann, z.B. bei einem gut produzierten Demo, was die Band live aber nicht halten kann. Aber das war eher die Ausnahme. Hauptsächlich kam es zu einer positiven Entscheidung, wenn die Band im

lokalen Raum bekannt war und erfahrungsgemäß Konzerte der Band gut besucht waren. Eine Band, die aus dem Umkreis kommt, bringt meist einen großen Freundes- und Fankreis mit, so daß auch eine völlig neue lokale Band ein geringes Risiko darstellt. Newcomer aus weiter entfernten Städten bekamen genauso die Chance, im Vorprogramm lokaler Bands zu spielen. Diese Alternative kam bei den Musikern gut an, da die lokale Band so die Möglichkeit hatte, wiederum bei der auswärtigen Band in deren Stadt im Vorprogramm zu spielen. Nicht zuletzt entscheidet natürlich auch der subjektive und persönliche Geschmack des Bookers, das läßt sich nie vermeiden.

Inwiefern hat Dich professionelles Bewerbungsmaterial in Deinen Entscheidungen beeinflußt?
PETER MATZKE: Weitestgehend.
KERSTIN SPRINKMANN: Professionelles Bewerbungsmaterial beeinflußt mich schon. Ein übersichtliches Info, gute Fotos, eine ordentliche CD und ein gutes Plakat garantieren mir, daß die Band professionell arbeitet, nicht aus einer Laune heraus mal schnell was zusammengewurschtelt hat, und daß die Presse mit dem Material etwas anfangen kann. Es ist aber auch klar, daß eine neue Band noch nicht das Geld für gutes Material hat und die Konzerte braucht, um eben dieses Geld einzuspielen. Da liegt es am Booker, diesen »Teufelskreis« zu durchbrechen und auch mal eine Band ohne gestyltes Material zu buchen. Auf keinen Fall kann man von der Qualität eines Infos, Fotos oder Plakates auf die Qualität der Musik schließen.

Was würdest Du Bands grundsätzlich raten, wenn sie sich in den Clubs für Konzerte bewerben?
PETER MATZKE: Glaubt nicht, daß Booker die Zeit haben, jeden eingeschickten Tonträger intensiv von vorn bis hinten anhören zu können. Sie benutzen auch ihre Augen, das geht oft schneller. Eingesandtem Material muß, so nervig das sein mag, nachtelefoniert werden.
KERSTIN SPRINKMANN: Als erstes anrufen und nach dem Namen des Bookers fragen, damit man ihn persönlich anschreiben kann. Gleichzeitig sollte eine Band sich bei diesem ersten Kontakt über den Club informieren: welche Musikrichtung wird bevorzugt, welche Kapazität hat der Club, werden auch Festgagen oder generell nur Prozente vom Eintritt bezahlt, usw.. Dann muß die Band realistisch einschätzen, ob der Club überhaupt geeignet ist. Diese Vorgehensweise spart Geld (Porto, Telefonkosten, CD, Verpackung, ...) und Zeit, falls die Band gar nicht zum Club paßt oder die Anfahrtskosten nicht in Relation der zu erwartenden Gage stehen. Kommt

der Club für die Band in Frage oder zeigt der Booker Interesse, so sollte innerhalb weniger Tage das Infopaket, bestehend aus persönlichem Anschreiben mit Kontaktadresse der Band, Info, Presseberichte, Foto und eventuell ein gefaltetes Plakat beim Club eingehen. Ein paar Tage später sollte die Band beim Club anrufen und den Booker fragen, ob das Material gut angekommen ist. Danach wird der Booker einige Zeit brauchen, um das Material zu hören. Dabei gilt: nie nerven oder ständig anrufen, denn es ist nie böser Wille, wenn ein Booker das Material noch nicht gehört hat, sondern lieber fragen, wann man wieder anrufen kann.

Ist es auch passiert, daß Du den Kontakt zu diversen Bands gesucht hast? Wenn ja, was sollten Bands tun, um auch in diesen »Genuß« zu kommen?
PETER MATZKE: Das ist oft passiert. Bei Bands, die keine Demo-Tonträger mehr verschicken (müssen), weil sie von einem gewissen Bekanntheitsgrad ihrer Musik ausgehen dürfen. Seltener: Bands, deren Demo überzeugend war oder musikalisch in ein bestimmtes Veranstaltungskonzept paßte. Eine Band kann da – bis auf eine ordentliche Präsentation – nicht viel dafür tun, – außer eine funktionierende Telefonnummer anzugeben.
KERSTIN SPRINKMANN: Ja, das kam ab und zu vor. Entweder habe ich die Band irgendwo live gesehen und das hat mich überzeugt, oder ich habe über die Band einen interessanten Bericht in einem Musik- oder Stadtmagazin gelesen. Was sollte also eine Band tun, die auf sich aufmerksam machen will? Viele Konzerte spielen, sich auch selber um CD-Rezensionen und Konzertberichte in Magazinen kümmern. Von Nachteil ist allerdings, als Band davon auszugehen, sollte sich ein Booker bei der Band melden, daß dieser Club auch gleich hohe Summen auf den Tisch legen würde, solche Forderungen schrecken sofort wieder ab.

Wieviel Konzertbewerbungen hattest Du monatlich bekommen, wieviel konnten davon berücksichtigt werden?
PETER MATZKE: Ca. 50 Bewerbungen und ca. 3 Berücksichtigungen. Die meisten Buchungen laufen über Agenturen ohne Demo-Vorstellungen der Bands.
KERSTIN SPRINKMANN: Im Durchschnitt erhielt ich ca. 40-50 Bewerbungen monatlich. Bei 4 – 6 davon kam es schließlich zum Konzert.

Wie bist Du beim Demo-Hören vorgegangen? Gab es Tapes/CDs, die Du Dir nie angehört hast?
PETER MATZKE: Die meisten (aus Zeitgründen).

KERSTIN SPRINKMANN: Generell habe ich mir alles angehört. Ich mache keinen Unterschied zwischen CD und Tape oder Studio- und Proberaumaufnahme, solange man »was« darauf hören kann. Ich habe so alle zwei Monate an einem freien Sonntag ein Demo-Marathon eingelegt. Das ist zwar sehr anstrengend, ermöglicht aber so auch den direkten Vergleich der Bands.

Wenn sich eine in Deinen Augen schlechte Band beworben hat, hast Du denen gesagt, daß sie schlecht sind oder hattest du lieber auf einen vollen Kalender hingewiesen?
PETER MATZKE: Es steht mir nicht zu, eine Band in Kategorien wie »Gut« oder »Schlecht« einzuordnen. Das mag bei einem Cellisten angehen, der ein Stück vom Blatt spielt. Im Pop gelten andere Gesetze, Ringo Starr ist ein schlechter Drummer, Sid Vicious konnte nie wirklich Baß spielen und Tom Waits nicht singen. Na und? Eine Band und deren Message gefällt entweder oder nicht, bzw. (in unserem Falle viel wichtiger) sie gefällt dem Publikum oder nicht. Alles andere ist Wurscht. Im übrigen habe ich lieber auf volle Kalender hingewiesen, weil ich weiß, daß es verdammt hart für einen Musiker ist, den ganzen Tag mürrische Booker am Telefon zu haben, die einem sagen, wie Scheiße sie die Mugge finden.
KERSTIN SPRINKMANN: Ich denke, daß es unfair ist, einer Band zu sagen, daß sie schlecht ist. Erstens ist das ja auch ein subjektiver Eindruck, zweitens entwickelt sich jede Band weiter und ich werde nie eine Band mit einer solchen Aussage demotivieren wollen. Jede bekannte Band hat ja auch mal klein angefangen und war mit Sicherheit nicht vom ersten Tag an gut. Einer Band, die in meinen Augen grottenschlecht ist, sage ich, daß sie musikalisch bei uns noch nicht reinpaßt und sie sich in ein bis zwei Jahren melden sollen, wenn neues Material vorliegt.

Was waren – mal abgesehen von der Gage – die utopischsten Forderungen von (in Deinen Augen) noch unbekannten Bands?
PETER MATZKE: Auf der Cateringliste einer englischen Band ohne Zusatzcrew, die für etwa 200 zahlende Zuschauer gut war, fand ich mal eine akribisch aufgelistete Getränkeliste, die für jeden Musiker 14 Liter der verschiedensten Getränke forderte.
KERSTIN SPRINKMANN: Das Gambrinus ist kein riesiger Club. Daher war die PA den Räumlichkeiten angemessen und erfüllte mit 16 Kanälen auch ihren Zweck. Ich habe mich dann immer sehr geärgert, wenn unbekannte Bands mindestens 24 Kanäle, vielleicht noch separaten Monitormix oder sonstigen Schnick-Schnack haben wollten, obwohl dies technisch

unnötig war. Da ging es nur darum »Tun wir mal so, als ob wir groß wären«. Ansonsten gab es für »kleine« Bands immer belegte Brötchen und Getränke. Es gab nur ganz selten mal eine Cateringliste von einer unbekannten Band, wo ich mich totgelacht habe: warmes Essen, kalte Snacks, spezieller Rotwein, französisches Mineralwasser, 3 Flaschen Jim Beam oder so ähnlich.

Verhandelst Du lieber mit Agenturen/Managements oder mit den Bands direkt? Worin bestehen darin jeweils die Vor- und Nachteile?
PETER MATZKE: Lieber mit Agenturen. Zu Musik und also auch Musikern besteht immer ein gewisses emotionales Verhältnis, das beim Verhandeln stört. Es ist nicht leicht, mit Künstlern über Kunst zu verhandeln. Schon gar nicht über deren eigene.

Spielten im GAMBRINUS: VIVID

KERSTIN SPRINKMANN: Vorteile bei Agenturen sind in der Regel Zuverlässigkeit, Pünktlichkeit und ordentliches Material. Nachteil bei Agenturen ist die verständliche Tatsache, daß Agenturen meist nur prozentual an der Gagenhöhe beteiligt sind und somit großes Interesse an (hohen) Festgagen haben. Dann kann es auch passieren, daß Agenturen Konzerte ablehnen, weil sie nicht die erhoffte Gage aushandeln können, Bands erfahren dadurch oft nicht, wieviele Konzerte sie hätten spielen können, wenn die Agentur eine geringere Garantiegage in Kauf genommen hätte. Mit den Bands direkt zu verhandeln hat also den Vorteil, daß die Konditionen des Clubs besser akzeptiert werden. Nachteilig ist leider, daß viele Musiker nicht den Sinn für die Koordination haben und gerne vergessen, rechtzeitig den Vertrag zurückzusenden oder das Infomaterial und die Plakate pünktlich an den Club zu schicken. Es macht keinen Spaß, den Bands hinterher zu telefonieren oder deswegen schlechte Promotion für alle Bands in einem Monat zu haben, weil eine einzige Band das Infomaterial für die Presse zu spät zuschickt.

Hat Dich eine fette Pressemappe oder ein schönes Plakat jemals dazu animiert, in ein Demo, das Dir beim allerersten Hören nicht gefallen hat, noch einmal reinzuhören?
PETER MATZKE: Nein. Umgekehrt: eine ordentliche Präsentation hat mich überhaupt erstmal dazu animiert, in die Demos reinzuhören.
KERSTIN SPRINKMANN: Eigentlich nicht. Ich war erstaunt, daß eine Band, die in meinen Augen wirklich schlecht ist, so ein gutes Material vorweisen kann. Aber auch hier heißt es: Es ist nicht alles Gold, was glänzt.

Was willst Du in einem Bandinfo lesen? Wie wichtig ist Dir dabei eine gewisse Übersichtlichkeit?
PETER MATZKE: Sehr wichtig. Viel über die Musik, auch über das, was sie bewirkt oder bewirken soll in den Köpfen. Viel über die Live-Erfahrung der Band. Tonträger, Werbemaßnahmen, Erfolge – Sachen, aus denen man einen eventuell vorhandenen Bekanntheitsgrad erschließen könnte.
KERSTIN SPRINKMANN: Ich betrachte Bandinfos unter zwei Gesichtspunkten: Zum einen, was ich selbst über die Band erfahre, zum anderen, wie tauglich das Info für die Presse ist. Für mich ist eine gewisse Übersichtlichkeit sehr wichtig, so sollte ein gutes Bandinfo keinem Roman ähneln und folgende Informationen gut gegliedert beinhalten: eine Biographie (seit wann gibt es die Band, welche Erfolge hat sie vorzuweisen, wieviele Konzerte wurden ca. bisher gespielt, was waren die Highlights), eine Diskographie der veröffentlichten Tapes und CDs, die Besetzung und

Beschreibung der Musikrichtung (der Satz: »unsere Musik paßt in keine Schublade« bringt jeden Musikredakteur zum Erbrechen). Ihr sollt Euch auch bewußt sein, daß die meisten Zeitungen Eure Infos (zumindest ein Teil davon) wortwörtlich übernehmen.

Wie sollte das ideale Demo aussehen? Live oder Studio? Wenig oder viele Songs? 8-Spur oder 24-Spur?
PETER MATZKE: Theoretisch live. Praktisch mutet sich kaum ein Booker zu, sich jeden Tag 8 Diktiergerät-Livemitschnitte reinzuziehen. In der Praxis läßt man sich dann halt doch eher von möglichst solide produzierten Studioproduktionen überzeugen (wenige Knüller, keine überflüssigen Füller!) – in der Hoffnung, daß eine Band die Mühe, die sie in eine solche Produktion gesteckt hat, auch für die Live-Performance verwandt hat.
KERSTIN SPRINKMANN: Ich habe noch nie ein wirklich gutes Live-Demo gehört. Daher empfiehlt sich der Aufwand, im Proberaum oder im Studio, wer sich ein Studio leisten kann, ein Demo aufzunehmen. Für eine Bewerbung in einem Club reichen in der Regel 3-5 Songs, mehr habe ich mir meistens sowieso nicht angehört. Natürlich klingt eine 24-Spur-Aufnahme besser als eine 8-Spur-Aufnahme, aber das ist ja auch eine Kostenfrage, und ein Booker sollte das Potential einer guten Band auch auf einer nicht so guten Aufnahme heraushören können.

Was sind die größten Fehler von Bands beim Konzertesuchen?
PETER MATZKE: Zu glauben, ein unbeschriftetes Tape im Briefumschlag reicht aus. Zu glauben, das Volk ist nur dazu da, auf ihre Performance zu warten. Zu glauben, Live-Clubs werden direkt vom lieben Gott finanziert.
KERSTIN SPRINKMANN: Zeit mit ungeeigneten Clubs zu verschwenden, überhöhte Forderungen, maßlose Selbstüberschätzung, schlechte Fotos und Infos, Unzuverlässigkeit oder den Booker mit ständigen Anrufen zu nerven. Wichtig ist auch, daß die Band die Entscheidung des Bookers akzeptiert und nicht eine Stunde versucht, den Booker noch rumzukriegen, erstens ändert der seine Meinung nicht mehr, zweitens könnte die Band in dieser Zeit andere Clubs abchecken.

So weit die »O-Töne« zweier Veranstalter. Absichtlich hatte ich zwei ganz verschiedene Clubs gefragt, und natürlich auch einen in West und einen in Ost, damit Ihr einen noch umfassenderen Einblick bekommen könnt. Ich habe sie unkommentiert gelassen, selbst, wenn ich das eine oder andere anders sehe, aber in den Clubs sitze ja nicht ich, sondern die Booker selbst.

DER KONZERTVERTAG

So, angenommen, Ihr habt das Vorgeplänkel mit dem Veranstalter hinter Euch. Er hat Euer Material erhalten, hat tatsächlich das Demo gehört, ist von Eurem werbewirksamen Plakat begeistert und will Euch prompt buchen für die kleine Summe X. Ihr habt einen Termin ausgemacht, und er wartet jetzt auf Euren Konzert-, Gastspiel- oder Engagementvertrag. Und der kann so aussehen:

GASTSPIELVERTAG

Dieser Vertrag bestätigt die bereits telefonisch getroffenen Vereinbarungen zwischen: GRUPPE XYZ
vertreten durch: Manager oder Vertreter
Straße:
PLZ Ort:
Tel, Fax und E-mail:

– nachstehend Künstler genannt –

und: Club »Schöne Rockmusik« (z.B.)
vertreten durch: Booker oder Vertreter
Straße
PLZ Ort
Tel, Fax und E-mail:

– nachstehend Veranstalter genannt –

1. Der Veranstalter engagiert die Künstler für ein Konzert.
Datum der Veranstaltung:
Tag der Veranstaltung:
genaue Anschrift:
Kontaktperson:
Telefon:

Der Veranstalter schickt den Künstlern bis spätestens ... eine genaue Anfahrtsbeschreibung bzw. Anfahrtsplan.

2. Aufbau des Equipments/Instrumente ab _____ bis _____ (Ende Soundch.)
Einlaß des Publikums: _____ Uhr
Auftrittszeit: _____ Uhr
Programmdauer: __ Set(s) a _____ Minuten

Die Künstler sind verpflichtet, so rechtzeitig am Veranstaltungsort zu sein, daß das Konzert pünktlich beginnen kann. Ausgenommen sind Fälle einer Verhinderung oder Verzögerung höherer Gewalt. Sind die Künstler durch Krankheit am Auftritt verhindert, so ist dies unverzüglich dem Veranstalter mitzuteilen und durch ein ärztliches Attest nachzuweisen. Verspätete Mitteilung oder fehlender Nachweis verpflichten zur Zahlung der Konventionalstrafe.

Entfällt der Auftritt durch Absage des Veranstalters oder aus einem anderen, vom Veranstalter verursachten Grund, zahlt der Veranstalter die vereinbarte Konventionalstrafe. Entfällt der Auftritt durch Verschulden der Künstler, sind diese zu Schadenersatz maximal in Höhe der vereinbarten Konventionalstrafe verpflichtet.

3. Als Gage vereinbart:
Festgage: DM
zzgl. Plakate:
zzgl. Mwst.:
Gesamtgage:
in Worten:

Der Künstler in der BRD versteuert seine Gage selbst. Gema- und sonstige Gebühren/finanzielle Forderungen (z.B. KSK o.ä.) zahlt der Veranstalter.

Der Eintritt beträgt AK _____ DM, VVK/ERM _____ DM.oder ( ) ist frei.

Künstler und Veranstalter verpflichten sich, über die Gage keinem Dritten Auskunft zu geben, es sei denn, sie sind gesetzlich dazu verpflichtet. Bei Nichteinhaltung wird die Konventionalstrafe fällig.

4. Die Gesamtgage ist zahlbar wie folgt: ___ DM vor Beginn der Veranstaltung am ___ in bar an den Bauftragten der Künstler.

5. Die Künstler stellen dem Veranstalter kostenlos zur Verfügung:

Plakate:
Presse-Infos:
s/w-Fotos:
Farbfotos:
Tonträger:
Flyer:
Die Unterlagen müssen spätestens am_____ beim Veranstalter sein. Der Veranstalter verpflichtet sich, die ihm (kostenlos) zur Verfügung gestellten Plakate zu verkleben bzw. die Unterlagen entsprechend zu verteilen.

6. PA:
Licht:
Bühne: vorhanden, Größe _____qm
Größe des Konzertsaals: (ca.) _____qm
durchschnittl. Besucherzahl: _____

Der beigeheftete Rider ist wesentlicher Bestandteil dieses Vertrages. Der Veranstalter bestätigt mit seiner Unterschrift den Empfang und die Kenntnisnahme.
Der Veranstalter sorgt für eine ausreichende Garderobe.
Der Veranstalter stellt den Künstlern zwei Aufbauhelfer.
Engagiert der Veranstalter für o.a. Termin weitere Künstler, so sind diese sowie die Reihenfolge/Ablauf dem Künstler mitzuteilen. Folgende weitere Künstler wurden engagiert:

7. Die Künstler erhalten kostenlos vom Veranstalter folgendes Catering:

8. Der Veranstalter reserviert für ... Personen ...Doppelzimmer mit Bad/WC, inklusive Frühstück. Die Kosten trägt der Veranstalter.
Hotel/Pensionadresse:

9. Die Künstler erhalten die Möglichkeit, bei der Veranstaltung exklusiv ihr Merchandise zu verkaufen. Hierzu stellt der Veranstalter zwei Tische o.ä. zur Verfügung.

10. Der Veranstalter übernimmt die Haftung für die Sicherheit der Künstler, ihrer Musiker und Hilfskräfte, sowie für die von den Künstlern in den Veranstaltungsort eingebrachten Anlagen und Instrumente während

des Aufenthalts der Künstler am Veranstaltungsort, soweit der Schaden durch ihn fahrlässig verursacht wurde.

11. Die Künstler unterliegen weder in der Programmgestaltung noch in ihrer Darbietung Weisungen des Veranstalters. Dem Veranstalter sind ihr Stil und ihre Art bekannt. Die Künstler sind nur an die durch diesen Vertrag vereinbarten Bedingungen gebunden. Disposition und Regie obliegen den Künstlern.

12. Der Veranstalter verpflichtet sich, dafür Sorge zu tragen, daß weder er noch Dritte die Darbietung der Künstler ohne deren ausdrückliche schriftliche Genehmigung audiovisuell (Video, Film, Ton und/oder sonstige Aufnahmesysteme) aufnehmen oder aufnehmen lassen.

13. Bei schuldhafter Vertragsverletzung wird eine gegenseitige Konventionalstrafe in Höhe der Gesamtgage festgesetzt.

14. Gerichtsstand für beide Seiten ist der Wohnort der Künstler.

15. Sonstige Vereinbarungen:

16. Ein Exemplar dieses Vertrages ist bis spätestens .... an die angegebene Adresse zurückzuschicken. Maßgebend ist das Datum des Poststempels. Erfolgt bis zu diesem Datum keine Rücksendung des Vertrages, haben die Künstler das Recht, den vereinbarten Termin anderweitig zu belegen. Der Vertrag ist an folgende Adresse zu schicken: ......

17. Mündliche Nebenabreden sind nicht getroffen. Änderungen dieses Vertrages bedürfen der Schriftform und der erneuten Zustimmung durch beide Seiten.

18. Die Vertragspartner versichern durch ihre Unterschrift, daß sie den Vertrag gelesen und verstanden haben und zur Unterschrift berechtigt sind.

_____, den _____   _____, den _____

_____   _____
Veranstalter   Künstler bzw. Vertreter

Wie erwähnt, so kann der Konzertvertrag aussehen, es geht auch wesentlich kürzer, aber auch wesentlich länger. Man sollte natürlich mit seinen Forderungen auf dem Teppich bleiben. Es macht wohl kaum Sinn, als Newcomer im Jugendzentrum für 300 Mark aufzutreten und das auf einem seitenlangen Ding festzuhalten, vielleicht noch mit Extra-Klauseln wie Fotografierverbot, Monitormix... Das könnte alles dazu beitragen, daß der Veranstalter plötzlich keine Lust mehr auf Euch hat!

Für alle, die den Konzertvertrag noch ein wenig erläutert haben wollen, können hier nachlesen (alle anderen blättern schon mal weiter).

GASTSPIELVERTRAG

Dieser Vertrag bestätigt die bereits telefonisch getroffenen Vereinbarungen zwischen: Euer Band- bzw. Künstlername vertreten durch:
Name Eurer Bookingagentur, Eures Managements oder aber einfach der Name des Musikers unter Euch, der sich darum kümmert und einem fragendem Veranstalter auch eine Antwort geben kann. Hinzu kommt die vollständige Adresse mit Telefon- und Faxnummern, E-Mail (wenn vorhanden). Das ist praktisch ein richtiger Blickfang für den Veranstalter, er sieht sofort, an wen er sich wenden muß!

– nachstehend Künstler genannt –
Da der Vertrag ja auch schon so lang genug ausfällt, nennt Ihr Euch im folgenden »Künstler« und:

Veranstalter vertreten durch:
Hier listet der Veranstalter seine Angaben auf: Name, Adresse usw./usf.. Das ist praktisch der Blickfang für Euch, wenn Ihr nochmal Rückfragen habt usw.

– nachstehend Veranstalter genannt –
Ganz klar, Ihr seid der Künstler, und der Veranstalter ist der Veranstalter. Und wird der Kürze halber im folgendem auch so genannt.

1. Der Veranstalter engagiert die Künstler für ein Konzert.
Datum der Veranstaltung:
Hier kommt (logischerweise) das Datum des vereinbarten Termins hin!

Tag der Veranstaltung:
Hier nochmal den Wochentag hinschreiben. Das ist so eine Art Sicherheit, um eventuelle Mißverständnisse vorzubeugen. Veranstalter und Musiker sind in den meisten Fällen gestreßte Menschen, da passieren erfahrungsgemäß die dollsten Sachen. Motto: »Der 13. ist doch niemals ein Freitag!« (PS: Das ist wirklich schon passiert, daß Veranstalter mir sagten: »Wir haben Euch erst morgen erwartet!«)

genaue Anschrift:
Wenn die Anschrift des Spielortes mit der des oben aufgeführten Veranstalters identisch ist, dann reicht es hier sicherlich »siehe oben« zu schreiben. Aber oftmals kommt es eben vor, daß der Veranstalter zwar an der angegebenen Adresse postalisch und telefonisch zu erreichen ist, aber das Konzert ganz woanders ist. Zum Beispiel bei einem Open Air oder wenn der Veranstalter eine Agentur ist.

Kontaktperson:
Auch die ist wichtig und ist nicht immer mit dem Booker identisch. Schließlich kann es ja sein, daß der, der Euch gebucht hatte, ausgerechnet zu Eurem Konzerttermin bei der Oma Geburtstag feiert. Ihr braucht natürlich trotzdem jemanden, an den Ihr Euch wenden könnt, und der soll dann (gefälligst) auch im Vertrag drin stehen.

Telefon:
Auch das Telefon kann ein anderes sein. Z.B. hört man es vielleicht im Konzertsaal nicht, wenn's im nicht besetzten Büro klingelt. Das ist praktisch die Nummer, die am Konzertabend gültig ist. Wenn Ihr z.B. im Stau steht und das dem Veranstalter mitteilen wollt, dann bringt es sehr wenig, wenn Ihr mit dem Anrufbeantworter im Büro sprecht. Oftmals hat die Kontaktperson auch ein Handy, die Nummer davon kann man hier auch eintragen.

Der Veranstalter schickt den Künstlern bis spätestens ... eine genaue Anfahrtsbeschreibung bzw. Anfahrtsplan.
Nehmt einen Termin, der vielleicht 14 Tage vor dem Gig liegt, damit – sollte der Veranstalter den Anfahrtsplan schlichtweg vergessen haben – noch genügend Zeit ist, das Versäumnis nachzuholen.

2. Aufbau des Equipments/Instrumente ab____ bis_____
(Ende Soundcheck)

Hier müßt Ihr abschätzen, wie lange Ihr für den Aufbau und Soundcheck braucht. Natürlich sollte das in einer »normalen« Zeit von 2 – 3 Stunden passieren (für kleine Clubs). Und ein bißchen solltet Ihr Euch den Gegebenheiten des Clubs anpassen. Wenn beispielsweise der Club immer erst um 16.00 Uhr aufgeschlossen wird, ist es sicher schwierig, die Clubleute davon zu überzeugen, schon um 13.00 Uhr zu kommen. Allerdings: was muß, das muß! Es nützt ja nichts, beim Veranstalter unbedingt das Prädikat »Pflegeleichte Band!« einheimsen zu wollen, wenn Ihr später Euer Konzert nicht pünktlich beginnen könnt. Plant auch ein bißchen Zeit für eventuelle Pannen ein. Irgendwas ist nämlich immer. Einige Künstler haben in ihren Verträgen noch den Zusatz, daß das Publikum erst in den Saal darf, wenn der Soundcheck beendet ist (auch wenns länger dauert als geplant). Das sollte jede Band für sich entscheiden, dabei aber nicht den Aspekt mit dem »pflegeleichten« vergessen.

Einlaß des Publikums: ___ *Uhr*
Ein ziemlich interessanter Punkt, vor allem bei solchen kombinierten Veranstaltungen, wie es sie in vielen Clubs gibt, wo vor und nach dem Konzert Musik aus der Konserve zum Tanzen, also Disco, kommt. Oftmals kommen die Leute schon um 20.00 Uhr, obwohl das eigentliche Konzert, also Euer Part, erst um 23.00 Uhr beginnt.

*Auftrittszeit:*___ *Uhr*
Hier steht nun die Zeit, wann es definitiv losgehen soll. Aber bitte schon davon ausgehen, daß das nur eine in etwa-Angabe ist. Wenn der Veranstalter eben meint, komm, wir warten noch eine halbe Stunde, weil vielleicht noch ein paar Hansels kommen, sollte man schon darauf eingehen. Selbst die Bahn scheint ja ihren Zeitplan nicht ganz so ernst zu nehmen. Jetzt fragst Du bestimmt, wozu die Zeit denn überhaupt drin steht. Ganz logisch: damit es nicht vorher beginnt! Damit Dir kein Veranstalter sagen kann, ich wollte schon vor einer Stunde anfangen, aber Ihr mußtet ja unbedingt zur Pizzeria...

Programmdauer: _ Set(s) a ___ Minuten
Tja, Jungs und Mädels, wieviel habt Ihr denn drauf, ohne zu langweilen? Die meisten Veranstalter wollen dann schon ihre 90 Minuten Livemusik. Das ist aber sicher verhandelbar, nur ist es immer gut, so etwas im Vorfeld zu tun. Das viel größere Problem: die Anzahl der Sets. Da gibt es Bands, die stellen ihr Programm zusammen, und in der 90minütigen Gesamtheit kann man ein richtiges Konzept und eine sehr gut durchdachte Dramatur-

gie erkennen. Da kommt nun irgend so ein Depp von Veranstalter daher und sagt, bei uns spielen die Bands immer drei Sets a 30 Minuten, schließlich soll sich ja das Publikum in den Spielpausen tüchtig an der Bar lümmeln, und schließlich will ich auch noch bis kurz vor zwölfe Eintritt kassieren... Dieses Problem gibt es auch umgekehrt: Bands, die ihr letztes geben, sind manchmal nach 45 Minuten einfach ausgepowert und plötzlich heißt es, macht mal weiter, damit wir nachher ungestört mit der Disco anfangen können.

Die Künstler sind verpflichtet, so rechtzeitig am Veranstaltungsort zu sein, daß das Konzert pünktlich beginnen kann. Ausgenommen sind Fälle einer Verhinderung oder Verzögerung höherer Gewalt. Sind die Künstler durch Krankheit am Auftritt verhindert, so ist dies unverzüglich dem Veranstalter mitzuteilen und durch ein ärztliches Attest nachzuweisen. Verspätete Mitteilung oder fehlender Nachweis verpflichten zur Zahlung der Konventionalstrafe.

Dem ist nichts hinzuzufügen! Ein Passus, den Veranstalter gern lesen (verständlich, sie wollen ja genauso wie Ihr ein erfolgreiches Konzert). Und da ist es nun mal schön, wenn Ihr das gleich mit rein schreibt. Das sieht nämlich unterm Strich so aus, daß Ihr das Konzert in keinem Fall absagen wollt. Und wenn doch jemand krank wird, weist Ihr das selbstverständlich mit einem ärztlichen Attest nach. Das ist sicher auch das mindeste: wenn Ihr in einem festen Job krank werdet, liefert Ihr automatisch einen Krankenschein.

Entfällt der Auftritt durch Absage des Veranstalters oder aus einem anderen, vom Veranstalter verursachten Grund, zahlt der Veranstalter die vereinbarte Konventionalstrafe. Entfällt der Auftritt durch Verschulden der Künstler, sind diese zu Schadenersatz maximal in Höhe der vereinbarten Konventionalstrafe verpflichtet.

Zwei Sachen werden damit ausgesagt: 1. bekommt Ihr auch Eure Kohle, wenn der Veranstalter rumeiert und 2., wenn Ihr was verbockt habt, müßt Ihr maximal die Konventionalstrafe zahlen. Das heißt, wenn als Konventionalstrafe DM 1.000,- vereinbart sind, der Schaden des Veranstalters, den Ihr durch Euer selbst verschuldetes Nichtzustandekommen des Konzertes verursacht habt, bei DM 2.000,- liegt, müßt Ihr trotzdem »nur« – wie eben vereinbart – DM 1.000,- zahlen. Meistens werden die Konventionalstrafen in Höhe der Gage festgesetzt. Sozusagen sehen DM 1.000,- Gage und DM 3.000,- Konventionalstrafe ein bißchen blöde aus. Ihr könnt natürlich auch überlegen: Hm, wenn der Veranstalter kurzfristig absagt, ist uns ein Schaden von DM 150,- entstanden. Also nehmen wir das als Konventionalstrafe! Das hat schließlich auch den Vorteil, daß Ihr nicht gleich Euer Equipment verkaufen müßt, weil eben nur (in unserem Beispiel) DM 150,- zu zahlen sind. Die Praxis sieht jedoch ganz anders aus: So, wie Ihr Euch eine Krankmeldung mit minimalem Leiden holen könnt, kann der Veranstalter auch einen ernsthaften Absagegrund aus dem Ärmel schütteln (sehr gern genommen wird der durch höhere Gewalt verursachte Rohrbruch, ernsthaft!). Und wenn dem Veranstalter wirklich nichts einfällt, solltet Ihr vielleicht trotzdem kulant sein, denn so ein Veranstalter, der einmal Konventionalstrafe zahlen mußte, kann wohl ziemlich nachtragend sein. Mir ist das einmal passiert, ein Club in einer Kleinstadt sagte 3 Tage vorher ab mit dem Hinweis, daß er plötzlich keine Lust mehr habe (ja, so etwas gibt es!). Da war ich natürlich mit meiner Kulanz auch am Ende, ließ mir die DM 1.000,- überweisen und habe in diesem Club nie wieder etwas untergebracht.

Siehe auch unter 13.

3. Als Gage vereinbart:
Festgage: DM 1.000,- (als Beispiel)
zzgl. 50 Plakate:
Stück á 0,50 DM = 25,- DM

Viele listen diese Kosten nochmal extra auf. Das bringt nur etwas, wenn der Club noch Mittel hat und Ihr ihm so noch etwas aufbinden wollt. Wenn der Club wie in unserem Beispiel eh' nur einen Tausi hat, dann hat er meistens auch nichts mehr für Plakate. Also könnte man höchstens sagen, na gut, DM 900,- Gage und DM 100,- für Plakate, aber das macht ja summasumarum auch nur DM 1.000,-. Dann arbeitet doch lieber so, daß Ihr sagt, wenn Ihr nach langem und hartem Verhandeln endlich bei DM 1.000,- angelangt seid, weißt Du was, lieber Veranstalter, die Plakate kriegst Du gratis dazu. Aber schön aufpassen: die Extraauflistung der Plakate inkl. dem eigenem Preis hat auch mit der Stückzahl zu tun. Der Veranstalter soll sich ja genau überlegen, wieviel Plakate er nimmt. Nicht, daß er nachher 500 Plakate ordert (sind ja schließlich umsonst) und nur 20 verklebt. Oder selbst, wenn er alle 500 klebt, dann sollte das auch irgendwie in Relation zur Gage stehen. Ich meine, Ihr könnt nicht für 700 Kröten spielen und 500 Plakate, bei denen Euch eins fast eine Mark kostet, gratis abliefern. Andererseits ist es natürlich blöd, wenn Euch ein Veranstalter mit Pauken und Trompeten ankündigen will, und Ihr gebt ihm nur eine Handvoll Werbematerial... Das ist ein ziemlich schwieriger Spagat. Diesen richtig auszuloten, bedarf einer gehörigen Portion Erfahrung. Und wenn diese eben noch nicht vorhanden ist, sollte man sich – so doof das jetzt auch klingen mag – auf sein innerstes Gefühl verlassen. Wenn Ihr also meint, daß Ihr hier an einen Veranstalter geraten seid, der für Euch Unmögliches möglich macht, dann zieht da mit.

zzgl. 16% Mwst.: DM 164,– (für dieses Bsp. nehmen wir jetzt mal 16%, weil am häufigsten; 164,– sind 16% auf 1025,–)
Das ist so eine Sache! Die einen nehmen 16%, die anderen 7%, die anderen gar nichts. Das klingt zunächst kompliziert, ist es aber gar nicht. Ein paar Details hierzu findet Ihr im »Steuer«-Kapitel.

Gesamtgage: DM 1.189,–
Die Gesamtgage setzt sich aus den DM 1.000,– Gage, DM 25,– Plakatkosten und DM 164,– Mehrwertsteuer zusammen.

in Worten: Eintausendeinhundertneunundachtzig
Die Summe in Worten kommt immer gut, das wissen wir schon vom Scheck.

Der Künstler in der BRD versteuert seine Gage selbst. Gema- und sonstige Gebühren/finanzielle Forderungen (z.B. KSK o.ä.) zahlt der Veranstalter.
Ihr versteuert Euch also selbst, wie das richtig geht, sagt Euch das Finanzamt oder der Steuerberater. Wenn Ihr schon mal ein bißchen durchsehen wollt, seid Ihr in diesem Buch genau richtig, einfach weiterlesen und das kleine »Steuern«-Kapitel abwarten. GEMA zahlt auch der Veranstalter und manchmal fallen die unwahrscheinlichsten Dinge an, die man so zahlen soll und kann. Sichert Euch deshalb mit o.g. Zeile im Vertrag ab.

Der Eintritt beträgt AK _____DM, VVK/ERM_____DM. oder ( ) ist frei.
Ebenfalls ein interessanter Punkt. Was soll der Eintritt eigentlich kosten? Es gibt ja Bands (auch kleine), die sich für so gut halten und meinen, Konzerte unter 10,– Mark Eintritt spielen wir nicht mehr. Oder aber genau umgekehrt. Bands lieben den direkten Draht zum Fan und wollen deshalb, daß das Publikum nicht so tief in die Tasche greifen muß, um in ein Konzert kommen zu können. Manchmal bleiben Clubs auch leer, weil der Eintritt vom Veranstalter einfach zu hoch angesetzt wurde. Da kann das Plakat noch so toll aussehen, die Ankündigung noch so verheißungsvoll, zwanzig Mäuse sind einfach zu viel für eine Band, die man noch nicht kennt, oder? Wem es schließlich egal ist, ob der Eintritt nun 5 oder 20 Mark kostet, weil er meint, daß der Veranstalter schon wissen wird, was er da macht und Ihr als kleine Musiker, die dankbar über jeden Gig sind, sowieso

machtlos gegen die Entscheidungen des Veranstalters seid, kann diese Zeile einfach weglassen.

Aber in den meisten Verträgen ist sie unabdingbar, denn mein Beispiel unter »Gage« mit der Festgage von 1000 Kröten klingt zwar super, ist aber frei erfunden, um nicht zu sagen, ein wenig realitätsfremd... Die Praxis sieht nämlich anders aus, einen ganzen Tausi wird kaum jemand bei einer unbekannten Band rausrücken... Zum einen gibt es nicht mehr soviel Förderung, alle Bundesländer müssen da sparen, und am allerbesten macht sich das in der Kultur. Und da Pop und Rock Stiefkind in der Kultur ist, wird hier zuerst gekürzt. Aber genauso Schuld hat das liebe Publikum. War es noch vor wenigen Jahren richtig geil, einen Geheimtip zu kennen, von dem es die Tonträger nur in Konzerten oder über winzige Mailorder gab, ist das heute schrecklich uncool. Die Kids von heute wollen heute ihre Independentband zehnmal am Tag bei MTVIVA sehen, nur, wer da zu sehen ist, ist gut. Denn die bringen ja alles, was gut ist... Bands wie NIRVANA oder RAMMSTEIN stehen in vielen Läden unter »Independent«!!! Aber selbst auf MTVIVA zu sehende Bands müssen leere Konzertsäle fürchten, denn Livemusik ist eh nicht mehr das Ding. Die Konserve macht's auch. Doch zurück zu unserem Vertrag:

Der Veranstalter wird nur noch eine kleine Summe Garantie zahlen wollen, das ist ja eigentlich auch ganz okay so, warum sollte der Veranstalter alle Pleiten ausbaden, es machen schon genügend Clubs dicht. Andererseits solltet Ihr nicht nur gegen Kasse spielen (wenn's geht), denn der Veranstalter sollte schon hochmotiviert sein, dieses Konzert auch zum Erfolg bringen zu wollen. Und das funktioniert nun mal am besten, wenn er finanziell mit drin hängt. Im Vertrag sieht das dann so aus:

Festgage:
zzgl. __ % aller Netto-Eintrittseinnahmen (das sind die Brutto-Eintrittseinnahmen abzgl. 7% Mwst.), die entweder Summe X überschreiten oder ab __ zahlenden Zuschauern.

Alles klar? Na gut, ein Beispiel: Der Veranstalter zahlt Euch eine Garantiesumme von DM 200,–. Die gibt es auch, wenn nicht ein zahlender Zuschauer kommen sollte, weil die DM 200,– ja eben Garantie sind.

Natürlich reicht Euch die garantierte Summe nicht, weshalb Ihr eine Eintrittsbeteiligung wollt. Jetzt sagt der Veranstalter, okay, aber ich habe ja auch noch ein paar Kosten wie Personal usw. usf. (Veranstalter könnten uns da jetzt noch ganz andere Dinge auflisten), also sagen wir, Ihr bekommt 70% aller Netto-Eintrittseinnahmen über DM 600,– (wieder ein fiktives Beispiel). Nun spielt Euer Konzert beispielsweise DM 1000,– ein, dann

heißt das, daß hier DM 400,- über die vereinbarten 600,- liegen. Diese 400,- sind ja noch Brutto-Eintrittseinnahmen, also muß noch die Mehrwertsteuer von 7% herausgerechnet werden. Das sind, wie alle wissen, die in Mathe aufgepaßt haben, DM 26,16 (für alle, die in Mathe nicht aufgepaßt haben, hier ein kleiner Kurs:
400 x 7 (sind gleich: 2800) : 107 = 26,16! (diese Formel läßt sich immer prima anwenden, wenn Ihr eine Summe habt, in der die Mehrwertsteuer schon drin ist und herausgerechnet werden muß, also die Summe mal der Mehrwertsteuer (bei 7% eben 7, und bei 16% eben 16 geteilt durch (100 plus Mehrwertsteuer, also je nach dem 107 oder 116).

Ich weiß, daß sich jetzt einige von Euch beleidigt fühlen, schließlich sind die Hälfte der Leser alles musizierende Studenten, die allesamt die Mehrwertsteuer noch viel einfacher errechnet haben und sich jetzt darüber mokieren, was ich hier so vorrechne. Aber glaubt mir, ich mußte das schon soviel Musikern erklären (übrigens auch welchen aus den Charts, es werden keine Namen genannt), so daß ich mich entschlossen hatte, dieses hier mitaufzuführen.

Zurück zum Beispiel: DM 400,- DM minus 26,16 sind die Netto-Eintrittseinnahmen, also in unserem Beispiel DM 373,84. Davon sind laut Vertrag 70% Eure, nämlich DM 261,68.

In der Abrechnung sieht das dann so aus:
Garantiesumme: DM 200,- plus 70% der Netto-Eintrittseinnahmen über DM 600,-: DM 261,68 = gesamt: DM 461,68, wenn Mwst.-pflichtig, dann zzgl. (siehe Steuer-Kapitel)

Die zweite Variante »ab... zahlende Zuschauer« ist im Grunde genommen das gleiche in grün. Beispiel: die ersten 100 Besucher braucht der Veranstalter, um Garantie und seine anderen Unkosten zu decken, es kommen 120 Leute, der Eintritt kostet 'n Zehner, also 20 x 10 = DM 200,-. Und dann wie bei dem oben erläuterten Beispiel anwenden.

Künstler und Veranstalter verpflichten sich, über die Gage keinem Dritten Auskunft zu geben, es sei denn, sie sind gesetzlich dazu verpflichtet.
Bei Nichteinhaltung wird die Konventionalstrafe fällig.
Das ist auch schön in den Vertrag hineingeschrieben, natürlich wissen alle Clubleute, was Ihr für Eure Show bekommt. Aber vielleicht animiert diese Zeile den einen oder anderen Veranstalter, Eure Gage nicht so hinauszuposaunen. Wenn plötzlich aus dem Publikum Stimmen kommen wie »Für so'ne Scheiße wollen die auch noch 500 Eier«, dann ist das schon sehr ärgerlich und man sollte hier nach Möglichkeit der Sache auf den Grund gehen.

4. Die Gesamtgage ist zahlbar wie folgt: ....DM vor Beginn der Veranstaltung am .... in bar an den Beauftragten der Künstler.
Wenn man auf Nummer sicher gehen will, kann man das so schreiben, daß die Kohle schon vor dem Konzert fällig ist. Damit vermeidet man unter Umständen böse Überraschungen, Motto: Das war ja jetzt nicht so toll Eure Show, ich zahl dann mal nur die Hälfte... oder Ich habe jetzt gar keine Kohle da... Andererseits benötigen Veranstalter manchmal zur Auszahlung der Gage die abendlichen Einnahmen von Eintritt und Getränken, und die sind logischerweise vor Konzertbeginn noch nicht da. Einige fühlen sich auch auf den Schlips getreten. Es gibt schließlich Veranstalter (und das sind zum Glück die meisten), die ihren Job verdammt ernst nehmen und ihn auch meisterhaft erledigen, in den Künstlern bzw. in den Agenturen ihre Partner sehen. Wenn da von Euch so ein Feeling kommt, na Veranstalter – wir trauen Dir sowieso nicht! – , dann ist das wohl nicht sonderlich gut für eine fruchtbare Zusammenarbeit. Andererseits würde ich grundsätzlich auf Barauszahlung (eben nach dem Konzert) bestehen. Vielleicht mußtet Ihr leider ja auch schon die doofe Erfahrung machen, daß zwischen »Geld noch bekommen« und »Geld schon haben« manchmal Welten liegen. Es gibt aber auch Veranstalter, die nur durch öffentliche Gelder finanziert werden bzw. direkt der Stadt unterstehen (ich hatte schon Verträge für kleine verräucherte Clubs, die vom Bürgermeister unterschrieben wurden), und da läuft die Gagenauszahlung über irgendwelche Ämter/Buchhalter, so daß man eine Überweisung einfach akzeptieren muß. Natürlich sind dann hier auch die Chancen größer bei einem eventuellen Einklagen der Gage als bei einem kleinen Kneipier, der gerade seinen Laden dicht gemacht hat.

5. Die Künstler stellen dem Veranstalter kostenlos zur Verfügung:
Plakate:
Presse-Infos:
s/w-Fotos:
Farbfotos:
Tonträger:
Flyer:
Die Unterlagen müssen spätestens am_____ beim Veranstalter sein.
Der Veranstalter verpflichtet sich, die ihm kostenlos zur Verfügung gestellten Plakate zu verkleben bzw. die Unterlagen entsprechend zu verteilen.
Hier wird das ganze Material eingetragen, welches Ihr dem Veranstalter – wohlgemerkt kostenlos! – zur Verfügung stellt. Das Thema Plakate-Anzahl hatten wir ja schon vor wenigen Seiten. Von Presse-Infos und Fotos benöti-

gen die Veranstalter meist so um die zehn Stück, je nachdem, wie die vor Ort ansässigen Medien mitziehen. Das Presse-Info muß nicht so aufwendig sein wie im Kapitel »Info« beschrieben, hier reicht ein einfaches Blatt mit den nötigen Informationen. Formuliert es recht gut, weil die meisten Redakteure es Eins zu Eins übernehmen (also abschreiben) werden. Wenn Ihr nur Farb- oder nur s/w-Fotos habt, dann natürlich nicht beide Varianten anbieten. Nicht, daß Ihr dann noch schnell etwas zaubern müßt... Die Möglichkeit, die Medien mit Eurer CD zu bestücken, würde ich den Veranstaltern in jedem Fall geben, manchmal ist das ganz hilfreich. Aber es ist nicht wirklich notwendig. Schließlich ist das auch eine Kostenfrage. Wenn Ihr also nicht mehr soviel CDs habt, die Ihr einfach so weitergeben könnt, dann laßt diese Zeile weg. Wer nur ein paar Tonträger pro Gig geben möchte, kann die Zeile so ergänzen: »Tonträger (max. 3 Stck.):«. Übrig bleibt dann noch der Flyer, der nicht immer notwendig ist (weil viele Clubs selbst einen machen oder gar ein kleines Programmheftchen haben), sich aber in vielen Fällen rentiert. Vor allem dann, wenn eine ganze Tour oder ein Tonträger darauf beworben wird.

Ganz wichtig dabei ist, daß Ihr den angegebenen Termin einhaltet. Wenn der Veranstalter anfangen möchte, zu plakatieren oder die Presse zu informieren, und es ist einfach noch nichts an Material da, obwohl sogar im Vertrag steht, daß es schon da sein müßte, dann hört sich das Ganze vorerst nicht nach prima Zusammenarbeit an, und der Veranstalter darf sichtlich genervt sein.

6. PA:
Licht:
Bühne: vorhanden, Größe: _____ *qm*
Größe des Konzertsaals: (ca.) _____ *qm*
durchschnittl. Besucherzahl: _____

An dieser Stelle erfahrt Ihr etwas über den Club/Ort, wo Ihr spielen werdet, und zwar darf sich der Veranstalter, hier auch nicht großartig irren, denn schließlich schreibt er seine Informationen in den Vertrag und nicht auf einen Schmierzettel. Außerdem geht hier hervor, wer die PA und das Licht stellt. Meistens tut das der Veranstalter und so lassen sich die Zeilen »PA« und »Licht« mit »stellt Veranstalter« ergänzen. Interessant ist auch die Zeile »durchschnittliche Besucherzahl«, die läßt nämlich logische Schlüsse zu, wenn Ihr an den Eintrittseinnahmen beteiligt seid. Wenn Ihr z.B. erst ab der 101. verkauften Eintrittskarte mitverdient und normalerweise nie mehr als 120 Leute kommen, wißt Ihr in etwa schon, was Euch erwarten kann.

Der beigeheftete Reader ist wesentlicher Bestandteil dieses Vertrages. Der Veranstalter bestätigt mit seiner Unterschrift den Empfang und die Kenntnisnahme.
Auf diesem Reader solltet Ihr Eure technischen Bedingungen skizziert haben, damit im vornherein klar ist, was Ihr an Technik braucht und was wie zu stehen hat. Diesen Reader auch nicht in den Vertrag selbst integrieren, da der Vertrag an sich feinsäuberlich von Veranstalterhand weggeheftet wird, während der Reader in die Hände des verantwortlichen Technikers gelangt, wo der Reader schließlich auch hin soll.

Der Veranstalter sorgt für eine ausreichende Garderobe.
Wer die Garderobe beheizt, abschließbar, mit großen Spiegeln und sechs Stühlen haben will, sollte das auch schreiben. Alle anderen können die Zeile nehmen, wie sie hier abgedruckt ist.

Der Veranstalter stellt den Künstlern zwei Aufbauhelfer.
So etwas bitte nur in den Vertrag, wenns wirklich nötig ist. Ich kenne Veranstalter, die sind hierüber wahrlich pikiert.

Engagiert der Veranstalter für o.a. Termin weitere Künstler, so sind diese sowie die Reihenfolge/Ablauf dem Künstler mitzuteilen. Folgende weitere Künstler wurden engagiert:
Das hat mehr einen Informationscharakter. Aber es ist ja nicht schlecht, zu wissen, daß Band Sowieso (die Ihr schon immer heimlich bewundert habt) in diesem Fall sogar vor Euch spielen. Da gibts nichts zu rütteln, es steht im Vertrag!

7. Die Künstler erhalten kostenlos vom Veranstalter folgendes Catering:
Da ich von Hause aus eher bescheiden bin, hatte ich früher bei meinen ersten Konzertverträgen zwar immer das Wörtchen »Catering« im Vertrag, jedoch ohne weitere Erläuterungen. Ich dachte mir, die Veranstalter werden schon wissen, was sie uns geben können. Und meistens wußten sie es auch, allerdings war Catering, was sowohl Getränke als auch Speisen beinhaltet, ein sehr dehnbarer Begriff. So gab es Clubs, in denen zwar soviel getrunken werden konnte, wie man wollte, dafür gab es aber überhaupt nichts zu essen. Ein anderes Mal gab es Essenbons, aber nur für die Musiker, und nicht für Technik und Management. Auch mit den Getränken war es manchmal schwierig, da stand in der Garderobe ein Kasten Bier und das mußte reichen. Wer lieber ein Mineralwasser trinken wollte, hatte eben Pech... Also würde ich jedem empfehlen, konkretere Angaben zu machen.

Aber nicht wie bei Oma, bei der Ihr auf einen Zettel Eure Lieblingsspeise formulieren konntet, und Oma prompt anfing, zu kochen. Ich meine, es wäre doch schade, wenn ein vielleicht schönes Konzert an ein paar Steaks scheitern würde... Im übrigen muß ich sagen, daß sich sehr viele Veranstalter Mühe geben, die Künstler bekochen (lassen) usw.. Ein Veranstalter brachte es mal auf den Punkt: »Wenn sich ein Künstler bei uns wohlfühlt, dann weiß ich, daß er auch alles dran setzt, ein gutes Konzert zu geben.« Wie wahr!

Mit der Menge trotzdem in realistischer Nähe bleiben! Die Cateringliste könnte z.B. so aussehen, ohne dabei als außergewöhnlich zu gelten:

1 Kasten Bier, 1 Kasten Mineralwasser, jeweils 3 Flaschen Stilles Wasser und Orangensaft, Kaffee, belegte Brötchen (bei Ankunft), 8 warme Mahlzeiten, davon 2 x vegetarisch (nach der Show).

8. Der Veranstalter reserviert für ___ Personen ___Einzelzimmer und ___ Doppelzimmer mit Bad/WC, inklusive Frühstück. Die Kosten trägt der Veranstalter.
Hotel/Pensionsadresse:

Mit der Unterschrift gewährleistet Euch der Veranstalter auch eine kostenlose Übernachtungsmöglichkeit. Einige haben privat etwas, andere haben bestimmte Hotels und Pensionen, zu denen sie auch preistechnisch besondere Connections haben. Ruft die Pension vorher an, ob tatsächlich für Euch Zimmer reserviert worden sind. Wer nur »Übernachtungsmöglichkeit« rein schreibt, darf sich auf Abenteuerreisen freuen. Ich selbst durfte dank meiner Tätigkeit als Bandmanager schon auf Bühnen (auf denen kurz vorher die Band noch spielte), in Garagen, Schulklassenräumen, Bandproberäumen, bei den Veranstaltern zu Hause im Kinderzimmer und bei einigen Zuschauern zu Hause nächtigen. Natürlich hatte ich mir damals manchmal ein nettes Pensions/Hotel-Zimmer gewünscht, aber so im Nachhinein war das doch ziemlich lustig.

9. Die Künstler erhalten die Möglichkeit, bei der Veranstaltung exklusiv ihr Merchandise zu verkaufen. Hierzu stellt der Veranstalter zwei Tische o.ä. zur Verfügung.
Wichtig! Zum einen, daß Ihr das überhaupt dürft, zum anderen, daß nur Ihr das dürft.

10. Der Veranstalter übernimmt die Haftung für die Sicherheit der Künstler, ihrer Musiker und Hilfskräfte, sowie für die von den Künstlern in den Veranstaltungsort eingebrachten Anlagen und Instrumente während des

Aufenthalts der Künstler am Veranstaltungsort, soweit der Schaden durch ihn fahrlässig verursacht wurde.
Klar formuliert und unabdingbar!

11. Die Künstler unterliegen weder in der Programmgestaltung noch in ihrer Darbietung Weisungen des Veranstalters. Dem Veranstalter sind ihr Stil und ihre Art bekannt. Die Künstler sind nur an die durch diesen Vertrag vereinbarten Bedingungen gebunden. Disposition und Regie obliegen den Künstlern.
Da gab es noch nie Probleme. Höchstens mal aus dem Publikum: »Spielt mal Eiszeit!« Aber laßt diese Formulierung einfach drin, man weiß ja nie!

12. Der Veranstalter verpflichtet sich, dafür Sorge zu tragen, daß weder er noch Dritte die Darbietung der Künstler ohne deren ausdrückliche schriftliche Genehmigung audiovisuell (Video, Film, Ton und/oder sonstige Aufnahmesysteme) aufnehmen oder aufnehmen lassen.
Als kleine Band sollte man natürlich nicht den Popstar raushängen lassen (weil man ja auch noch gar keiner ist). Freut Euch, wenn Euch jemand fotografieren will! Ein mitgeschnittenes Tape, das Ihr dann gar nicht kennt, sollte natürlich auch bei einer kleinen Band nicht möglich sein.

13. Bei schuldhafter Vertragsverletzung wird eine gegenseitige Konventionalstrafe in Höhe der Gesamtgage festgesetzt.
Das hatten wir schon reichlich. Falls schon wieder vergessen: bitte zurückblättern!

14. Gerichtsstand für beide Seiten ist der Wohnort der Künstler.
Immer günstig! Falls doch irgendwas ist, seid Ihr einfach mal vor Ort. Was besonders günstig ist, wenn Ihr z.B. keinen Anwalt habt.

15. Sonstige Vereinbarungen:
Theoretisch könnt Ihr hier Eurer Phantasie freien Lauf lassen und alles unterbringen, was im Vertrag noch nicht steht... Zum Beispiel Gästeliste usw.

16. Ein Exemplar dieses Vertrages ist bis spätestens ___ an die angegebene Adresse zurückzuschicken. Maßgebend ist das Datum des Poststempels. Erfolgt bis zu diesem Datum keine Rücksendung des Vertrages, haben die Künstler das Recht, den vereinbarten Termin anderweitig zu belegen. Der Vertrag ist an folgende Adresse zu schicken: ___

17. Mündliche Nebenabreden sind nicht getroffen. Änderungen dieses Vertrages bedürfen der Schriftform und der erneuten Zustimmung durch beide Seiten.

18. Die Vertragspartner versichern durch ihre Unterschrift, daß sie den Vertrag gelesen und verstanden haben und zur Unterschrift berechtigt sind.

16. – 18. sind nette Punkte, die immer wieder auftauchen, aber nicht wirklich wichtig sind. Nehmt sie trotzdem rein!

_____, den _____   _____, den _____

_____   _____

Veranstalter   Künstler bzw. Vertreter

Es gibt auch Bands/Agenturen/Managements, die haben wesentlich kürzere Verträge, dafür jedoch zusätzliche Bühnenanweisungen und Ablaufsvereinbarungen. Macht es letztendlich, wie Ihr es wollt. Wie schon erwähnt, und was wohl nicht nur für dieses Buch gilt, es führen immer viele Wege nach Rom.

DAS MANAGEMENT

Braucht eine Band in ihren Anfangsjahren einen Manager? Wohl wieder eine Frage, die man schwer mit der richtigen Antwort beantworten kann. Grundsätzlich ist das wohl zu bejahen, aber es ist richtig schwierig, hierfür die entsprechende Person zu finden. Diese muß nämlich noch zuverlässiger sein als Ihr selbst, immer in Eurem Interesse handeln und Euch praktisch den Rücken frei halten, Ihr sollt schließlich ja schon gute Musik machen. Ab einer gewissen Größe, die Ihr Euch mühevoll aufgebaut habt, werdet Ihr für Managements auch interessant, da in Eurem Sein und Tun ein bißchen Wirtschaftlichkeit durchschimmert. Bis hier hin ist das ein langer Weg, und der sollte meiner Meinung nach auch mit einem Manager gegangen werden. Hier den richtigen zu finden, hat immer was mit Glück zu tun, hat so ein bißchen was vom Lottospielen, und der Vergleich mit der Nadel im Heuhaufen hinkt nicht. Klar, ist das Suchen immer ein Zeitproblem: Ihr trefft auf jemandem, der das schließlich machen soll, nach einem 1/4 Jahr fängt die Zusammenarbeit endlich an, nach einem weiteren 1/4 Jahr stellt sich heraus, daß das dann doch nicht so ergiebig war und – zack! – seid Ihr wieder auf der Suche. Bis Ihr dann den nächsten habt... – und schon rauschen die ersten Bandjahre an einem vorbei! Deshalb: ein Ja für die Managersuche, aber ein Nein für das völlige Ausliefern an eine für Euch noch unbekannte Person. Das mag zwar vielleicht toll klingen, daß dieser Typ mit BAP schon mal Bier trinken war und FOOLS GARDEN zu einem Festivalauftritt verholfen hat, aber ob das wirklich für Euch nützlich ist, bleibt abzuwarten.

Um diese Gratwanderung »Ja, darfst uns managen, aber wir passen auf!« durchzuziehen, bedarf es viel Einfühlungsvermögen und hoher Sensibilität. Denn der Manager, der Euch unter die Arme greifen will, wagt sich schon auf Glatteis, denn draußen in der weiten Rock- und Popwelt herrschen andere Gesetze, da interessiert es weder, daß bei Euch im Jugendzentrum um die Ecke bei Euren Konzerten 20 hübsche Mädchen in der ersten Reihe stehen, noch, daß Euer neuer Manager schon mal mit BAP Bier trinken war, um mal bei o.g. Beispiel zu bleiben. Aber Euer Manager hat eine Vision: er möchte nicht nur 20 Mädchen in der ersten Reihe stehen sehen. Und dafür wird er hart arbeiten. Also laßt ihn mal ein bißchen machen und stellt nicht gleich alles in Frage, auch wenn ich Euch rate, immer ein bißchen gesunde Skepsis mitzubringen.

Das Problem ist nämlich das, daß es viele Leute gibt, die einen gewissen Reiz verspüren, Musikern und dem Geschehen an sich sehr nah zu sein. Und da diese nun mal nicht gnadenlos gut Gitarre spielen, wollen sie wenigstens Manager werden, weil telefonieren, faxen und e-mailen kann schließlich jeder (Anm.: denkste!).

Bei mir selbst läuft das immer so, daß ich von den Bands, für die ich arbeiten soll, schon einen gewissen Vertrauensvorschuß kassiere, dann aber sofort motiviert bin, durch gute Arbeit zu zeigen, daß das eine weise Entscheidung war, sich mit mir einzulassen. Andere Managements werden das sicher genauso sehen und ähnliches tun.

DER MANAGER-VERTRAG

Also angenommen, Ihr habt jetzt jemandem gefunden, der sich bei Euch um die außermusikalischen Belange kümmern will, dann möchte dieser das auch schriftlich haben. Einen kompletten Künstler/Manager-Vertrag hier abzudrucken, sprengt den bescheidenen Rahmen der Möglichkeiten, denn gerade hier habe ich schon soviele unterschiedliche Verträge gesehen, daß es absurd wäre, einen x-beliebigen abzudrucken. Glücklicherweise seid Ihr ja die Musiker und nicht der Manager. Der muß einen Vertrag aus dem Ärmel zücken, und wenn er das nicht kann, sollte nochmal scharf nachgedacht werden, ob er der richtige Mann/die richtige Frau ist. Einige Eckpfeiler möchte ich Euch dennoch geben (ich weiß: DM 29,80):

Logischerweise wird Euer Bandname im Vertrag drin stehen, aber nicht nur der, sondern auch Eure einzelnen Namen. So sichert sich der Manager nämlich ab, daß er immer noch Euer Manager ist, auch wenn Ihr ab morgen nicht mehr X sondern Y als Bandnamen habt. Gleichzeitig wird der Manager in den Vertrag rein schreiben, daß Musiker, die neu hinzukommen (z.B. durch Besetzungswechsel), ebenfalls vom Management gemanagt werden. Und ganz pfiffige Manager halten schriftlich fest, daß sie für die Musiker auch dann zuständig sind, wenn sie Solo- oder Zweitprojekten nachgehen. Das klingt nach Knebel, ist es aber eigentlich nicht. Ich kenne ein paar Manager, die haben sich jahrelang den A..., sich also ständig bemüht, vieles Unmögliche möglich gemacht und die Band bis zum Majordeal gebracht, um dann zu erfahren, daß ab nun andere den Managementpart übernehmen... Ein bißchen Vorsicht ist besser als Nachsicht! Nicht nur Musiker sind immer die Benachteiligten, wie schon unzählige musizierende Kollegen bewiesen haben.

Schon allein um Mißverständnisse vorzubeugen, sollten alle Tätigkeitsbereiche des Managers formuliert werden, nicht daß es nachher heißt, was, das sollte ich auch machen? Im Gegenzug beauftragt der Künstler (also die Band) den Manager, daß er das alles tun darf, und verpflichtet sich, alles in die Tat umzusetzen, was der Manager für die Musiker ausgehandelt hat. Wenn es eben Dinge gibt, die dem Musiker absolut gegen den Strich gehen, muß das auch drin stehen. Zum Beispiel, wenn die Band nie auf CDU-Wahlveranstaltungen spielen würde, der Manager jedoch gerade hier allerbeste Connections hat. Wichtigster Punkt ist natürlich der des Geldes, der Manager will nämlich fortan von all Euren Einnahmen 15 – 20% Provision. Das mag vielleicht als »Zuviel« klingen, ist es aber nicht, wenn es sich um ein gutes Management handelt. Viele Einnahmequellen werden durch das Management erst möglich! Ebenfalls von Bedeutung: die Vertragsdauer! Viele Manager bieten erst einmal ein bis zwei Jahre an mit der Option, ihn bei Bedarf entsprechend zu verlängern. Und der pfiffige Musiker bewahrt sich schriftlich sein Recht, in alle Vorgänge Einblick zu erhalten.

NACHGEFRAGT BEI THOMAS RITTER

Der Hamburger THOMAS RITTER ist Manager der Bands CUCUMBER MEN, MADONNA HIP HOP MASSAKER und DIE ANTWORT (neben einigen weiteren Bands) und im folgendem Gespräch gab er mir ein paar Erläuterungen und Ergänzungen zum Thema »Bandmanager«:

Warum wird man Manager?
THOMAS RITTER: Meistens durch Zufall. Ich kenne keinen Musikmanager in Deutschland, der nicht als Freund einer Band angefangen und sich später über Jahre das Wissen über und die Gepflogenheiten in der Branche im »learning by doing«-Verfahren angeeignet hätte. Den Lehrberuf des Managers gibt es nicht. Aber es gibt mittlerweile immer wieder von allen möglichen Institutionen veranstaltete Seminare, in denen auch zum Beruf »Manager« referiert wird. Das ersetzt allerdings keinesfalls persönliche Erfahrung.

Ab welchem Punkt ist es für eine Band sinnvoll, sich einen Manager zu suchen?
THOMAS RITTER: Spätestens, wenn es darum geht, Partner für die weitere Karriere zu finden, sprich Produzenten, Verlage, Plattenfirmen oder Bookingagenturen. Allerdings sollte eine Band erst dann davon ausgehen, daß dieser Zeitpunkt gekommen ist, wenn ein deutliches Interesse von außen spürbar ist. Viele Bands neigen dazu, nach 50 Auftritten in der Heimat zu meinen, nun reif für die große Karriere zu sein. Gerade heutzutage

muß eine Band aber deutlich mehr vorleisten, als noch vor ein paar Jahren, um für Partner interessant zu sein, die im Musikgeschäft Geld verdienen müssen. Das bezieht sich auf Booking, in Eigenregie hergestellte Tonträger und Verwaltung der eigenen Geschäfte. Eine Band sollte das generell so lange wie möglich machen, um sich selber Kompetenz zu verschaffen und potentiellen Partnern zu zeigen, daß man Biß und Energie hat. Allerdings warne ich davor, Vertragsverhandlungen mit Partnern alleine durchführen zu wollen, wenn man in diesem Bereich keine Erfahrungen hat.

Worauf sollten die Künstler bei der Suche besonders achten?
THOMAS RITTER: In erster Linie auf das eigene Gefühl und den ersten Eindruck, wenn man mit einem Manager spricht. Dieser erste Eindruck täuscht selten. Wenn man irgendwie ein ungutes Gefühl in der Magengegend hat, sollte man sich nicht von dem blenden lassen, was ein Manager verspricht. Ein guter Manager weiß, was er leisten (und nicht leisten) kann, wird aber nie Erfolg oder ähnliches versprechen. Im zweiten Schritt sollte man schauen, ob der Manager versteht, was die Band ist. Sollte es da Mißverständnisse geben, wird es spätestens dann, wenn der Manager das Anliegen der Band nach draußen vertritt, zu Problemen kommen. Zudem empfiehlt es sich natürlich im Vorfelde, zu überprüfen, ob das Niveau des Managers mit dem eigenen übereinstimmt. Eine hoffnungsvolle Nachwuchsband wird im Management von Westernhagen nicht gut aufgehoben sein.

Was ganz konkret sollte ein Manager für eine Band alles tun?
THOMAS RITTER: Er sollte einfach nur die Karriere fördern im Sinne der Absprachen, die mit der Band getroffen wurden. Wenn eine Band in bestimmten Dingen so gut ist, daß der Manager diese Aufgaben nicht übernehmen muß, dann macht die Band das eben weiter. Zu den Aufgaben des Managers können je nach Absprache gehören: Finanzmanagement/Buchhaltung, Karriereplanung (kurz-, mittel- oder langfristig), Partnersuche, Verhandlungsführung, konzeptionelle Beratung, musikalische Beratung (wenn ausdrücklich von der Band gewünscht), Abwicklung des Tagesgeschäfts (Fotoerstellung, Infoerstellung, evtl. Aufbau einer Fan-Datenbank, Fanclub-Betreuung...) usw..

Darf ein Manager alles allein entscheiden oder sollten die Bands ein gewisses Mitspracherecht behalten?
THOMAS RITTER: Ein Manager sollte niemals alles alleine entscheiden

dürfen. Die Band ist die Quelle der Aktivitäten und sollte dem Manager ganz klare Richtlinien in Bezug auf Eigenwahrnehmung und Arbeitskompetenzen geben. Ein guter Manager wird bei jeder Frage, die von größerer Tragweite sein kann, die Band bitten, sich zu entscheiden. Je mehr man dem Manager in seinen einzelnen Aufgabenbereichen vertraut, desto mehr gibt man ihm Entscheidungsfreiheit. Aber generell ist ein Manager, der die Band von den geschäftlichen Entwicklungsprozessen ausschließt und sein Selbstverständnis auf »Wichtigmeierei« und falsch verstandene Entscheidungsgewalt gründet, ein sehr schlechter Manager und verdient die Berufsbezeichnung eigentlich nicht.

Thomas Ritter ist Manager u.a. von CUCUMBER MEN, MADONNA HIP HOP MASSAKER und DIE ANTWORT.

Woran merkt man – möglichst im Vorfeld –, daß ein Manager gut ist?
THOMAS RITTER: Am eigenen Gefühl zu seinem Auftreten und seinen Aussagen. Natürlich kann man auch im Gespräch rausfinden, was der Manager bisher erreicht hat. Aber gerade bei Nachwuchsbands findet man auch oft Nachwuchsmanager, die nicht schlecht sein müssen, nur weil sie noch keine lange Erfolgsliste vorweisen können. Wenn jemand nicht wie irre auf die Tonne kloppt, sondern einen besonnenen, ruhigen Eindruck macht, ist das die halbe Miete. Die andere Hälfte der Miete hat man sicher, wenn der Managementkandidat zuhören kann, die Band ausreden läßt und ernsthaft versucht, rauszufinden, was die Band ist. Zudem wird er seine Kritik sehr auf die Sache bezogen formulieren und nicht den Eindruck erwecken, als wolle er die Band klein halten. All diese Punkte kann man mit ein bißchen Gespür für menschliches Verhalten bereits beim ersten Gespräch erkennen. Fachliche Kompetenz kann man abfragen. Generell gilt: Leute, die den Eindruck erwecken, selber gerne Popstar sein zu wollen, taugen nicht zum Management-Job, denn dieser Job fordert, daß man bereit dazu ist, absolut im Hintergrund zu agieren. Profilneurotiker werden niemals gute Manager sein.

Und wie wird man einen schlechten wieder los?
THOMAS RITTER: Wer in der Lage ist, die vorhin genannten Punkte zur Managerauswahl zu erkennen und zu berücksichtigen, wird sich nicht an einen schlechten Manager binden. Wenn sich im Laufe der Zusammenarbeit herausstellt, daß man nicht zusammen paßt, wird ein guter Manager einen Vertrag schnell auflösen. Es nützt ihm nämlich nichts, eine Band an der Backe zu haben, die in ihrer Einschätzung ihrer selbst nicht zu seiner Einschätzung paßt. In so einer Konstellation wird man kein Geld verdienen können. Sollte eine Band mit dem vom Manager Erreichten unzufrieden sein, dann rate ich dringend dazu, ihn nach Gründen zu fragen und zuzuhören. Oft sind Bands mit ihrem Management unzufrieden, weil sie in ihrer Selbsteinschätzung weit über das Ziel hinausschießen. Eine gesunde Selbsteinschätzung der eigenen Position kann nie schaden. Ansonsten gilt natürlich: der Vertrag mit dem Manager wird testhalber erstmal nur auf ein Jahr abgeschlossen. Sollte in diesem Jahr kein Fortschritt zu erkennen sein, dann ist man danach sowieso wieder frei, sich neue Partner zu suchen.

DIE BOOKINGAGENTUR

Wer als Musiker einige lästige Aufgaben selbst erledigen will, sucht sich eben keinen Manager, dafür aber für das lästigste überhaupt, nämlich das Konzerteklarmachen: eine Bookingagentur. Das hat z.B. den Vorteil, daß man als Musiker in vielen Bereichen noch selbst agieren kann, z.B. beim Aushandeln von Plattenverträgen, während Ihr trotzdem einen Booker habt, der Euch Konzerte verschafft. Aber paßt auf, daß Ihr keine Milchmädchenrechnung macht, die Bookingagentur möchte schließlich von anderen funktionierenden Bereichen profitieren. Wenn Ihr bei einer guten Bookingagentur mit einem guten Manager an die Türe klopft, dann ebnet das auch den einen oder anderen Weg. Ihr müßt auch beachten, was im Vertrag steht. Wenn eine Bookingagentur nur die nächsten zwei Jahre für Euch tätig ist, dann möchte sie – berechtigterweise – schleunigst ihr Geschäft machen. Die Booker werden sich wohl kaum damit trösten, daß Ihr vielleicht schon in drei Jahren Popstars seid, wenn sie dann davon gar nichts haben. Das heißt auch, daß die Booker Euch kaum für 200 Märker spielen lassen (auch wenn Ihr das gern tun würdet), weil die Provision nicht mal die Unkosten deckt. Also genau überlegen, welche Variante für Euch die günstigste ist. Die meisten Manager übernehmen in der Anfangszeit das Booking mit und machen das auch recht gut. Wenn es dann trotzdem zu einem Deal mit einer Bookingagentur kommt, müßt Ihr auch an folgendes denken:

Beispiel:	DM 800,– Gage
minus 15% Provision für Booker	DM 120,–
sind für die Band theoretisch	DM 680,–
minus 20% für den Manager	DM 136,–
tatsächlich bleiben:	DM 544,– !!!

Wenn jedoch der Manager andere Bereiche abdeckt, für die er nicht gleich Kohle sieht, und die Bookingagentur fleißig ist und Euch viele Gigs besorgt, bei denen DM 544,– hängen bleiben, dann solltet Ihr nicht das große Heulen kriegen!

WIE WIRD MAN FÜR EINE BOOKINGAGENTUR INTERESSANT?

Ganz klar, Ihr müßt dem Booker gefallen. Der muß gleich spüren, daß er das unbedingt sofort machen will. Er muß restlos überzeugt davon sein, denn er muß Euch an den Mann/an die Frau bringen. Erfahrungsgemäß sollte man einen Booker auch nicht überreden. Das klappt zwar manchmal, aber meistens eben nur im ersten Moment. Schon wenig später sagt er sich, ach hätte ich mich bloß nicht überreden lassen, und auch Ihr sagt, hätten wir den bloß nicht überredet. Booker – zumindest gute – können instinktiv einschätzen, was sie »verkaufen« können und was nicht. Wenn hinter irgend einer Sache nicht das ganze Herz steckt, dann merkt der Veranstalter das auch. Ich meine, so ein paar Gigs werden durch entsprechende Connections möglich sein, aber längerfristig wird die Zusammenarbeit nicht mehr so ergiebig sein. Sicher gibt es Beispiele, die das komplett widerlegen. Im vorliegendem Falle gehe ich von der kleinen, aber feinen Agentur DUNEFISH PROMOTION aus, bei der ich mitarbeite (sie gehört mir auch, nur mach ich manchmal nicht soviel wie meine Kollegen, aber das nur nebenbei...), und ein Grundsatz lautet, daß die Bands, die wir vermitteln, uns allen gefallen müssen. Nachdem uns eine Demo-Aufnahme überzeugt hat, schauen wir uns die Werbematerialien an, nehmen die vorhandenen, wenn wir der Meinung sind, daß sie die Band optimal präsentieren, oder denken uns gemeinsam mit der Band neue Konzepte aus. Hier merkt man dann auch schon, ob man überhaupt miteinander kann. Das ist auch der wichtigste Aspekt, denn was nützt mir eine richtig geile Band, mit der es nur Streß gibt. Oftmals gibt es Auseinandersetzungen mit Veranstaltern, da wäre es mehr als gemein, wenn man als Booker sich ständig mit der Band ärgern darf. Sie darf durchaus ihre berechtigten Forderungen haben, aber sie sollte immer auch ein bißchen die Sichtweise des Bookers und vor allem des Veranstalters verstehen. Wenn eine Band keine Zusage bekommt, sollte sie das nicht als persönliche Wertung oder Beleidigung verstehen. Da kommen soviele verschiedene Dinge zueinander... Im übrigen entscheidet auch nicht nur der persönliche Geschmack des Bookers. Er weiß ja, was in den Clubs läuft und was die eventuell gern buchen wollen, insofern muß der Booker oftmals – wenn nicht sogar immer – nach Aufwand/Nutzen schauen.

BANDWETTBEWERBE – CHANCE ODER WITZ?

Die Überschrift könnte einer schlechten Boulevardzeitung entnommen worden sein. Ist sie aber nicht, sie ist sogar ziemlich treffend, könnte etwas konkreter »Manchmal Chance und manchmal Witz« heißen. Bandwettbewerbe über einen Kamm scheren, geht sowieso nicht und oftmals ist es gar nicht die Frage, wie die Bandwettbewerbe nun wirklich sind, sondern wie man mit ihnen umgeht. Wer zum Beispiel den »Deutschen Rockpreis« gewinnt und glaubt, die Majorfirmen stehen nun am Proberaum Schlange, wird bitter enttäuscht sein, daß das doch nicht so ist. Wer sich aber freut, die nächste Eigenproduktion ohne eigene Kohle auf die Reihe zu kriegen, dürfte schlichtweg begeistert sein.

EMERGENZA – THE NEWCOMERS FESTIVAL

Emergenza ist der größte europäische Bandwettbewerb und ist den livespielenden Bands vorbehalten. Wird man zur Teilnahme ausgewählt, sind neben all den Dingen, die man als Band so haben muß, auch Startgebühren (z.Z. DM 140,–) mitzubringen. Schafft man es in die Endrunde, stehen einige große Gigs – auch im Ausland – auf dem Tourplan. Das schlechte an Emergenza: die Startgebühr, das gute: in Hallen spielen, wo man sonst nie hinkommen würde als kleine Band.

Gewannen den John-Lennon-Förderpreis 1999: PUSSYBOX

JOHN-LENNON-FÖRDERPREIS

Entstanden aus einem kleinen Projekt ging der John-Lennon-Förderpreis im Jahr 1999 zum fünften Mal über die Bühne(n) und das erste Mal bundesweit. Zu gewinnen gibt es finanzielle Mittel, die verbraucht werden können, wie die jeweilige Band will. Obendrein gibt es aber auch länger andauernde Couchings, die Veranstalter (die Itzehoer Versicherungen) wollen den Bands ein Umfeld schaffen, welches eine Integration in das schwierige Biz erleichtern soll. Die Siegerbands bleiben übrigens oftmals länger im Gespräch als der jeweilige Wettbewerb: MOTORSHEEP, PLEXIQ und DAS AUGE GOTTES sind alles angesagte Bands, die über den John-Lennon-Förderpreis kamen. PLEXIQ zum Beispiel hatten 1998 den zweiten Platz gewonnen, die DM 10.000,– gaben sie zu großen Teilen ihrem Anwalt, der den Plattenvertrag überprüfte.

VARTA MUSIKPREIS

Die Batterie-Experten mischen mit ihrem Musikpreis schon seit Ewigkeiten mit, allerdings ist mir der VARTA MUSIKPREIS nur durch diverse Aufrufe in den Medien sowie einer Promo-CD bekannt, ansonsten habe ich noch nie darüber gelesen, was da tatsächlich passiert und was aus den (Sieger)Bands geworden ist. Für den VARTA MUSIKPREIS 2000 war der Einsendeschluß schon im Juli 99. Eine Jury, in der u.a. die Scorpions sitzen, wählen zehn »Power Of Future«-Kompositionen aus, die auf 12.000 CDs veröffentlicht werden. Die werden dann an Publikums-Juroren (wer immer das sein mag) verschickt, und der dann gewählte Sieger bekommt die Produktion und die Pressung für 2000 Maxi-CDs.

BIG DEAL

Den gibt es inzwischen nicht mehr, wahrscheinlich hatte man den Mund einfach zu voll genommen. Eine bayerische Produktionsfirma (im übrigen eine unbekannte) holte sich das Musikermagazin SOUNDCHECK ins Boot, um gemeinsam den »BIG DEAL« zu vergeben. Eine von mir betreute Band schaffte es gar in das 94er Finale und landete unter die ersten Fünf. Der Sieg war ein Vertragsangebot der Produktionsfirma (das wir ablehnten) sowie 30 Sekunden Demosongausschnitt auf der CD, die der Zeitschrift beilag. Was wir nicht wußten, daß wir für diese 30 Sekunden auf einer CD, die einer Zeitschrift beiliegt, damit sich diese wiederum besser verkauft, GEMA-Gebühren zahlen müssen. Also, liebe Musiker, immer aufpassen, immer das Kleingedruckte lesen, auch wenn das Angebot von jemandem kommt, der sich damit schmückt, junge Musiker zu unterstützen. Der BIG DEAL kostete mich mehrere hundert DM.

DEUTSCHER BUNDESROCKPREIS

Das klingt gewaltig, und kann es auch ruhig ein bißchen, immerhin ist dieser Bandwettbewerb des Deutschen Rock- und Popmusikverbandes der älteste (noch bestehende). Hier haben schon viele Bands gewonnen, aus denen später etwas geworden sind. PUR wird an dieser Stelle immer wieder gern genannt. Im Laufe der Jahre hat dieser Wettbewerb viele Höhen und Tiefen durchgemacht, man ist ständig bemüht, ihn zu verbessern. Die Preise, nämlich CD-Produktionen mit mehreren hundert CDs für den Eigenbedarf, können sich sehen lassen, aber als Gewinnerband darf man sich nicht zurücklehnen, sondern man muß doppelt Gas geben.

Autohersteller VW unterstützt den Nachwuchs, obendrein ist jetzt eine VW-Gitarre im Instrumentenhandel erhältlich.

f6 MUSIC AWARD

In einigen Medien wurde gar vom »Grammy des Ostens« gesprochen, hier scheint eine Idee bis zum Ende gedacht worden zu sein. Und nicht nur das, mit entsprechend finanzieller Power wurde das auch restlos umgesetzt. Der Nachteil: es dürfen sich nur Bands aus den neuen Bundesländern und Berlin bewerben. Der Vorteil: es gibt nicht nur die klassische Maxi-CD zu gewinnen, sondern auch das Drumherum namens Vertrieb, Marketing, Promotion. Wer hier gewinnt, kann sicher sein, daß er seinen Silberling mit BMG-Logo in den Läden stehen sieht, daß dieser auch ordentlich promotet und obendrein von der Zigarette f6 in den Medien beworben wird. Coachings und Aufnahmen mit bekannten Produzenten gibt es für weitere Bands. SCYCS beispielsweise, inzwischen richtige Shootingstars, waren die Zweitplazierten vor zwei Jahren beim f6 Music Award.

ULTRA VIOLET sind die Sieger des 99er »f6 Music Award«

Konzertveranstalterlegende FRITZ RAU setzt sich immer wieder für den musikalischen Nachwuchs ein.
Das Foto zeigt ihn zur Pressekonferenz des f6 Music Award 99.

ROOKIE DER WOCHE

Die Radiostation SWR3 gehört zu den wenigen Sendern, die schon seit einigen Jahren den Popnachwuchs gezielt fördern. Bands können ihre Tapes einsenden und mit ein bißchen Glück, werden diese dann auch gespielt. Die Hörer können sich anschließend aus der Vielzahl der gespielten Tapes den »Rookie der Woche« wählen. Aus den Rookies der einzelnen Wochen wird wiederum der Rookie des Jahres gewählt. Und für Bands mit soviel Airplay steht die eine oder andere Plattenfirmatür offen!

VOLKSWAGEN SOUNDFOUNDATION

Eigentlich kein Wettbewerb, aber fast: Bands, die vier zusammenhängende Auftritte haben, können sich für die Bereitstellung eines Bandbusses bewerben. Außerdem für die Teilnahme an der VIVA-Sendung »Trendflash der Woche«. Viele Musikerkollegen haben mir bestätigt, daß die Möglichkeit, einen Bandbus zu kriegen, ziemlich groß ist. Dagegen wäre vier zusammenhängende Konzerte zu organisieren weitaus schwieriger. Bitterer Beigeschmack: auf »Trendflash« habe ich Bands wie H-Blockx und Bell, Book & Candle gesehen. Wenn das die Newcomer sind, was sind dann die Bands, für die dieses Buch geschrieben wurde?

Noch mehr Bandwettbewerbe möchte ich an dieser Stelle nicht aufzählen, es gibt einfach zu viele, und es kommen auch ständig neue hinzu. Bei den meisten müßt Ihr entweder unter ein bestimmtes Alter sein, aus einer bestimmten Region kommen oder aber einer bestimmten Musikrichtung entsprechen. Grundsätzlich (jedenfalls in 99% der Wettbewerbe) dürft Ihr noch keinen Plattenvertrag haben. Was kann ich Euch hierzu noch raten? Guckt Euch die Bedingungen genau an, und auch den Vertrag, den es meistens für die Teilnahme in der engeren Auswahl gibt. Und noch etwas, vielleicht das wichtigste: Setzt nicht alle Hoffnungen in so ein Ding. Es kann (meistens) nur einer gewinnen, und wie das dann immer zustande kommt, ist immer sehr fraglich. Besonders, wenn eine gute HipHop-Band plötzlich besser sein soll als eine genauso gute Bluesband. Konzertveranstalterlegende Fritz Rau, seit mehreren Jahrzehnten im Geschäft, hat es sich als Sprecher des f6 Music Award nie einfach gemacht und meinte bei der Siegerverkündung 1999: »Es ist, als müßte ich Äpfel mit Birnen vergleichen. Oder sagen, wer von meinen Enkeln mir der liebste ist...«

Kleine Bemerkung am Rande: die meisten Bands, die man so kennt, haben keinen Newcomerpreis gewonnen!

VEREINSMEIEREI?

Der Musiker an sich wird meist wesentlich flippiger eingeschätzt als er in Wirklichkeit ist. So kann man sich eigentlich nur schwer vorstellen – die Klischees lassen grüßen –, daß sich so einer in Verbänden organisiert, um an der Verwirklichung der Interessen unzähliger Musiker mitzuarbeiten. Aber in der Praxis sieht es anders aus, auch kleinere Städte haben bereits Musikerinitiativen, die der Rock- und Popszene nützlich sein wollen. Über Sinn und Unsinn informierte ich mich bei den entsprechenden Stellen. Zum einen bei Ole Seelenmeyer, dem Chef (sagt man bei Verbänden so?) vom Deutschen Rock- und Popmusikerverband sowie bei Lothar Surey, Vorstandsmitglied der Bundesarbeitsgemeinschaft Rock.

Wenn man in Klischees denkt, müßten sich doch der innovative Musiker und das organisierte Verbandsmitglied einander ausschließen. Warum sollte ein Musiker trotzdem dem DRMV beitreten?
OLE SEELENMEYER: Das ist in der Tat ein Klischee. Wenn es um GEMA, GVL, Künstlersozialkasse oder Schallplattenindustrie geht, dann braucht man Fachwissen. Ein einzelner Musiker hat gar keine Chance, sich da durchzuarbeiten. Und das bekommt er von uns. Wir sind praktisch nur

Darauf ist Vereinschef Ole Seelenmeyer noch heute stolz: 1986 gewannen PUR den Bandwettbewerb des Deutschen Pop- und Rockmusikervereins (Deutscher Bundesrockpreis)

dazu da, dem Musiker diese ganzen Informationen herüber zu reichen, um sich im Business besser behaupten zu können.

Ihr seid im Grunde genommen nichts weiter als der verlängerte Arm der Musiker?
OLE SEELENMEYER: Wir sind nichts weiter als eine Dienstleistungsorganisation und mehr nicht. Wir sind keine Partei. Praktisch wie der ADAC für Autofahrer.

Also wird man Mitglied im DRMV, um nur Vorteile für sich selbst zu haben?
OLE SEELENMEYER: Ganz genau. Und wenn darüber hinaus gemeinsame Angelegenheiten ausgefochten werden wie Quotenantrag usw., dann ist das eine kulturpolitische Aktion, die wir dann von Mal zu Mal gemeinsam durchziehen. Aber im Großen und Ganzen glaube ich, daß die Musiker dringend eine Organisation brauchen, die ihnen mit einem umfassenden Leistungskatalog im Musikbusiness weiterhilft. Also Service.

Nun gibt es ja oftmals vor Ort Musikerinitiativen. Ist es nicht ausreichend, sich hier zu engagieren?
OLE SEELENMEYER: Diese örtlichen Musikerinitiativen haben ganz andere Aufgaben. Zum einen verfügen sie nicht immer über das Fachwissen. Das können sie meistens auch gar nicht. Oftmals sind das ehrenamtlich Leute, die da arbeiten. Und die können keine Fachleute einstellen, weil sie gar nicht das Geld dazu haben. Örtliche Initiativen haben vorwiegend die Aufgabe, Übungsräume zu besorgen oder vor Ort Nachwuchsfestivals zu machen. Das wars dann aber auch. Doch wenn es zum Beispiel um Rechtsberatung geht, das dürfen die gar nicht. Das deutsche Rechtsberatungsgesetz beinhaltet, daß ausdrücklich nur Berufsverbände und Fachverbände, so wie wir einer sind, Rechtsberatung vornehmen können. Selbst viele Landesarbeitsgemeinschaften (LAG) Rock dürfen das nicht. Und das ist unser Riesenvorteil. Wenn also eine Band anruft, helft uns bitte in Sachen GEMA, dann ist das schon Rechtsberatung.

Wenn man diversen Medien oder auch vielen Leuten in den Plattenfirmen vom DRMV erzählt, dann rümpfen die meist die Nase...
OLE SEELENMEYER: Das ist auch ganz natürlich. Wir greifen sie ja regelmäßig an. In den letzten 17 Jahren haben wir derart viele Bandberichte über die Industrie geschrieben, über die Tonträgerindustrie, über die Musikverlage, über Konzertdirektionen oder über die Medien überhaupt,

so daß es mich gar nicht wundert, daß die die Nase rümpfen, denn wer will schon andauernd jemanden haben, der ihm die Ohren lang zieht. Ich glaube, daß wir die kritischste Musikzeitschrift sind, die es in Deutschland gibt (Anm.: der DRMV gibt viermal jährlich die Zeitschrift »Musiker« heraus). Die meisten Zeitschriften sind ja nur Hofberichterstatter.

Ihr veranstaltet jährlich auch das Bundesrockfestival, mit 17 Jahren ist es eines der ältesten noch bestehenden Bandwettbewerbe, gibt es Unterschiede zu anderen?
OLE SEELENMEYER: Eins ist es ganz bestimmt nicht: das Bundesrockfestival ist keine Plattform, um Stars zu machen. Das würden uns viele Leute gerne unterschieben, das sind wir aber nicht. Denn wir sind eine Kulturplattform, um den Bands eine möglichst breite Kulturplattform über die Medien zu geben. Mehr wollen wir nicht! Die Aufgabe, Stars zu machen, hat die Plattenindustrie. Den nehmen wir aber nicht ihre Aufgaben ab, sondern was wir machen, ist Kulturarbeit. Und der Inhalt des Bundesrockfestivals ist einfach Signalfeuer für die Pop- und Rockmusik und für den Nachwuchs vor allen Dingen.

Ich finde, daß sich das ein bißchen widerspricht, denn in Euren Jurys sitzen ja die A&R-Manager der Musikindustrie?
OLE SEELENMEYER: Das ist nicht auf unserem Wunsch passiert, denn ich kann auf die gerne verzichten. Aber das ist der Wunsch der beteiligten Musikgruppen und Musiker, und es ist klar, daß wir darauf achten. Nicht die Funktionäre haben hier ihre Wünsche durchzusetzen, sondern die Basis soll uns ihre Wünsche mitteilen. Und wenn die Musiker die A&R-Manager wollen, dann kriegen sie die auch. Denn sonst kriegen sie die A&Rs ja nie zu fassen. Wenn sie dort hinschreiben, kriegen sie keine Antwort oder nur so ein berühmten Dreizeiler. Und dort können sie die Leute anfassen.

Die Bands sollen ja in diesem Jahr nicht nur das übliche Ton- und Infomaterial einsenden, sondern auch DM 10,– Bewerbungsgebühr. Warum das?
OLE SEELENMEYER: Die Kulturstiftung der Länder hat in den letzten vier Jahren 30% unseres Gesamtetats gekappt. Der Staat hat halt immer weniger Geld. Und wir wollen ja weitermachen, wir wollen nicht aufgeben, wir wollen weiterkämpfen. Das heißt, wir müssen dieses Drittel ersetzen, neben Sponsoring auch durch einen Eigenanteil der Musiker, das ist übrigens auch Forderung der Kulturstiftung der Länder, im Bereich »Jugend musiziert« wird das auch so gemacht. Du mußt natürlich auch überlegen,

was haben die Bands davon? Die werden alle eingeladen. Sie zahlen zwar zehn Mark, und wer einen Messestand will auch 200 bzw. fürs Hearing 50, aber was haben sie für ein umfassendes Seminar- und Workshopprogramm, so etwas gibt es in Deutschland nicht.

Auf Euren Messen können Bands ihre Aufnahmen einer Jury vorspielen und kriegen sofort einen Kommentar dazu. Eine sehr gute Idee, die aber nach Aussagen einiger Musiker noch in den Kinderschuhen steckt. Was lief bisher falsch und wie kann es besser laufen?
OLE SEELENMEYER: Wir müssen in diesen Hearingteams bessere Fachleute haben. Das heißt, Leute, die genau wissen, was sie da sagen. Wir hatten zwar bisher gut informierte Musiker, aber das reicht nicht. Wir haben ja 20 Hearingteams und ab jetzt wird in jedem Team mindestens ein A&R-Manager sitzen. Es geht darum, die Leute einzubeziehen, die die Musiker schon immer kennenlernen und sprechen wollen.

Neben dem Deutschen Rock- und Popmusikerverband gibt es auch noch die B.A.Rock. Auch hier interessierte mich das Was und Wie, und befragte dazu Vorstandsmitglied Lothar Surey.

Was kann man sich unter der B.A.Rock vorstellen und welche Ziele verfolgt Ihr?
LOTHAR SUREY: Die B.A.ROCK ist die Bundesarbeitsgemeinschaft der Musikinitiativen e.V. in Deutschland. Gegründet 1993 auf dem 3. Bundeskongreß in Köln, ist die B.A.ROCK der bundesweite Dachverband der derzeit existierenden eigenständigen Landesverbände, frei organisierten Interesseninstitutionen, regionalen Einzelinitiativen und Einzelpersonen und repräsentiert über 16.000 Musikerinnen und Musiker. Der Zweck des Vereins ist die Förderung der Rock- und Popmusik in ihrer ganzen stilistischen Breite auf Bundesebene.

Kann ein(e) einzelne/r Band/Musiker der BAROCK beitreten und welche ganz persönlichen Vorteile haben dadurch die Musiker?
LOTHAR SUREY: Ja, es kann jeder Mitglied werden, aber er sollte sich möglicherweise einer kommunalen, thematischen oder wie auch immer Initiative anschließen. Wenn diese Scheiße ist, dann über eine Landesinitiative oder bei uns. Mitgliedschaft als Einzelperson ist preiswert, aber um etwaigen Irritationen vorzubeugen: die Geschäftsstelle in Köln ist keine Vermittlungsagentur oder so etwas. Wir kümmern uns um die Verbesserung der Infrastruktur in Deutschland und Europa, aber auch als Schnitt-

stelle um die Kommunen, Länder und Bund!!! Der Vorteil für die Musikszene ist schlechthin, daß es uns gibt! Wir haben ein vielfältiges Netzwerk in Deutschland: Gemeinden, Land, Regionen und Kommunen einerseits und andererseits vier Säulen für Information und Kommunikation zwischen Musikwirtschaft, Politik, Kultur und öffentlicher Hand aufgebaut, welches je nach Aufgabenstellung für die Band oder Musiker nützlich ist. Dies reicht bis hin zu Vertragsprüfung, steuerrechtliche Aspekte u.v.m.

Wie unterstützt Ihr als Dachverband regionale Initiativen?
LOTHAR SUREY: Regionale Initiativen haben – wie Bands – die B.A.ROCK als informative Schnittstelle – will sagen z.B., daß diese mit einer Projektidee auf uns zukommen kann und wir sagen ihnen wie oder stellen ihnen Konzepte zur Verfügung, prüfen ihre Konzepte oder schaffen für diese je nach Themenstellung Verbindungen.

Um mal ein Klischee zu strapazieren, schließen ein kreativer Musiker und ein organisiertes Verbandsmitglied nicht einander aus?
LOTHAR SUREY: Warum sollte sich das ausschließen. Zu mir: Ich habe 1975 angefangen Punk-Musik zu machen. Heute bin ich Lobbyist. Also für den Musikstar hat's nicht gereicht, aber in meiner Haut als Dipl. Öko-Punk fühle ich mich ganz wohl. Ich will damit zum Ausdruck bringen, daß eine ganze Latte von Menschen mit der Musik angefangen haben und heute durchaus gutes in der Musikszene leisten. Ob als Kleinverlag, Manager, Produzent ....

Die Adressen:

B.A.Rock e.V.
Kaiser-Wilhelm-Ring 20
50672 Köln
Telefon 0221 – 2227449
Telefax 0221 – 2227450
E-Mail: barock@netcologne.de
Internet: www.barock.org

Deutscher Pop- und
Rockmusikerverein e.V.
Kolbergerstr. 30
21339 Lüneburg
Telefon 04131 – 23303 – 0
Telefax 04131 – 23303 – 15
E-Mail: drmv.lueneburg@
t-online.de

HILFE FÜR BANDS IM INTERNET

Sollte mich jemals der Verlag dieses Buches fragen, was ich als nächstes schreiben möchte, dann müßte die Antwort lauten, daß es eine Auflistung aller Musikpages im World Wide Web geben wird. Aber wahrscheinlich würden das dann auch mehrere Bände sein, ein wirklich schier unerschöpfliches Thema... Ich war regelrecht für Tage verschwunden, immer wieder gab es was zu finden, zu gucken und zu staunen. Deshalb an dieser Stelle nur ein paar wenige Tips (um den Rahmen der Möglichkeiten nicht zu sprengen) für Bandhilfen im Internet.

http://www.db.allmusic.de
Hier gibt es einen guten Einblick über Zeitschriften, Künstlerbiographien und, wohl am wichtigsten, viele Liveclubadressen.

http://www.musicweb.de
Auch hier werdet Ihr findig, wenn Ihr auf der Suche nach Clubadressen seid. Außerdem gibt es hier mit ZINE einen eigenen redaktionellen Teil.

http://www.barock.org
Die BA Rock (BA steht für Bundesarbeitsgemeinschaft) ist der bundesweite Dachverband der Musikinitiativen in Deutschland. Selbst im Internet stehen die (Ba)rocker jungen Bands hilfreich zur Seite.

http://www.infomusic.de
Bei Infomusic erwartet uns die Doc Rock-Show, in der es vor allem viele Interviews gibt sowie Chats mit bekannten Bands. Die Macher sind sehr rührig und sorgen dafür, daß man von der Doc Rock-Show auch außerhalb des Internets erfährt. Monatlich gibt es den Internet-Music-Award für die schönsten Seiten von Euch im Netz.

http://www.rocknetz.de
Das Netz der Rockstiftung Baden-Württemberg mit vielen Bands aus der Region. Da kann man als Band aus einem anderen Bundesland richtig neidisch werden. Abgerundet (u.a.) mit News und Facts und dem Kleinanzeigenteil »X-Change«: Band sucht Veranstalter, Veranstalter sucht Band usw.

http://www.jahrbuchpop.de
Wenn das mal nichts ist, schön sauber und übersichtlich aufgelistet: alles, was das Musikerherz begehrt, angefangen bei der Plattenfirma über die Kulturinstitutionen bis zum CD-Preßwerk.

http://www.planetsound.de
Auch Planetsound macht Spaß: viele Clubadressen, viele Bands, Labels, Soundfiles und Surftips.

http://www.presse.de
Falls Ihr den Zugang zu irgend einem Printmedium sucht, solltet Ihr hier mal vorbeischauen.

http://www.openair.de
Über 500 Festivals sind hier zu finden. Große Festivals wie »Rock am Ring«, aber auch zahlreiche kleine, bei denen Ihr als Band eine realistische Chance habt, im nächsten Jahr zu spielen.

http://www.music-net.de
Hier werden unbekannte Bands mit ihren CDs nicht nur vorgestellt, sondern per Mailorder kann man diese gleich beziehen. Als User kann man seine Meinung über eine bestimmte CD oder ein bestimmtes Konzert loswerden, Chat und Flohmarkt sind ebenfalls vorhanden. Für schicke Bandseiten gibt es den Music-Net-Award (ich glaube monatlich), und unter ABC findet Ihr ein Lexikon mit Begriffen wie A&R-Manager und Wind Up! Schick: Ein Rechtsanwalt beantwortet Eure musikrechtlichen Fragen, allerdings nur allgemeine.

http://www.rockmusik.de
Die www.rockmusik.de-Seiten tragen im Untertitel »Verzeichnis deutscher Musik im Internet«, und so erreicht man hier auch die ganze Breite an Bands aller Sparten (auch die bekannten), Labels, Tonstudios und... – eben die ganze Palette. Ebenfalls auch mit Musikerbörse.

http://www.germanrock.de
Der German Rock e.V. verrät auf diesen Seiten seine hohen Ziele, nämlich: die Rockmusik in Deutschland fördern. Wie er das genau machen will, geht nicht hervor, aber die Seiten sind auch gut für den einen oder anderen Tip.

http://www.gema.de
Die GEMA präsentiert sich mit allen notwendigen Informationen, listet die Adressen der Bezirksdirektionen auf, läßt den User in Pressemitteilungen stöbern usw..
Wer nicht surfen will, schaut in diesem Buch unter GEMA.

http://www.musicworld.de
Nicht die ganze Musicworld, aber einiges davon: Labels, Zeitschriften und ebenfalls Kleinanzeigen.

http://www.musik-treffpunkt.de
Beim Musiktreffpunkt schlagen die Herzen für die jungen Bands. Problemlos könnt Ihr Euch hier eintragen lassen. Ansonsten das übliche: viele Labels usw./usf.. Für schöne Sites gibt es den Musik-Treffpunkt-Award.

http://www.yi.com/home/ThielenMartin/
»Willkommen im Bandnet« heißt es da, und willkommen sind alle Bands und Veranstalter, die sich in ihrer jeweiligen Rubrik registrieren lassen wollen. Ansonsten kann man hier fleißig nach Bands und Veranstaltern suchen. Nicht schlecht.

http://www.musikplaza.de
Im Musikplaza haben nicht nur unzählige Bands ihre Seiten, sondern durch diverse Kooperationen mit diversen Musikmagazinen ist man auch sehr schnell bei diesen. Gleichzeitig finden hier die »Internet Talent Charts« statt. Die Macher, nämlich Mario Christiani und seine Firma IDPC, waren schon vor »Internetzeiten« für die Musiker da, das merkt man den Seiten an.

http://www.livemusik.de
Die Gelben Seiten der Musiker heißt es hier, und tatsächlich findet man eine Reihe von Bands verschiedenster Sparten. Mehr nicht!

http://www.2loud4u.de
Der Untertitel: »Mailordershop für industrieunabhängige Bands«, wenn das mal nicht klingt! Auch Ihr könnt Eure CD hier verkaufen lassen. Und zwar problemlos und fair! Gegen einen geringen Beitrag könnt Ihr auch auf die 2loud4u-Promo-Sampler.

http://www.fireball.de/musik/
Ein Rundumschlag in Sachen Musik. Nicht nur für den Musiker. TV-Tips für Musikfreunde, CD-Tips und einen Genre-Guide von Acid bis Zwölftontechnik.

http://www.swiss-music-guide.de
Im Kapitel »Plakat« hatte ich Euch ja auf die Schweiz heiß gemacht, hier ist die Eintrittskarte zu den Schweizer Veranstaltern, Bookingagenturen und Bands.

http://www.bloom.de
Bloom – das Musikcafé. Von Musikern gemacht und dadurch auch wirklich auf die Wünsche der Musiker zugeschnitten. Man kann unbekannte Bands sehen, hören und bestellen. Bands können sich hier melden, wenn sie Websites haben wollen oder ihre CDs vertreiben lassen wollen.

http://www.musicbiz.de
Die Seiten des Branchenblattes MUSIKWOCHE. Eine wahre Fundgrube für alle Musiker, die Licht ins Dunkel der Plattenfirmen bringen wollen. Hier lassen sich auch relativ schnell die richtigen Ansprechpartner finden.

http://www.trendpool.de
Neben der Möglichkeit, einen ganz normalen Online-CD-Shop zu besuchen, gibt es hier auch die Möglichkeit, ungesignte Bands zu treffen, zu hören, zu kontaktieren. Sehr empfehlenswert!

Das Soloalbum von Mothers Finest-Gitarrist JOHN HAYES steht zwar nicht in jedem Geschäft, ist aber problemlos übers Internet zu beziehen: www.bloom.de

II. DAS DEBÜTALBUM ALS EIGENPRODUKTION

So! Ihr seid inzwischen eine Band, die sich recht gut etablieren konnte, die auch mal bundesweit ein paar Gigs hat, Ihr habt es unter Umständen in die Endrunde eines attraktiven Newcomerwettbewerbs geschafft, die Lokalpresse feiert Euch als neue Pophelden der Stadt und der Redakteur der Lokalpresse meint sogar, daß er Euch auch gut finden würde, wenn er Euch nicht schon länger persönlich kennen würde. Und neulich beim Workshop mit diesem Typen, der vor 25 Jahren mal für FALCO eine Gitarre stimmte, war der Durchbruch ganz ganz nahe, der meinte nämlich, daß er bei der SONY auf'm Schreibtisch – als er da mal zu Besuch war – wesentlich schlechtere Tapes gesehen hatte. Was aber viel fantastischer ist, wenn Ihr irgendwo live spielt: nach Eurem Konzert kommen Leute auf Euch zu und fragen nach einem Tonträger. Die sind sogar bereit, bis zu 25 Märker hinzublättern für so einen Silberling von Euch!!! Na, wenn das nichts ist: es gibt also Typen, die kommen vielleicht von der Arbeit, machen sich ein Mineralwasser oder ein Bier auf, legen Eure Songs in den Player und lassen sich relaxt/geschafft (je nach Arbeitsweise) aufs Sofa fallen. Sie wippen mit dem Fuß zu Euren Songs, und wenn sie die Gardinen zuziehen, spielen sie zu Euren Songs Luftgitarre oder funktionieren die Deodose zum Mikrofon um, und geben damit einen exzellenten (Playback)-Frontmann ab, wie es Euer Sänger niemals sein wird. Ihr habt die ganz persönliche Hitparade so eines Hörers gewonnen. Er stand am CD-Regal, überlegte kurz, ob er die alte Police, die neue Neil Young oder doch wie meistens etwas von REM auflegen sollte, aber nein, er entschied sich für Euren Silberling. Er liest im Booklet Eure Namen, schmunzelt darüber, daß Ihr Euch sogar bei der Oma bedankt und Bayern München grüßt, und denkt bei Eurer unglaublich genialen Ballade an die süße Maus, die bei Eurem Konzert hinterm Tresen stand.

Doch davon wollen die Plattenfirmen scheinbar nichts wissen: Ihr hattet extra zwei Eurer geilsten Songs aufgenommen, sie an die Plattenfirmen geschickt (wie genau lest Ihr im dritten Teil des Buches) und was machen die? Die lehnen es ab: nach Ewigkeiten kommt da ein Vierzeiler, daß sie sich für das Interesse am Hause Soundso bedanken, daß aber gerade Eure Songs nichts fürs Label wäre (obwohl die soviel Schrott im Programm haben) und daß sie Euch viel Erfolg für die Zukunft wünschen. Bevor Ihr resigniert, fällt Euch die Geschichte mit den TOTEN HOSEN ein, die hatten mal leere Tapes verschickt, was wohl auch keiner mitbekommen hat, und ein anderes mal verschickten sie zwei zukünftige Nummer Eins-Hits unter einem 0815-Namen und handelten sich prompt überall Absagen ein.

Die Musikindustrie hat also glattweg versagt wie in Eurem Fall. So nicht, schreit Ihr lauthals, so nicht! Und wißt, daß Ihr es jetzt allen zeigen wollt. JETZT ERST RECHT! Dann bringen wir unsere CD eben selber raus, sagte einer von Euch bei der letzten Probe. Gesagt – getan?

NACHGEFRAGT BEI ...

Für den einen von Euch wird dieser Schritt naheliegend sein und diesen obendrein mit einer gewissen Naivität zwischen »Das soll schwierig sein?« und »Das machen wir mit links« belächeln. Für den nächsten klingt das Ganze schon nach einer gigantischen Aufgabe, die sowieso nicht zu realisieren ist. Alle anderen wissen wahrscheinlich – wie ich –, daß die Antwort, ob nun Utopie oder Realität, irgendwo dazwischen liegt. Bevor ich Euch nun ein paar Schritte zum eigenem Tonträger auflichte, hatte ich mich bei einigen kleinen Labels schlau gemacht, sie nach ihren Chancen im »bösen« Business und nach ihren Erfahrungen mit jungen Bands befragt.

... NOISEWORKS RECORDS

Der Wahl-Chemnitzer KARSTEN ZINSIK, Jahrgang 1965, studierter Diplom-Physiker (TU), gründete bereits 1989 Noiseworks Records (damals noch als Kassettenlabel) und hat seitdem ca. 200 Produktionen realisiert, darunter übrigens auch die Erfurter Band ANGER 77, die wohl heute (berechtigterweise) Hoffnungsträger deutschsprachiger Popmusik ihres jetzigen (großen) Labels INTERCORD sind. Außerdem war er viele Jahre als Musikjournalist für diverse Printmedien und in erster Linie fürs Privatradio unterwegs, von 1993 bis 1996 lief seine legendäre Radioshow »Blue Monday« in völliger Eigenregie (1995 gab's den Hörfunkpreis). Ich befragte KARSTEN ZINSIK nach Dingen, die Euch interessieren dürften:

Hattest Du Dir dabei eine bestimmte Labelphilosophie ausgedacht?
KARSTEN ZINSIK: Anfangs wollten wir (damals noch bis etwa 1992 zu zweit agierend) ausschließlich Tapes veröffentlichen, also Kassetten, streng limitiert und oftmals auch sehr originell aufgemacht. Denn die MC ist mit

Abstand das schnellste und preiswerteste Medium und kam auch unseren künstlerischen Ambitionen entgegen. Nach 1993 habe ich dann Noiseworks allein weitergemacht und als quasi Audiomagazin und Dokumentation zu meiner Radioshow »Blue Monday« regelmäßig Kassettensampler veröffentlicht. Und 1994/1995 gab es die erste CD auf Noiseworks Records – eine neue Qualität, die ich so eigentlich nicht wollte. Das hat vieles verändert, auch die Labelphilosophie. War das Ganze anfangs eher ein Forum für Tape-Art, Experimental Music, Minimal Perfomance Music und Avantgardistische Sounds zwischen Gitarre, Jazz und Zeitgenössischer Moderne, so kam Mitte der 90er Jahre der scharfe Schnitt. Weiter gings in der Folgezeit als klassisches Indiegitarrenlabel für Dinge wie Underground, Rock, Pop, Noise, Alternative, Crossover – alles Namen für doch eine Sache. Daran habe ich bis heute festgehalten.

Was waren die schönsten und was waren die traurigsten Momente in Deiner jetzt schon zehnjährigen Labelgeschichte?
KARSTEN ZINSIK: So einfach läßt sich das wohl nicht beantworten. Wenn man wie ich als Einzelkämpfer unterwegs ist – gezwungenermaßen – , hat man viele kleine Glücksmomente und auch viel Ärger an der Backe. Letzteren gab es fast immer mit deutschen und ausländischen Tonträgervertrieben und dem leidigen Geldeintreiben. Dazu kamen überzogene Vorstellungen einzelner Künstler, die die konkreten Realitäten hier im Lande wohl nicht erkennen wollten oder konnten. Das waren dann aber eher zwischenmenschliche »bad vibrations«. Wenn man dann allerdings sieht und hört, daß es in der nunmehr 10-jährigen Geschichte von Noiseworks circa 200 Veröffentlichungen gibt, dann ist da schon ein gewisser Stolz auf Erreichtes. Zu meinen Favourites in Sachen glückliche Veröffentlichungen auf Noiseworks zählen zum Beispiel Dirty Spoon, Monoland, Fleischmann, Anger 77 und nicht zuletzt die jährlichen superfetten CD-Compilations wie »Moderne Menschen kaufen modern« (1998) oder »10 Years After« (1999).

**Karsten Zinsik mit seinem Label NOISEWORKS ist ein aktiver Independent: 200 Veröffentlichungen in den letzten zehn Jahren. *(links).*
Bevor ANGER 77 bei INTERCORD landeten, veröffentlichten sie auf Noiseworks.**

Du bist im wahrsten Sinne ein richtiger Indie, wie hast Du die Finanzierung der zahlreichen Produktionen hingekriegt?

KARSTEN ZINSIK: Es war nicht immer leicht in den letzten 10 Jahren, und ein paar mal stand mir das sprichwörtliche Wasser auch bis zum Kinn. Das waren bittere Momente, als das Aus für Noiseworks greifbar war. In meinen Jobs bei Radio und Presse, aber auch mit dem Mastering Studio habe ich ganz gut verdient. Das Geld mußte ich dann gleich wieder in die Ein-Mann-Firma stecken und habe dabei viel Taschengeld durchgebracht. Einige Produktionen liefen aber auch so gut, daß man damit mehrere andere Veröffentlichungen finanzieren konnte. Langer Atem ist da erforderlich, denn wenn man nicht in Bedeutungslosigkeit versinken will, dann muß man ständig neue, attraktive und hochwertige Sachen auf den Markt bringen, der für die Kleinen sowieso kaum genügend Platz bietet.

Viele Deiner Produktionen sind nicht gerade kommerziell, jetzt willst Du auch noch Jazzsachen bringen. Stehen Aufwand und Nutzen in irgend einer Relation?

KARSTEN ZINSIK: Bisher kamen Aufwand und Nutzen schon irgendwie zusammen nach dem Plus-Minus-Null-Prinzip, künftig mit dem neuen Jazzlabel Cassiber wird das ungleich schwerer und härter. Jazz und Experimentelle Sounds, das wissen wir, sind derzeit kaum angesagt und werden es wohl auch nicht sein, Vertriebe und die allgemeinen Strukturen sind in festen (insbesondere was den Jazz angeht) Majorhänden. Ich verstehe mich

zum 1. Januar 2000 eher als Liebhaberlabel für originelle Dinge, die mir persönlich sehr gefallen und wichtig sind. Der kommerzielle Aspekt muß leider in den Hintergrund treten, das finde ich schade, läßt sich aber nicht ändern. Da wäre eine eigene Edition innerhalb einer größeren Plattenfirma sicher ein anzustrebendes Ziel.

Was waren so die Momente, bei denen Du ans Aufhören dachtest, und warum hast Du letztendlich weiter gemacht?
KARSTEN ZINSIK: Solche Momente gab es immer wieder, zuletzt wahrscheinlich vor 5 Minuten. Dann allerdings siegt der Trotz in einem und der Wille, eine angefangene Sache auch gut zu Ende zu bringen. Hier im Osten der Republik haben sich seit der Wende 1989/1990 kaum effiziente Labelstrukturen gebildet, die sich selbst tragen können. Das Ganze hat dann auch etwas mit Verantwortung zu tun. Es gibt Leute hier in den neuen Bundesländern, die auf Noiseworks setzen und hoffen, ihre Produktionen in der Nachbarschaft veröffentlichen zu können. Ich möchte mich da nicht heimlich davonstehlen, schon aus Fairneßgründen. Auch wenn ich wollte, ich bin in ein Getriebe geraten und drehe mich mit.

Wie suchst Du Dir die Künstler für Dein Label aus? Entscheidet nur Dein Geschmack?
KARSTEN ZINSIK: Letztendlich entscheidet allein mein Geschmack, denn glücklicherweise bin ich nicht in der Situation eines Majors, der ausschließlich wirtschaftlich denken muß. Ich wähle die Produktionen selbst aus, manchmal zusammen mit Freunden bzw. bei Produktionen eines Noiseworks-Sublabels wie Väter & Söhne oder Mo Rhythm sind es ein paar mehr, die per Kompromiß zu einer verbindlichen Entscheidung kommen müssen. Bisher hat das aber immer gut funktioniert. Ein Diktat gab es nicht und wird es nicht geben.

Gab es auch Produktionen, die Dir überhaupt nicht gefielen, die Du aber trotzdem genommen hast, weil Du wußtest, daß sie sich ganz gut verkaufen?
KARSTEN ZINSIK: Solche Produktionen gab es nie. Ich gehe nicht davon aus, daß man mit Noiseworks-CDs das große Geld machen kann und müßte. Also ist es egal, was man jenseits der Charts und Hochglanzmagazinhypes auf den Markt bringt. Und der große Wurf blieb mir ja bisher auch verwehrt, was vielleicht nicht zuletzt an der geschmacklichen Integrität des Labels und seiner Sperrigkeit lag und liegt. Daneben kam es vor, daß Bekannte und Freunde an mich herantraten mit der Bitte um Veröffentli-

chung einer Sache, die geschmacklich nicht voll auf meiner Linie lag. Das ist dann aber der Nachbarschaftsbonus und das Prinzip Verantwortung.

Worin liegen Deiner Meinung nach die Vor- und Nachteile einer großen und einer kleinen Plattenfirma?
KARSTEN ZINSIK: Große Labels haben das dicke Geld und die größeren wirtschaftlichen Zwänge. Da geht es nicht um Kunst oder Musik, sondern um den gezielten Einkauf vielversprechender Acts durch BWL-Absolventen. Dabei kann ein Major, so er über genügend Reserven verfügt, schon das eine oder andere Experiment eingehen (was ja auch oft passiert). Ein Indielabel ist flexibel genug und ständig in Existenznöten wegen des Geldes. Hier entscheidet oft ein kompetenter Geschmack und die tiefe Liebe zur Musik, egal ob Hardcore, Punk oder World Music. Ein Major kann einer Band fast alles bieten, unser einer fast nichts, deshalb ist gegen den Wechsel einer Band ins Kommerzfeindlager wirklich nichts negatives zu sagen.

Was würdest Du jemandem raten, der ein Label gründen will?
KARSTEN ZINSIK: Einen langen Atem muß man mitbringen, Geld auch, die Lust an der Sache darf man zwischenzeitlich nicht verlieren oder sich ausreden lassen, Kontinuität ist sehr wichtig und Berechenbarkeit, was das eigene Profil und die Professionalität im Tagesgeschäft angeht. Einfach nicht unterkriegen lassen, kämpfen, durchhalten und viel Spaß dabei haben. Alles kann in der Musik passieren, es kann schiefgehen oder die zweitschönste Sache der Welt werden.

Was sollten Bands auf der Suche nach dem für sie richtigen Label beachten?
KARSTEN ZINSIK: Eine Band sollte sich nicht entmutigen lassen von den standardisierten Absageschreiben der Industrie, zur Not hat man ja noch seinen Job und die Band als Funfaktor. Nicht alles auf eine Karte setzen und jeden Vertrag unterschreiben, der mit einem Laserjet gedruckt wurde. Auch und immer mit eigenen Vorleistungen rechnen. Risiken für sich selbst minimieren. Sich rechtzeitig entscheiden, ob man es mal versuchen will in der Liga des Rock'n'Roll zu kommen oder Musik nur als Hobby und für den genervten Nachbarn betrachtet. Das für die Bands richtige Label suchen, Erkundigungen zum Beispiel auf der Popkomm einholen, andere Bands fragen, hart an sich arbeiten können, denn mit der ersten eigenen Scheibe geht der Streß erst los und wird nicht weniger in den nächsten Jahren. Und zu guter letzt: Vertrauen haben und nicht glauben, daß man als Labelboß die dicke Kohle macht – alles Lüge!

...SOWIESO MUSIKPRODUKTION

Reichlich weniger Veröffentlichungen brachte bisher die SOWIESO MUSIKPRODUKTION heraus, um ganz genau zu sein: erst zwei einer einzigen Band. Die aber mit recht bemerkenswerten Erfolg. Wie man es schafft, eine unbekannte Band vom Major EMI Electrola vertreiben zu lassen (obwohl die sonst kaum reine Vertriebsdeals anbieten) und zusätzlich noch im spanischen Markt zu plazieren, erzählte mir ERIC RAUCH (Jg. 1960), der 1996 gemeinsam mit Jutta Schmitt und Hansjörg Funck die Firma Sowieso Musikproduktion gründete. Die Firma unterteilt sich in ein Label, einen Musikverlag und gemeinsame Managementaufgaben. Im Herbst 1996 nahmen die drei die Gitarrenpopband SILENT FACES unter Vertrag. Die Band veröffentlichte seither zwei CDs »Chrome« und »Little Moments« sowie vier CD-Singles im Vertrieb von EMI Electrola. Die drei Sowieso-Gründer arbeiten daneben noch selbständig in anderer Funktion. Hansjörg Funck ist seit vielen Jahren etablierter Konzertveranstalter, Jutta Schmitt ist für die Öffentlichkeitsarbeit von zwei Konzertagenturen zuständig und gründete gemeinsam mit Eric Rauch ein Promotionteam. Darüber hinaus ist Eric Rauch seit über 12 Jahren freier Journalist für zahlreiche Magazine und Zeitungen.

Sind bisher die einzige Band bei Sowieso Musikproduktion:
SILENT FACES

Bei vielen ist es ja so, daß sie ein Management oder einen Verlag gründen, um sich dann einen Künstler zu suchen. Bei Euch war es umgekehrt. Wie sind die SILENT FACES auf Euch gekommen, und was hat Euch an dieser Band so fasziniert?
ERIC RAUCH: Ein befreundeter Produzent, bei dem die SILENT FACES im Studio gerade neue Titel aufnahmen, schickte uns eine Vorab-CD mit vier Songs. Wir bemerkten sehr schnell, daß in dieser Band ein großes Potential steckt. Daraufhin haben wir uns ein Konzert der Band angesehen, bei dem sie die einzelnen Songs sehr gut umsetzten. Letztlich war danach die Entscheidung gefallen.

Und der nächste Schritt war: super, bei denen machen wir Management?
ERIC RAUCH: Jutta Schmitt, Hansi Funck und ich diskutierten schon längere Zeit darüber, einen Musikverlag zu gründen. Durch das Angebot mit den SILENT FACES ergab sich – schneller als erwartet – eine neue Situation. Unser Ansatz war und ist, möglichst das Management und den Verlag in einer Hand zu behalten, um unabhängig von anderen effektiv und engagiert arbeiten zu können. Unser Hintergrund als Promotionteam und Konzertveranstalter ermöglichte in der Management- und Verlagsarbeit entsprechend gute Voraussetzungen.

Wie kam es dann noch zur Gründung einer Plattenfirma?
ERIC RAUCH: Da es seit einigen Jahren sehr schwierig geworden ist, gerade im Rock- und Popsegment für eine Newcomer-Band einen Plattenvertrag mit einer Company abzuschließen, entschlossen wir uns schon frühzeitig dazu, ein eigenes Label zu gründen.

Als sich die SILENT FACES bei Euch bewarben, kannten sie sich damals schon mit den Mechanismen im Business aus, oder waren sie eher die Kellercombo, die mal schnell ein Tape eintüteten?
ERIC RAUCH: Die SILENT FACES standen schon vor dem Beginn unserer Zusammenarbeit als sehr junge Band kurz vor der Unterzeichnung eines Majorvertrages mit Virgin Records. Das Angebot der Münchener Plattenfirma war durchaus akzeptabel. Das damalige branchenfremde Management trat jedoch ständig mit neuen vollkommen unrealistischen und überzogenen Forderungen an Virgin heran. Nach einigem Hin und Her zog Virgin das Angebot zurück. Die Verantwortlichen hatten eine große Chance leichtfertig verspielt, die SILENT FACES hingegen eine schmerzliche Erfahrung gemacht. Ironisch betitelten sie ihr erstes Album, das nur im Eigenvertrieb erschienen ist, »Should Have Been A Virgin«.

Wie kam es schließlich zur CD »Chrome«, der ersten bundesweit veröffentlichten SILENT FACES-CD?
ERIC RAUCH: Zur Vertragsunterzeichnung war das Album bereits fertiggestellt. Ein Freund der Musiker hatte das Album vorfinanziert. Wir haben ihm danach die Masterbänder abgekauft.

Inzwischen wurden zwei Platten im Vertrieb der Majorcompany EMI veröffentlicht, nämlich »Chrome« und »Little Moments«. Wie schafft es eine vergleichsweise kleine Plattenfirma mit einer bis dahin unbekannten Band bei der EMI Electrola im Vertrieb zu landen?
ERIC RAUCH: Da wir alle drei seit vielen Jahren im Musikgeschäft tätig sind, entstanden zahlreiche Kontakte zu Leuten aus den Plattenfirmen. Solche persönlichen Kontakte vereinfachen den Einstieg, eine Erfolgsgarantie ist damit natürlich nicht verbunden. Zur Promotion eines Live-Auftritts wurde der Rundfunksender SWF 3 mit der CD »Chrome« bemustert. Die Redakteure des Senders waren von dem Song »Blinded By Your Love« dermaßen begeistert, daß sie den Titel auf der höchsten Rotationsstufe spielten. Darauf wurden auch einige Talentscouts in den Plattenfirmen aufmerksam. Schließlich unterbreitete EMI Electrola das attraktivste Angebot.

Jetzt kristallisierte sich heraus, daß die EMI doch nicht der Traumpartner ist. Was lief Eurer Meinung nach falsch?
ERIC RAUCH: EMI Electrola ist in erster Linie eine Major-Plattenfirma und keine reine Vertriebsfirma. Die SILENT FACES waren überhaupt erst die zweite Band, die einen Vertriebsvertrag mit EMI Electrola erhielten. Ich denke, beide Seiten sind auch mit falschen Vorstellungen an die Zusammenarbeit herangegangen. Die Verantwortlichen von EMI Electrola erwarteten wohl, daß »Blinded By Your Love« ähnlich wie bei SWF 3 auch bei anderen Rundfunksendern zum Selbstläufer wird – und sich darauf alle weiteren Aktivitäten aufbauen ließen. Als dies nicht eintraf, schwand das Interesse. Zudem gab es bei EMI einige strukturelle Probleme. Wir hingegen hatten uns mehr Engagement und Unterstützung erwartet. Der wichtigste Aspekt erscheint mir jedoch, daß die heutigen Majors auf ihre Schwerpunktveröffentlichungen – das heißt bereits populäre Künstler – konzentriert sind. Ein Vertriebsvertrag mit einem Major ist erst ab einer gewissen Popularität sinnvoll. Ein Newcomer bleibt dabei auf der Strecke.

Viele Bands träumen von einem Majordeal. Was meinst du, worin liegen die Vor- und Nachteile einer kleinen und einer großen Plattenfirma?
ERIC RAUCH: Der Vorteil einer großen Plattenfirma liegt sicherlich darin,

daß sie aufgrund ihrer Strukturen und finanziellen Möglichkeiten anders agieren kann. Das heißt: stetige Marktpräsenz mit ihren Produkten, größeres Marketingbudget, Einfluß auf und Kooperationen mit den Medien. Trotzdem ist es für eine Newcomer-Band oftmals besser, mit einem kleinen Label zusammenzuarbeiten. In großen Plattenfirmen steht der Newcomer intern in Konkurrenz mit Top-Stars. Veröffentlichen beide zur gleichen Zeit, so kann man sich leicht vorstellen, wer intern die Aufmerksamkeit auf sich zieht. In einer kleinen Firma mit nur wenigen Produkten kann sich die Arbeit für den jeweiligen Künstler viel stärker konzentrieren. Grundsätzliche Voraussetzung ist natürlich das Engagement aller Beteiligten.

Wie erklärt es sich, daß Ihr bisher nur für eine Band arbeitet?
ERIC RAUCH: Die Aufbauphase für eine Band ist sehr arbeits- und kostenintensiv. Wir wollten uns daher auf einen oder maximal zwei Acts konzentrieren, um diese Künstler optimal zu unterstützen.

Hat der Manager nicht manchmal andere Ansichten als der Labelchef?
ERIC RAUCH: Bei uns gibt es nicht diese strikte Unterteilung in irgendwelche Titel oder Positionen. Wir diskutieren intern die jeweiligen Punkte oder Neuerungen und treffen danach die Entscheidungen. Dadurch, daß sich niemand von uns vor dem anderen profilieren muß, sind die Kriterien für die Entscheidungen inhaltlich motiviert. Insofern gab es bisher keinerlei größere Unstimmigkeiten.

Viele Bands schimpfen über A&Rs, daß sie sich sowieso nichts anhören. Würdest Du diese Situation genauso einschätzen?
ERIC RAUCH: Nein. Sicherlich gibt es einige schwarze Schafe, man sollte dies aber nicht verallgemeinern. Das Problem liegt jedoch an einem ganz anderen Punkt. Viele A&R-Manager stehen unter einem ungemeinen Erfolgsdruck. Können sie nach einer gewissen Zeit keinen Erfolg vorweisen, so ist ihr Arbeitsplatz gefährdet. Dementsprechend setzen viele dieser Leute auf gerade angesagte, kurzfristige Trends und die damit verbundenen Möglichkeiten, in den Medien präsent zu sein. Manche kreative Künstler – jenseits des momentanen Trends – werden dadurch leider übersehen.

Die SILENT FACES sind in den Medien häufig präsent. Welche Möglichkeiten haben Newcomerbands heute überhaupt noch, im Rundfunk eingesetzt zu werden?
ERIC RAUCH: Beim Rundfunk muß man zwischen privaten und öffent-

lich-rechtlichen Sendern unterscheiden. Die Chance, in den Abhörsitzungen der öffentlich-rechtlichen Sender ausgewählt zu werden, ist zwar nicht groß, bei einer professionellen Produktion aber durchaus möglich. »Blinded By Your Love«, »Say Goodbye Before You Go« oder »Last Farewell« von den SILENT FACES wurden von mehreren Sendern in unterschiedlichen Rotationsformen gespielt. Etwa 30 – 40 Prozent des Privatrundfunks wählt ebenfalls nach dieser Abhörmethode die Titel aus. Die Mehrheit der Privatsender spielen aber nur die Top 100 der Charts plus Oldie-Hits. Dort bekommt eine Newcomerband keine Chance! Standardantwort: »Wenn ein Lied gut ist, dann wird es auch in die Charts einsteigen.« Aber hierin liegt genau der Denkfehler, denn ohne Airplay wird der Konsument das Lied einer Newcomerband nicht kennenlernen, also wird er die CD auch nicht kaufen – und das Lied nicht in die Charts gehen. Diese Redakteure argumentieren gerne mit den Werbekunden, deren Produkte nur mit Chartssongs umrahmt werden sollen. Allerdings wird dabei nicht berücksichtigt, denkt man diese Argumentation logisch zu Ende, daß die meisten Titel in den Singlecharts von 10- bis 16jährigen gekauft werden, und somit die Produktwerbung an den älteren Kunden vorbeigeht. Noch schlimmer ist die Argumentation, daß Hörer bei unbekannten Titeln automatisch umschalten. Damit werden die Hörer zu unmündigen Konsumenten degradiert, die den ganzen Tag nur immer die gleichen Songs vorgesetzt bekommen.

Kannst Du Bands, die ein Label für sich begeistern wollen, irgendwelche Tips geben?
ERIC RAUCH: Wichtig ist es für einen Künstler oder eine Band, wie sie sich in ihrem Angebot präsentieren. Die Musik und die optische Präsentation sollten bereits ein gewisses Image herausstellen, damit meine ich aber nicht irgendein aufgesetztes Image. Interessant sind Leute, die eine eigene, ganz persönliche Note besitzen, und sich dadurch von dem Gros der Mitbewerber unterscheiden. Daher ist es jedem zu empfehlen, vor der Kontaktaufnahme mit einem Label die eigene Präsentation genau zu überlegen und erst mit einem stimmigen Konzept an eine Plattenfirma heranzutreten.

Ist es nicht vielleicht sogar praktisch, es so wie Ihr zu machen, und gleich das eigene Label zu gründen?
ERIC RAUCH: Bevor eine Band ein eigenes Label gründet, sollten sich die Musiker erst einmal fragen, an welchem Punkt ihrer Karriere sie zu diesem Zeitpunkt stehen. Gibt es bereits Demos oder eine Vorproduktion, hat die Band Fans oder gibt es überhaupt einen Markt für ihre Musik? Kann

man alle Fragen mit »Ja« beantworten, so sollte man sich trotzdem vorher einmal Gedanken über seine Finanzen machen. Eine professionelle, konkurrenzfähige CD-Produktion kann selbst bei sparsamer Planung sehr schnell 50.000 – 100.000 Mark verschlingen. Man muß sich dabei immer vor Augen halten, daß man in Konkurrenz zu internationalen Produktionen steht. Im Rundfunk beispielsweise hat man heute mit einer mittelmäßigen Tonqualität keine Chance mehr. Aber selbst wenn man dies alles eingeplant hat, benötigt man danach noch einen guten Vertrieb, der auch nicht so einfach zu finden ist. Bei einem Produktionspreis von nur 50.000 Mark muß man mehrere tausend CDs verkaufen, um nur die Kosten zu decken. Weitere Ausgaben für Promotion und Marketing sind dabei noch gar nicht berücksichtigt.

Mit den SILENT FACES habt Ihr auch internationale Erfolge, zum Beispiel in Spanien. Wie bekommt man seine Band im Ausland unter?
ERIC RAUCH: Dies läuft zumeist über persönliche Kontakte, die sich im Laufe der Jahre aufbauen. Manchmal hilft aber auch der Zufall. Bei unserem Spaniendeal hörte der Geschäftsführer der spanischen Plattenfirma den Titel »Say Goodbye Before You Go« im Radio, als er geschäftlich in Deutschland unterwegs war. Er erkundigte sich nach uns und nahm Kontakt auf. Der spanischen Plattenfirma gefiel das gesamte Album »Little Moments«, aus dem »Say Goodbye Before You Go« ausgekoppelt wurde, so gut, daß sie Ende Mai 1999 die CD in Spanien veröffentlichten.

Können sich bei Euch auch andere Künstler bewerben?
ERIC RAUCH: Ja, wobei wir zukünftig den Schwerpunkt auf Management und den Verlag legen werden.

Wie schätzt Du die heutigen Möglichkeiten für Nachwuchsbands ein, sich zu etablieren?
ERIC RAUCH: Die Situation für Nachwuchsacts im Rock- und Popsegment ist sehr schwierig, weil sich die gesamte Club- und die bereits angesprochene Medienlandschaft extrem verändert haben. Als Newcomerband benötigt man einen langen Atem und ein engagiertes Management, um mittel- bis langfristig Erfolge zu feiern. Sehr wichtig erscheint neben den musikalischen Qualitäten die Wahl des geschäftlichen Umfelds. Diese Leute müssen ein Konzept haben – und über entsprechende Kontakte in der Branche verfügen. Man sollte sich jedoch gut informieren, bevor man sich bindet. Gerade in der Musikbranche gibt es viele schwarze Schafe, die zwar viel versprechen, aber nur wenig oder gar nichts bewegen.

... ELBTONAL

Wer dieses Buch seit Anfang an liest, dem ist THOMAS RITTER, Jahrgang 1966, schon begegnet. THOMAS RITTER ist aber nicht nur Manager erfolgreicher Bands wie CUCUMBER MEN und MADONNA HIP HOP MASSAKER, sondern auch Label-Macher. Sein erstes Label gründete er 1987: String Records (Rock'n'Roll, Surf, Beat, nur Vinyl), worauf 1992 elbtonal (Mobylettes, Bazooka Cain, Rotosonics u.a.), 1994 Stumble (nur Blues) und 1998 Sprungbrett (Nachwuchs aus dem eigenen Management) folgten. Seit 1998 ist Ritter zudem geschäftsführender Gesellschafter des Elbmusikverlags, der den Cucumber Men gehört und mit folgenden Autoren/Bands arbeitet: Norman Bates Motel, Die Verdrengungskünstler und Kulturni Program.

Was war der Anlaß, ein Label zu gründen?
THOMAS RITTER: Nachdem mein Bruder und ein Freund jeweils LPs ihrer eigenen Musik in Eigenregie veröffentlicht hatten, die aber niemanden interessierten, wollte ich auch eine Platte machen, wußte aber, daß ich auf keinen Fall meinen eigenen Kram unters Volk bringen wollte. Also suchte ich eine Rockabilly-Band, die mir gefiel, gründete String Records und veröffentlichte die erste Single.

Was muß ein kleines, junges Label tun, um einen guten Vertriebspartner zu bekommen?
THOMAS RITTER: Es muß bereits in Eigenregie bewiesen haben, daß ein Interesse für die Produkte besteht. Das kann entweder über bundesweite Presseresonanz geschehen oder über nachweisbar interessante Verkaufszahlen. Beide Möglichkeiten sollten auf mehrere Produkte des Labels zutreffen. Erst dann wird ein Vertrieb anfangen, sich für ein Label zu interessieren. Der Grund: ein Vertrieb will in erster Linie Geld verdienen und sucht sich deshalb die Labels genau aus, mit denen er arbeiten will.

Wie sollte sich ein Künstler/eine Band bei einer Plattenfirma bewerben?
THOMAS RITTER: Wer sich bei einer Plattenfirma bewerben will, sollte: 1. ein wirklich interessantes Produkt im Koffer haben (Achtung: Selbsteinschätzung schärfen!!!), 2. sich informieren, welches Genre bei einer Plattenfirma bevorzugt bearbeitet wird. Man spart sich dadurch unnötige Bemusterungen, denn ein Beat-Label wird in der Regel kaum etwas mit Hardcore anfangen können. 3. den Ansprechpartner für A&R-Entscheidungen herausfinden und mindestens telefonisch mit ihm Kontakt auf-

nehmen. Fragen, was zu tun ist, damit er die CD, falls sie nicht persönlich vorbeigebracht wird, auch wahrnimmt. 4. Falls von der Entfernung her möglich, einen Termin mit dem A&R abmachen und die Sache live und in Farbe vorspielen. 5. Bei einer Ablehnung freundlich bleiben und niemanden beschimpfen. Man sieht sich immer zweimal in der Branche.

Merksatz: Niemand bekommt einen Plattenvertrag, weil er so tolle Musik macht. Eine Band muß unbedingt aus eigener Kraft etwas erreicht haben. Wer im Jahr nur 12 Konzerte im eigenen Jugendzentrum spielt, sollte seine CD lieber in Eigenregie veröffentlichen. Eine Plattenfirma will heute mehr denn je ein möglichst fertiges Produkt auf den Tisch bekommen. Wer also

Fühlen sich beim Elbtonal-Label wohl: ROTOSONICS

bereits einige Tourneen vorweisen kann oder schon 2.000 Stück von einer selbst produzierten CD verkauft hat, der hat bessere Chancen. Mehr denn je müssen Bands heute vorarbeiten, denn die Lage am Markt wird immer miserabler.

Worin liegen die Vorteile eines kleinen Labels gegenüber den großen?
THOMAS RITTER: Kleine Labels können sich besser auf Nischen und bestimmte Marktsegmente konzentrieren (sowohl bezüglich der Promotion/Werbung als auch der Handelswege), als große bzw. Major-Labels. Außerdem haben kleine Labels meistens einen längeren Atem im Aufbau von Künstlern, weil sie nicht von Controllern großer Konzerne und dem entsprechenden Abliefern von Zahlen abhängig sind.

Und die Nachteile?
THOMAS RITTER: Kleine Labels leiden meistens unter einer dünnen Personal- und Finanzdecke. Im entscheidenden Moment fehlt meistens das Geld, um einen weiteren Schritt mit einer Band zu machen.

Ist es für eine Band besser, schon im Vorfeld eines Plattenvertrages aktiv zu sein: Tour, Presse, Eigenproduktion...
THOMAS RITTER: Gerade heutzutage ist das absolut unabdingbar. Bands, die ihre dreißig Konzerte in der eigenen Region gespielt haben, werden heutzutage kaum einen Plattenvertrag bekommen.

Was waren die besten Momente in Deiner Labelgeschichte, in denen Du auch ans Aufhören dachtest?
THOMAS RITTER: Einer der besten Momente in der Labelgeschichte war, als ich das erste Vinyl der Surfer Looney Tunes in den Händen hielt. Ansonsten war die Phase kurz vor Abschluß des Plattenvertrages für die Cucumber Men 1995 eine enorm spannende Zeit. (Anm.: die Cucumber Men brachte Ritter bei einem Major unter.) Ans Aufhören denke ich jedesmal, wenn eine Geschichte in die Hose geht und ich anschließend an meinem Kontostand ablesen kann, daß die ganze Sache wenig vielversprechend ist. Außerdem, wenn ich die üblichen Marketing-Sprüche und A&R-Platitüden zu hören bekomme. Tolle Beispiele: »Da sehe (!) ich keine Single«, »Das packt mich nicht am Sack« oder »Wäre ja echt toll, wenn sie deutsch singen würden«.

Warum hast Du letztendlich weitergemacht?
THOMAS RITTER: Weil ich eine Verantwortung den Bands und meinen

Mitgesellschaftern gegenüber habe. Ich könnte nicht einfach aussteigen und Löcher hinterlassen. Erst wenn ich eine Sache auf ein gewisses Niveau gebracht habe, kann ich sie an andere übergeben.

Wenn eine Platte floppt, welche typischsten Fehler haben Label, Künstler und Vertrieb dann gemacht?
THOMAS RITTER: Eine Platte floppt immer dann, wenn die Erwartungen und die Ergebnisse nicht übereinstimmen. Wenn man von einer Platte 500 Stück meint verkaufen zu können und man dann 460 verkauft, ist die Scheibe kein Flop. Wenn man 60.000 Stück erwartet und dann 18.000 Stück verkauft, ist die Scheibe gefloppt. Das hängt immer davon ab, wieviel Geld man ausgibt, um bestimmte Verkaufszahlen zu erreichen. Es gibt eigentlich kaum typische Fehler, außer den der Fehleinschätzung. Je mehr dabei Künstler und Plattenfirma auf die Tonne hauen, desto enttäuschender wird die Situation, wenn die Sache in die Hose geht.

Was würdest Du Leuten mit auf dem Weg geben, die ein Label gründen wollen?
THOMAS RITTER: Laßt es bleiben und lernt was Anständiges. Wer es aber nicht lassen kann, sollte sich genau überlegen, in welchem Markt er sich bewegt, welche Werbe-Möglichkeiten es in diesem Genre gibt, welche Verkaufswege vorhanden sind. Unabdingbar: Kenntnis der Rechtsgrundlagen des Geschäfts erlangen (Unterscheidung Leistungsschutzrechte, Urheberrechte, Vergütungsmodalitäten usw.). Dann sollte eine vernünftige Kalkulation gemacht werden (Einholung von Preisen für Herstellung, Erkundigung über GEMA-Tarife usw.). Außerdem sollte man sich unbedingt beim Ortsamt und beim Finanzamt erkundigen, welchen Status man erlangt und welche bürokratischen Dinge man zu erledigen hat, um nicht in Teufels Küche zu kommen. Wenn man danach immer noch alles für sinnvoll erachtet, kann man loslegen.

...BIG NOISE

WOLFGANG SCHRECK, Jahrgang '61, gründete 1989 zusammen mit dem vor drei Jahren ausgeschiedenen Thomas Stephan das nicht nur in Indie-Kreisen beliebte Label BIG NOISE, nachdem er zuvor mit Robert Vieren zusammen 1985 das über zehn Jahre existierende EB Musikmagazin gegründet hatte. Faktisch also schon gut und gerne 15 Jahre aktiv dabei.

Was war der Anlaß ein Label zu gründen?
WOLFGANG SCHRECK: Musikjournalismus und Label sind Bereiche, die sich in vielen Dingen berühren, und 1989 trafen wir damals die hoffnungsvolle Darkwaveband »They Fade In Silence« aus Neuss, die in jenem Jahr Vorgruppe für New Order sein konnte. Wir kannten die Band schon länger, und da sie noch kein Label hatten, überlegten wir uns spontan, Big Noise zu gründen. Doch leider wollte uns kein Vertrieb haben, so daß wir die Aufnahmen an das damalige Fun Factory Label abgaben. Kurze Zeit später erschienen 7inches von The Slam aus Köln und den Six Micks aus Münster.

Wie findet man einen guten Vertrieb?
WOLFGANG SCHRECK: Glück und vor allem einen Background haben. Die Vertriebe heute werden mit Labelanfragen zugeschüttet, weil jeder sein eigenes Label machen will. Deshalb sind die Vertriebe sehr wählerisch geworden. Man sollte zumindest ein Jahr sehr aktiv gearbeitet haben und vor allem Presseresonanzen haben. Das überzeugt die Vertriebe eher, denn so läßt sich eine Produktion eher den Handel anbieten. Aber bei allem sollte natürlich im Vordergrund stehen, daß die Musik GUT sein muß, sonst hilft der beste Vertrieb nichts.

Wie sollte sich eine Band bei einer Plattenfirma bewerben?
WOLFGANG SCHRECK: Man sollte ein möglichst professionelles Demo und ein Info, das alles auf den Punkt bringt, einschicken. Die Zeit der schmierig kopierten Tapes und Infos sind endgültig vorbei, und ein sachliches aussagekräftiges Info und ein Demo, möglichst CD-R, geben ein viel besseres Bild. Zudem sollte eine Band realistisch an die Sache rangehen und auch es als selbstverständlich ansehen, daß die Zeiten hoher Vorschüsse und Nobelstudios nicht mehr möglich sind. Aber in der Regel sind die meisten Musiker sehr realistisch, und die Qualität der Demos ist auch sehr hoch geworden. Aber auch hier kommt es letztendlich auf die Musik an.

Was sind die Vorteile eines kleinen Labels?
WOLFGANG SCHRECK: Ein kleines Label ist ein familiärer Betrieb, man kennt sich besser untereinander. Ideen können individueller umgesetzt werden und es gibt keine Instanzenwege. Früher war es noch die Möglichkeit, näher an der Szene zu sein, aber die Großen haben ihre Scouts inzwischen auch an der Basis, so daß die Trennung klein/groß immer kleiner wird.

Und die Nachteile?
WOLFGANG SCHRECK: Mangelndes Geld und das dadurch resultierende Desinteresse der großen Musikmagazine und Sender. Letztendlich ist die Höhe der Promotionetats ausschlaggebend für den Verkaufserfolg. Man muß als kleines Label heute genauso professionell sein wie die großen Labels.

Was sollte eine Band mitbringen, wenn sie sich bei einer Plattenfirma bewirbt?
WOLFGANG SCHRECK: Heutzutage sollte eine Band, die wirklich Erfolg haben will, bereit sein, Knochenarbeit zu leisten, sprich zu touren, auch für niedrigere Gagen. Pressekontakte sollten ebenfalls vorhanden sein. Denn eins ist klar: Nur wenn alle mit am Strick ziehen, hat man heute noch gute Chancen.

**Wenn Britpop aus Mühlhausen (Thüringen) kommt,
dann kann man nur in Köln unterschreiben:
THE CAINE haben einen Plattenvertrag bei BIG NOISE.**

Was war der derbste Moment in Deiner bisherigen Labelgeschichte?
WOLFGANG SCHRECK: Der derbste Moment war vor drei Jahren, als ich den Großhändler wechselte und eine hohe fünfstellige Retourenrechnung bekam. Zeitgleich kam eine ebenfalls fünfstellige GEMA-Forderung und das Finanzamt mit einem fehlerhaften Bescheid. Innerhalb weniger Tage war ich unverschuldet arm wie eine Kirchenmaus. Ich wünschte es wäre Nacht und die Preußen kämen, dachte ich mir da. Aber innerhalb eines halben Jahres war dann alles überstanden. Derbe war auch eine der ersten Erfahrungen mit einer unbekannten Band aus Köln, die tatsächlich glaubten, daß wir es als kleines Indielabel schaffen, sofort einen Chartsplatz ergattern zu können. Mit 500 Vinylmaxis! Das sind dann schon Momente, wo man alles hinwerfen könnte.

Auch schon wieder seit fünfzehn Jahren im Geschäft: Wolfgang Schreck vom Label BIG NOISE

Warum hast Du letztendlich weiter gemacht?
WOLFGANG SCHRECK: Weitergemacht deshalb, weil die Mehrzahl der Bands und Musiker liebe Leute sind, und schwarze Schafe gibt es überall. Zudem ist ein Label im Laufe der Zeit zu einer »Institution« herangewachsen, und Verträge verpflichten auch langfristig. 90% der Erlebnisse sind letztendlich gut. Wie schon vorher erwähnt, macht es Spaß mit verschiedenen Techniken in Berührung zu kommen, sei es Tontechnik oder die Covergrafik, der Druck usw. Bei einem kleinen Label ist es noch möglich, all diese Schritte selber zu begleiten oder zu überwachen. Ich kenne inzwischen Leute in den möglichen und unmöglichsten Ecken der Erde und bekomme so, dank Internet, ein ganz anderes, viel realistischeres Bild der realen Welt mit. Die Erde wird zu einem globalen Dorf. Kürzlich ist es mir gelungen, drei CD Produktionen nach Süd Korea zu lizensieren, und derzeit arbeiten wir an einem Vertrag mit einem philippinischen Label. Das sind Länder, die ich sonst nur vom Fernsehen kenne, und so entsteht ein ganz anderer Bezug zu diesen Ländern. Wenn ich es so überlege, gibt es viele solcher kleinen Dinge, die einen dann doch wieder weitermachen lassen.

Was lief falsch, wenn eine Platte floppt?
WOLFGANG SCHRECK: Fehler kann es Tausende geben. Aber es gibt Unwägbarkeiten, Dinge, die nicht zu beeinflussen sind. Du kannst wirklich alles richtig gemacht haben, und trotzdem liegt die Platte wie Blei in den Regalen. Es gibt keinen direkten typischen Fehler, aber am Anfang werden schnell die Möglichkeiten überschätzt und der Arbeitsaufwand unterschätzt. Wer am Wochenende auf sein Partyvergnügen oder Partner nicht verzichten will, sollte besser kein Label machen, denn Freizeit ist rar.

Die Leute haben zudem nicht mehr soviel Geld zur Verfügung, und Urlaube oder Auto stehen immer mehr im Vordergrund. Außerdem erscheinen wöchentlich zuviele Platten, und der Handel selektiert immer mehr. Wenn du den falschen Disponenten erwischst, hast du Pech gehabt. Ein Flop ist theoretisch jederzeit genauso möglich wie ein kleiner Hit.

Welche Tips würdest Du Leuten geben wollen, die auch ein Label gründen wollen?
WOLFGANG SCHRECK: Nicht zuviel CDs wahllos rausschmeißen, nicht zu elitär sein und vor allem dran bleiben und Ausdauer haben. Ein großer Fehler von jungen Labels ist oft, bei den ersten Produktionen zu klotzen. Eine Newcomerband braucht kein 16seitiges Booklet oder sonstigen Schnickschnack. Der Inhalt ist wichtiger, und nur darauf wird am Anfang

geachtet. Eine gute professionell produzierte CD muß nicht teuer sein und kann trotzdem teuer aussehen. Bedenklich ist vor allem in der Alternative und Elektronik-Szene die Labelflut. Es vergeht kein Tag, an dem nicht bei einem Interview eine Band/Projekt/DJ verkündet, daß er/sie jetzt ihr eigenes Label haben. Jeder für sich und nur nicht mit anderen. Dadurch schwächt sich die Musikszene selber. Nur gemeinsame Aktionen bringen viel mehr. Das HiFi-Network z.B. ist so eine positive Sache. Ein Zusammenschluß von unabhängigen Labeln mit dem Ziel, Erfahrungen und Kontakte auszutauschen und gemeinsame Aktionen zu planen.

Na, immer noch Lust, eine Eigenproduktion durchzuziehen? Schön, dann mal hier weiterlesen:

DIE AUFNAHMEN

Ihr habt doch jetzt hier nicht ernsthaft Tips erwartet? Ihr seid die Musiker, nicht ich (ich spiele maximal Telefon und PC, das allerdings ganz gut...). Allerdings weiß ich, daß die Zeit im Studio immer zu knapp ist, und daß Ihr die ersten (in vielen Fällen glücklicherweise auch die einzigen) seid, die mit dem Ergebnis nicht zufrieden sind. Wahrscheinlich ist das der Lauf der Dinge: irgend etwas hatte nicht richtig geklappt, was im Proberaum logisch und einleuchtend war, funktionierte im Studio nicht mehr. Dagegen ist man nicht gewappnet, das ist nun mal so. Es gibt da keine Geheimrezepte! Dennoch: macht immer das beste daraus, solche scheinheiligen Entschuldigungen wie »Fürs erste mal ist es doch ganz okay« oder »Dafür, daß wir nur ein Wochenende hatten...« Das zählt alles nicht. Auch bei Konzerten hat man das ja oft: »Wir haben nur dreimal geprobt!« Doch das interessiert eigentlich nicht: als Konsument gehst Du in ein Konzert und willst Dich amüsieren, Du willst für die paar Mark, die Du an der Abendkasse lassen mußtest, eine verdammt fette Show erleben. Ähnlich verhält es sich mit der CD, die Du zu Hause in den Player schiebst. Du fragst Deinen/r PartnerIn vielleicht, ob er/sie lieber Hardrock oder Schnulze hören möchte, aber wohl nicht, ob der/die jenige jetzt einen amtlichen Sound oder einen, der an nur einem Wochenende entstanden ist, bevorzugt. Entschuldigt Euch nicht! Das hat sowas von der »Wir waren jung und brauchten das Geld«-Mentalität. Manchmal bringt man jemandem auch erst darauf: Achtung, was jetzt kommt, ist nicht so gut! Also: schon zum Ergebnis stehen. Das heißt aber auch, aus allem das beste machen, weil schief geht – wie eben beschrieben – schon eine Menge von allein. Das bedeutet beispielsweise auch, um mal der Überschrift dieses Kapitels gerecht zu werden, Augen auf bei der Studiosuche. Nicht nur gucken, welche technischen Möglichkeiten da stehen und was es unterm Strich kostet, sondern auch darauf achten, was für Typen dort arbeiten. Neulich erzählte mir ein befreundeter Musiker, daß sie im Studio vom Tonmenschen ständig zur Sau gemacht wurden. Der hatte die Jungs regelrecht eingeschüchtert, daß die nur noch froh waren, als sie alles fertig hatten. Die schlechte Arbeitsatmosphäre hört man nun dem Silberling, der darauf entstand, an. Schade eigentlich. Sicher, wenn man jemandem erstmalig gegenüber steht, weiß man nie, ob sich der jenige noch entpuppen kann, aber manchmal hat man ja so ein Gefühl im Bauch. Das täuscht bekanntermaßen selten. Sprecht die Jungs vom Studio genau an, was Euch auf dem Herzen liegt, zum Beispiel, wenn um 18.00 Uhr Schluß sein soll und Ihr aber gerade erst zehn vor sechs so richtig gut drauf seid. Das klingt jetzt alles banal und lächerlich, kann aber nachher lebenswichtig sein!

DIE CD-PRESSUNG

So wie es immer mehr Labels und immer mehr Bands gibt, gibt es auch immer mehr CD-Preßwerke. Dadurch definiert sich die »Preßwerkszene« immer wieder neu, irgendwelche neuen Begebenheiten führen zu neuen Situationen in der CD-Hersteller-Industrie und das wiederum ständig zu neuen Ergebnissen in der Preispolitik. Insofern kann ich Euch jetzt gar nicht die preiswertesten Anbieter aufzählen, es gilt also, selbst Augen und Ohren offen zu halten. Die vorhin angegebenen Internetadressen beherbergen zum Teil auch CD-Hersteller-Adressen, in diesem Zusammenhang ist also das Aufrufen dieser Seiten einmal mehr empfohlen. In Musikerfachmagazinen werben auch diverse Anbieter mit Sonder- und Werbeangeboten, da solltet Ihr in jedem Fall einen Blick für haben. Da die Preise bei vielen Anbietern ähnlich sind und auch die Qualität, lassen sich einige immer mehr einfallen, um Euch als Kunden gewinnen zu können. So bieten sie teilweise notwendige Dinge wie Labelcode-Nummer oder den EAN-Strichcode mit an. Das kann nur Euer Vorteil sein: Ihr könnt Euch um ein paar Dinge weniger kümmern (auch nicht schlecht, wenn man als Musiker mal wieder Zeit hat, um Musik zu machen) und habt ein paar Sachen, um die Ihr Euch sonst extra nervenaufreibend kümmern müßtet, schon inklusive. Da solltet Ihr echt gucken, wer Euch was zu welchem Preis anbietet. Da müßt Ihr sowieso aufpassen: So ein Preisangebot ist ja immer eine Ansichtssache. Bei einem Anbieter heißt es, 1000 CDs kosten nur 1000,– und beim nächsten kostet die gleiche CD-Menge 2000,–. Gelernt ist gelernt, denkst Du, und schielst sofort zum 1000,– Anbieter, aber während der 2000,– Anbieter sämtliche Leistungen wie Glasmaster etc. schon inklusive hat, berechnet der günstigere diese extra und ist unterm Strich gar nicht mehr günstig. Das ist wie bei der Mitropa in den Bundesbahnzügen: wenn Du Dir dort ein Steak bestellst, mußt Du für Kartoffel oder Reis auch extra löhnen.Mehr Hinweise bedarf es an dieser Stelle nicht, die meisten CD-Hersteller haben ausführliches Informationsmaterial und/oder gutes Personal (wenn nicht, seid Ihr schon mal falsch), die Euch helfend zur Seite stehen (wie groß ist das Booklet?, welches Raster muß das Litho haben? usw.) Auch mit dem »Compact Disc«-Logo, welches auf jeder CD erscheinen muß, können Euch die Kollegen vom Preßwerk bestimmt weiterhelfen.

CD-PRESSWERKE

An dieser Stelle möchte ich Euch ein paar Preßwerke nennen, daß es gerade diese sind und nicht irgendwelche anderen, ist dabei Zufall. Es sind also keine Empfehlungen. Fordert Euch am besten ein paar Angebote an und vergleicht selbst. Wem Karsten Zinsik von Noiseworks Records durch das voran geführte Interview sympathisch ist, kann sich auch bei ihm melden, denn er hat nicht nur ein Label, sondern bietet auch CD-Pressungen an. Außerdem möchte ich Euch noch die Firma Goodlife Records ans Herz legen. Ob sie die günstigsten sind, kann ich nicht beurteilen, auf jeden Fall kennen sie aber die Nöte und Sorgen der Musiker. Ihre Adressen:

Noiseworks Records	Goodlife Records
P.O. Box 310	St. German-Str.7
09028 Chemnitz	67346 Speyer
Telefon (0371) 42 98 66	Telefon (06232) 29 06 81
Ansprechpartner: Karsten Zinsik	Ansprechpartner: Bernd Wohlleben

CD-HERSTELLER-ADRESSEN

ABC-ROXXON-TONTRÄGER-
SERVICE
Gustaf-Adolf-Str. 18
30167 Hannover
Telefon: 0511 703380
Telefax: 0511 703381
Internet: http://www.roxxon.music-
radar.de

BARKA GMBH
Heidenkampsweg 77
20097 Hamburg
Telefon: 040 23654-0
Telefax: 040 23654-188
E-Mail: info@barka.com
Internet: http://www.barka.com

BERLIN OPTICAL DISC GMBH
Gustav-Meyer-Allee 25
13355 Berlin
Telefon: 030 4670840
Telefax: 030 4634602

BERND GIEZEK RECORDS
Südanlage 15
35390 Gießen
Telefon 0641 – 97462-0
Telefax 0641 – 9746222
Internet: www.bgRECORDS.com

CALIFORNIA-SOUND-SERVICE
Altenhof 1
42991 Leichlingen
Telefon: 02175 6844 oder 2070
Telefax: 02175 6844

COOLMUSIC
Remscheider Str. 101
42369 Wuppertal
Telefon: 0202 2461363
Telefax: 0202 2461364

CRS-IMMEDIATE
Paul-Ehrlich-Str. 17
63322 Rödermark
Telefon: 06074 89180
Telefax: 06074 891899

DISC SERVICE GMBH
Fleischstr. 32
54290 Trier
Telefon: 0651 9982472
Telefax: 0651 9982473
Internet: www.discservice.de

EASYPLAY GMBH & CO
Waltgeristr. 62
32049 Herford
Telefon: 05221 21119
Telefax: 05221 21276
E-Mail: easyplay@-online.de
Internet: http://www.easyplay.de

EURO DIGITAL DISC PRODUC-
TIONS GMBH
Friedrich-Engels-Str. 42
0282 Görlitz
Telefon: 03581 8532-0
Telefax: 03581 8532-23
E-Mail: info@euro-digital-disc.de
Internet: http://www.euro-digital-
disc.de

HOUSE OF AUDIO
Lußhardtstr. 1
76689 Karlsdorf
Telefon: 07251 34720
Telefax: 07251 40756
E-Mail: office@houseofaudio.com

JAYSOUND PRODUCTION
Postfach 101308
57013 Siegen
Telefon: 0271 336366
Telefax: 0271 2381223
E-Mail: info@jaysound.com
Internet: http://www.jaysound.com

MAGNAMEDIA CD PRODUKTIONS GMBH
Sonnenallee 225
12057 Berlin
Telefon: 030 68997-1
Telefax: 030 68997-269

OPTIMAL MEDIA PRODUCTION GMBH
Glienholzweg 7
17207 Röbel
Telefon: 039931 56-500
Telefax: 039931 56-555
E-Mail: info@optimal-online.de
Internet: http://www.optimal-online.de

PANTEON TONTRÄGER GMBH
Joseph-von-Frauenhofer-Str. 7
52477 Alsdorf
Telefon: 02404 9406-0
Telefax: 02404 9406-19

PHONOSOUND MUSIK-PRODUKTIONS GMBH
Grottenstr. 2
82239 Alling bei München
Telefon: 08141 37011
Telefax: 08141 37013
E-Mail: post@phonosound.de

PILZ PRODUCTIONS
Ackerstr. 40
32051 Herford
Telefon: 05221 911738
Telefax: 05221 911739
E-Mail: PilzProduction@t-online.de

PROSOUND-TONTRÄGERHERSTELLUNG
Hasenberg 20-22
30419 Hannover
Telefon: 0511 756789

QUALITAPE PIT & LAND
Wilhelmstr. 3
59348 Lüdinghausen
Telefax: 02591 795522
E-Mail: support@pit-und-land.de
Internet: http://www.pit-und-land.de

RECORD PARTNER GMBH
Borsteler Chaussee 85/15
22453 Hamburg
Telefon: 040 5116617
Telefax: 040 5114488

RED STONE MUSIC
Am Roten Stein 9a
35216 Biedenkopf
Telefon 06461 923222
Telefax 06461 4523
E-Mail: RedStM@aol.com

SKYWALK RECORDS
TONTRÄGER GMBH
Auf der Geig 5
54311 Trierweiler
Telefon: 0651 88185
Telefax: 0651 88194
E-Mail: pressung@skywalk.de
Internet: http://www.skywalk.de

SNA COMPACT DISC GMBH
Wiesenhüttenstr. 17
60329 Frankfurt am Main
Telefon: 069 24271481
Telefax: 069 230682

SONOPRESS
Carl-Bertelsmann-Str. 161 F
Telefon: 05241 805200
Telefax: 05241 73543

SOUND STATION
Am Sondert 22
40883 Ratingen
Telefon 02102 67907
Telefax 02102 66903

TMK MUSIKPRODUKTION
& VERLAG
Sebastianstr. 141
50735 Köln
Telefon: 0221 9714060
Telefax: 0221 97140617
E-Mail: tmk-koeln@tmk.net
Internet: http://www.tmk.net

ZYX MUSIC GMBH & CO KG
Benzstr., Industriegebiet
35799 Merenberg
Telefon: 06471 505-0
Telefax: 06471 505198

DAS COVER

Hier kann ich mich nun bereits wiederholen: das Auge hört mit! Und die Punkte, die ich in Zusammenhang mit der Aufmachung von Info, Foto und Plakat erwähnt hatte, finden nun auch hier ihre Gültigkeit. Natürlich könnt Ihr geile Konzerte geben und das Publikum von Eurer fantastischen Show so blenden, daß sie Eure Songs auch in einer ollen Pappschachtel kaufen würden, aber im CD-Geschäft neben grellen oder gar blinkenden CD-Verpackungen hätte Eure Pappschachtel wohl kaum eine Chance (es sei denn, Ihr seid die Kultband schlechthin und somit dann auch Eure Pappschachtel). Obwohl das Cover das Aushängeschild der CD ist, praktisch den ersten Blickfang für den Konsumenten darstellt und mit ein bißchen Geschick »KAUF MICH!« suggeriert, wird das Cover meist stiefmütterlich behandelt. Ihr nehmt in einem extratollen Studio auf, es müssen unbedingt so und soviel Spuren sein, Ihr laßt extra noch Backgroundsängerinnen einfliegen (na gut: anfahren!) und beim Cover sagt Ihr: das machen wir selbst. Prompt scannt der Drummer (z.B.) Euer Bandfoto an seinem heimischen PC ein und schreibt den Band- und Albumnamen mit einer billigen Computerschrift darauf, die der Schrift der Außer-Haus-Pizza-Karte des Italieners gleich um die Ecke bei Euch ziemlich ähnlich sieht. Schade! Ich bekomme viele Newcomer-CDs geschickt, die wie alle (langweiligen) CDs aussehen, und schon ist die Motivation, gleich etwas großartiges zu entdecken, verdammt eingeschränkt. Es ist mir schon klar, daß das ja alles Geld kostet, und daß das eben schnell alle ist, so daß Euch gar nichts anderes übrig bleibt, als an irgendwelchen Enden zu sparen. Also eben am Cover: na gut, aber wie bei allem gilt: das beste daraus machen! Folgender Schritt ist nämlich gefährlich: Ihr friemelt Euch was am Computer zurecht, kommt damit zum Preßwerk und die sagen: »Da lassen sich keine Lithos draus machen, aber kein Problem, das geben wir nochmal in unsere Grafikabteilung!« Toll!!! In die Grafikabteilung... macht nochmal 800,– Mark extra! Wirklich schon passiert. Deshalb gleich überlegen, wer kann mir das richtig machen? Stiefelt einfach in kleine Werbeagenturen! Eventuell habt Ihr ja Glück und trefft auf Leute, die den ganzen Tag nur Speisekarten entwerfen und sich darüber freuen, auch mal ein CD-Cover entwerfen zu können. Das kostet manchmal nur DM 150,– und ist eine echt lohnenswerte Aktion! Was ich auch schon erwähnt hatte (bei Plakaten, Infos etc.): Denkt an das Prinzip der vier Farben bei Drucksachen. Wirklich bunt ist immer vierfarbig, aber es gibt gute Möglichkeiten, auch mit nur zwei Farben ein optimales Ergebnis zu erzielen, was dann im Druck etwas preiswerter wäre. Beispiel: Ein schwarz/weiß-Foto leicht gelblich eingefärbt (Duplex heißt das!), dadurch wirds leicht bräunlich, und gelbe Schrift: das ist zweifarbig. Das Beispiel von den Plakaten, s/w-Bild und rote Schrift (ebenfalls zweifarbig) funktioniert genauso. Dieses Beispiel läßt sich beliebig variieren. Und noch etwas: wenn Ihr zum Beispiel mit einem Silber arbeitet (also kein glänzendes Grau, sondern Silber), dann sind das ZUSATZfarben, und das kostet – ganz klar! – ZUSATZgeld.

DER LABELCODE

Vorhin schon beiläufig als Mitlieferservice der CD-Hersteller erwähnt, bekommt der Labelcode, im Jargon: die LC-Nummer, hier nochmal seine eigenen Zeilen. Denn scheinbar nur ganz klein direkt auf der CD angebracht und beinahe unwichtig, ist es eine DER Nummern: mit ihr kann nämlich EDV-gerecht die Sendeminuten bei TV und Radio eines Labels ermittelt werden. Diese Nummer erhalten Tonträgerhersteller und Labels von der Gesellschaft zur Verwertung von Leistungsschutzrechten, kurz: GVL, von der an späterer Stelle nochmal etwas ausführlicher die Rede sein wird. Die Labels bekommen von der GVL für jede Sendeminute eine gewisse Lizenz. Nicht nötig, sagt Ihr spendabel, die paar mal, die man uns im Radio hört, muß man doch nicht extra abrechnen... Aber Irrtum: Rundfunkstationen rechnen grundsätzlich über die LC-Nummern ab. So kann es passieren, wenn keine LC-Nummer auf Eurer CD zu finden ist, daß sie auch nicht im Radio gespielt wird. Ihr könnt praktisch die besten Songs seit langem abliefern, aber ohne Labelcode läßt sich da Dank der Bürokratie nichts machen!!! Das Problem dabei: wenn Ihr morgen bei der GVL anruft: Guten Tach, wir sind Gruppe XY und bringen übermorgen unsere erste CD auf unser eigens dafür gegründeten Label XY-Records heraus, dann wollen die erstmal eine CD von Euch sehen, obwohl Ihr die ja erst pressen lassen wollt, wenn der Labelcode da ist. Das klingt recht unglaublich, aber vielleicht ändert sich ja schon in Kürze etwas, bestimmt genauso wie die derzeit noch vierstelligen LC-Nummern auf fünf Stellen. Solange es aber noch Probleme bereitet, solltet Ihr Euch nicht künstlich aufregen, sondern lieber schauen, woher Ihr die Nummer noch bekommen könntet. Meine Alternativen: entweder Preßwerk suchen, die das mit anbieten, oder Mitglied im Deutschen Rock- und Popverband werden, die bieten das auch an. Wer seine CD unter keinen Umständen ans Radio und Fernsehen schicken möchte, kann auf diese Nummer getrost verzichten.

DER EAN-CODE

Was ist das denn schon wieder? Ihr wolltet zwar ein Album mit zwölf Nummern, allerdings hattet Ihr an Songs gedacht und nicht an numerische Zahlenkombinationen. Nun, der EAN-Code ist der Strichcode, der wohl inzwischen auf jeder Ware zu finden ist. Diese schönen Striche, bei denen es im Supermarkt – fährt man mit einem kleinen Gerät darüber – PIEP oder bestenfalls DÜÜT macht. Diese Anti-AIDS-Werbung »Erna, was kosten die Kondome?« läßt uns zwar immer noch schmunzeln, aber wir wissen, daß diese Szene längst überholt ist. Heute machts DÜÜT und der Preis steht in der Kasse (meistens jedenfalls). Warum soll da ausgerechnet Eure CD nicht so einen Strichcode haben? Wie schon bei der LC-Nummer: viele Hersteller liefern ihn mit, ansonsten meldet Ihr Euch bei der

Centrale für Coorganisation GmbH
Maarweg 133
50825 Köln
Telefon (0221) 94714 – 0
Telefax (0221) 94714-990
Internet: www.ccg.de
E-Mail: info@ccg.de

DIE ISRC-NUMMER

Kann man Nummern wie EAN- und Label-Code noch toppen? Man kann, schließlich befinden wir uns im Zeitalter der Digitalisierung in der Unterhaltungselektronik... Und zwar mit der ISRC-Nummer, die speziell dann notwendig ist, wenn die Tonaufnahmen per elektronischer Lieferung (Music on Demand) oder über digitalisierte Rundfunkstationen kommen. Bahnhof??? Der ISRC ist eine zwölfstellige digitale Kennung von Tonaufnahmen. Seine Besonderheit ist es, daß er im Subcode digitaler Aufnahmen unhörbar mitgeführt wird. Die Verbände der Tonträgerhersteller sehen im ISRC den Schlüssel zur künftigen Administration von Lizenzen. Sicher momentan noch nicht für jedermann nötig, aber so etwas geht ja immer schneller als man denkt. Nähere Informationen gibt es unter:

Bundesverband der Phonographischen Wirtschaft e.V./
Deutsche Landesgruppe der IFPI e.V.
Grelckstr. 36
22329 Hamburg
Telefon (040) 589747 – 0
Telefax (040) 589747 – 47
Internet: www.ifpi.de
e-Mail: rothaug@phono.de

GEMA-GEBÜHREN

Die GEMA hat es inzwischen bis zu den Stammtischwitzen geschafft: »ICK MUSSMA« – »DANN GEMA« – »HALT ERST GEMA-GEBÜHR ZAHLEN!«. Die GEMA wird konkreter an späterer Stelle vorgestellt, aber so blöd dieser Witz eben war, zeigt er doch deutlich, daß die GEMA selbst im außermusikalischen Leben präsent ist. Die GEMA möchte von jeglicher Musikaufführung eine Gebühr (um es jetzt mal vereinfacht darzustellen), natürlich immer mit dem lobenswerten Hintergrund, daß das den Musikern zugute kommt. Also: wenn Du beim Friseur sitzt und es tönt Musik aus dem Radio, weißt Du, die müssen GEMA-Gebühr dafür bezahlen. Selbst im CD-Laden ist das so, und hier zeigt die GEMA, daß sie nicht immer in Eurem Sinne denkt: der Laden hat nämlich die Möglichkeit, aus verschiedenen Varianten zu wählen: entweder Musik aus dem Radio oder Musik vom Band/CD usw. Und jetzt kommts dicke: der CD-Händler, der Eure wunderschöne Musik laut spielt, damit der eine oder andere Kunde in seiner spontanen Kaufentscheidung beeinflußt wird, zahlt mehr, als der, der den ganzen Tag das Radiogedudle laufen läßt. Folgerichtig wird der Händler nur noch Radiomusik laufen lassen (vielen Dank GEMA!). Das haut Euch um, aber es geht noch besser: für Eure eigene CD müßt Ihr nicht nur Studio, CD-Pressung, CD-Cover usw. bezahlen, sondern auch GEMA-Gebühren. Ganz klar, einen Großteil der Kohle bekommt Ihr wieder, weil Ihr ja im vorliegendem Fall nicht nur die CD-Herausgeber, sondern auch die Komponisten/Autoren seid. Dennoch: die Kohle ist erstmal weg. Selbst bei reinen Promo-CDs, die nur an die Clubs oder an die Plattenfirmen gehen sollen (damit die GEMA endlich auch mal ein bißchen mehr verdient) müßt Ihr – wenn auch vermindert – GEMA-Gebühren zahlen. Das ist schon irgendwie der Hammer!

DER CD-EIGENVERTRIEB

Ihr habt nun alle einzelnen Schritte beachtet und – weil das von Euch gewählte Preßwerk ein besonders schnelles war – haltet Ihr jetzt Eure erste eigene CD in der Hand! Ein unbeschreiblicher Moment – und deshalb hier ohne weitere Kommentare von mir. Die CD liegt also auf Eurem Tisch in nicht zu geringer Stückzahl und die ganze Verwandt- und Bekanntschaft ist platt (Eure Mütter hören keinen Unterschied zwischen Euch und U2). Also möchte man die Silberlinge an die Frau/an den Mann bringen. Ihr müßt versuchen, Eure CDs auf Kommission in die Läden Eurer Region zu bringen, ist da so ein Tip von den musikalischen Fachleuten. Nicht schlecht, aber was ist, wenn Ihr eben nicht auf einem Dorf/in einer Kleinstadt lebt. Versucht mal in ganz Berlin oder Frankfurt/M Euren Silberling zu plazieren. Eben! Außerdem ist wohl ein richtiges CD-Shop-Sterben zu beobachten. Der kleine Einzelhändler, der auch mal Spaß daran hatte, einen regionalen Newcomer auch ohne Company gut zu plazieren, mußte längst dicht machen, weil sich auf seinem ehemaligen Terrain die Pro- und Mediamärkte breit machen. Diese Märkte haben zwar genauso nette Händler, aber sie haben EDV-Systeme, in denen Eure Eigenproduktion logischerweise nicht gelistet ist. Und das ist ein Problem, so daß die Präsenz in den Läden einfach an technischen Voraussetzungen scheitert. Außerdem ist so eine Fachmarktkette aus buchhalterischen Gründen gar nicht in der Lage, Eure CDs auf Kommission zu nehmen. Probiert es trotzdem: es gibt immer noch Händler, die die »Newcomerpflege« (ich weiß, ein komisches Wort, wir nennen es aber trotzdem mal so) für wichtig erachten. Und mit ein bißchen Hartnäckigkeit schafft man es auch in den MediaMarkt. Der dortige Einkäufer muß nur wirklich wollen. Natürlich müßt Ihr auch einen negativen Entschluß akzeptieren, der Mann/die Frau hat nicht viel Zeit, und wenn er/sie in einem halben Jahr vielleicht eine CD von Euch verkauft, aber trotzdem schon mal eine halbe Stunde an Organisationszeit braucht, um Euch irgendwie per Sondernummer ins Bestellprogramm zu listen, dann steht das in keiner Relation. Andererseits sollten diese Fachmärkte ruhig ein bißchen Kundennähe demonstrieren. Ihr habt nämlich einen großen Bekanntenkreis, der es gar nicht fassen kann, daß Euer Silberling im Fachmarkt zu haben ist, und gucken sich das vor Ort an. Den kaufen sie natürlich nicht dort (sie haben ihn ja von Euch schon geschenkt bekommen), aber sie nehmen noch ein Walt Disney-Video und ein paar Staubsaugertüten mit. Bestimmt keine Theorie, aber sicher sind das ja nur Peanuts, weshalb mein Vorschlag zum Kundenfang an den entscheidenden Stellen wohl eher zum Lächeln als zu ernsthaften Überlegungen führt. Nun denn, Eure

CD findet trotzdem den Weg in einige Geschäfte (auch wenn Euch klar sein sollte, daß Ihr die meisten während der Konzerte verkauft), doch der CD-Händler nimmt Euer Scheibchen nicht, damit er mal wieder einen Tonträger im Shop zu stehen hat, sondern weil ihr ihm handfeste Argumente liefert.

ARGUMENTE FÜR DEN HANDEL

Der Händler kann aus einer extrem großen Vielfalt wählen, das ist zum einen sehr schön, zum anderen muß der Händler ein Gespür entwickeln, denn der Laden brummt nun mal am besten, wenn er die CDs in seinen Regalen zu stehen hat, die sich auch am schnellsten verkaufen lassen. Nun wissen wir alle, daß das gemeine Volk nicht in die Läden stürmt und dem Händler sagt, wir wollen mal in hundert CDs reinhören, vielleicht ist ja eine dabei, die gefällt, sondern auf äußere Reize reagiert. Zum Beispiel TV-Werbung. Oder auf anderweitig gut plazierte Dinge. Andrea Bocelli wurde erst ein Star (na gut, er war vorher schon einer, aber ich meine, ein massenkompatibler), als Henry Maske den Song »Time To Say Goodbye« bei seinem allerletzten Kampf einsetzte. Die Händler schmunzeln heute noch, als ganz Deutschland in die Tonträgergeschäfte rannte und das »Henry-Maske-Lied« bzw. »Das Lied vom Boxkampf« haben wollte. Wahrscheinlich war das der letzte Lichtblick in der sonst trostlosen Situation der CD-Geschäfte. Und von solchen Kampagnen muß der Händler natürlich wissen, damit er besser einschätzen kann, ob er die CDs, die er da so einkauft, auch wirklich wieder los wird.

In der Praxis sieht es dann so aus, daß der Händler ein Infoblatt erhält, auf dem nicht nur Band, Album und ein Vierzeiler, der aus dem typischen Bandinfo stammen könnte, steht, sondern eben auch alle Aktivitäten zur Veröffentlichung.

Beispiel:

Nach ihrer Hitsingle »Come To Sin« kommt jetzt endlich das Album!
BANANAFISHBONES »Viva Conputa«

TV-Werbung:
12.03. – 14.03. und 15.03. – 19.03.99 auf MTV, ca. 35 Spots

Anzeigen in den Märzausgaben von:
Hammer, Intro, Gaffa, Live in Concert, KulturNews, Piranha, Astan, Visions

Erste Pressestimmen:
»Bananafishbones sind das Vitalste, was die aktuelle deutsche Musikszene zu bieten hat...« (ME/Sounds)
»Klasse Scheibe« (Gitarre & Baß)
»Schräge Alpenpower« (Bravo)

Radiosenderreise:
in der VÖ-Woche durch alle Medienstädte

Mailing:
an 10.000 Endverbraucher mit Gewinnspiel in der Woche zur VÖ.

Zusatzplakatierung:
in allen relevanten Medienstädten zur Tour

Die Tour zum Album durch Deutschland, Österreich und Schweiz.
Zeitraum: März/April/Mai 1999

Das ist ein Beispiel und dabei möchte ich es auch belassen, da sich die meisten ähneln. Dieses Argumenteliefern für den Händler wird bei allen Veröffentlichungen so gehandhabt, egal, ob Backstreet Boys oder frisch\ gesignte Kellercombo. Nur die Formulierungen werden mit der Zeit immer witziger, speziell dann, wenn eigentlich noch nichts genaues feststeht, man aber so tun will. Wenn es eben noch keine genauen Tourdaten gibt, schreibt man »Umfangreiche Tourmaßnahmen in Planung« (z.B.), wenn die Printmedien überhaupt nicht reagieren, schreibt man »Umfangreiche Bestückung der Medien«, reicht das Porto nicht für alle Medien aus, schreibt man »Bestückung aller relevanten Medien« (welches Musikmagazin ist eigentlich relevant?), legt man nicht nur CD, sondern vielleicht auch einen Aufkleber mit in die Post, schreibt man »Bestückung aller relevanten Medien mit CD und Gimmick«. Damit möchte ich Euch nicht zeigen, wie blöd die alle sind, sondern, daß Ihr bei der Auflistung Eurer Argumente nicht so bescheiden sein sollt und eben ein bißchen auf die Formulierungen achtet.

Die Argumentation Eurer Band könnte zum Beispiel so aussehen:

Band »X« – Album »Y«
Nach unzähligen Konzerten, u.a. mit Gruppe »Z« und Gruppe »ZZ«, endlich das Debütalbum »Y«.

Die Gruppen »Z« und »ZZ« natürlich nur erwähnen, wenn sie schon bekannter sind als Ihr. Damit Händler, die sich nicht extra Eure Platte anhören wollen (ich weiß, sie sollten es tun!), Eure CD trotzdem ins richtige Regal sortieren, könntet Ihr folgenden Einzeiler vermerken:
file under: Gothic/Independent

**Die Band aus Bad Tölz singt sogar mit Franka Potente im Duett:
BANANAFISHBONES**

Dann die Argumente: Ein befreundeter Rundfunkredakteur meinte, er wolle den einen oder anderen Song mehrmals im Radio spielen, dann vermerkt z.B.

»*Massives Airplay auf Radio ???*«

Massiv ist ja immer relativ und der Rundfunkredakteur meinte ja »mehrmals«, das ist ziemlich massiv!

»*Tour zur Album-VÖ*«

Wenn schon ein paar Termine stehen, dann listet sie mit auf. Sind das noch zu wenige, dann fügt hinzu »Weitere Termine in Planung«

»*Plakatierung: in den Tourstädten!*«

Logisch, wo sonst? (es sei denn, Ihr plakatiert nochmal extra nur wegen der CD, aber das ist bei Eigenproduktionen eher unüblich...)

»*Bestückung aller relevanten Medien*«

Ganz klar, Ihr bestückt auch Zeitschriften und Musikmagazine, natürlich nicht alle, also eben nur die relevanten. Vor allem heißt diese Zeile nichts weiter, als daß Ihr Eure CD verschickt. Ob die zuständigen Redakteure jemals reinhören oder gar etwas darüber schreiben, wißt Ihr selber nicht – und habt Ihr auch gar nicht behauptet. Wenn Ihr allerdings im Vorfeld schon ein positives Feedback erhaltet, dann solltet Ihr in Euren Formulierungen konkreter werden: z.B. großes Feature im Stadtmagazin Cityexpreß, »Gruppe der Woche« in der Gütersloher Glockenpost usw.

Da Ihr sicher keine Anzeigen in den Magazinen schaltet und mit Sicherheit auch keine TV-Werbung, laßt Ihr solche Punkte einfach weg. Das Aufzählen der tollsten Argumente ist natürlich noch lange keine Garantie, daß der Händler Euch die CDs auch wirklich abnimmt. Aber es passiert so mit Sicherheit eher, als ohne Verkaufsargumente.

Dennoch solltet Ihr nicht jeden Händler, der Eure Tonträger nicht nimmt, verdammen oder ihm gar zwei MediaMärkte in unmittelbarer Nähe wünschen, denn was im Handel so alles passieren kann, zeigt der nächste Abschnitt.

HANDELT DER HANDEL?

CD-Händler/CD-Einkäufer der größeren oder zumindest der noch gut laufenden Geschäfte können sich glücklich schätzen, sie bekommen die notwendigen Informationen, die man benötigt, um up to date zu sein, ins Haus getragen. Und zwar von den Außendienstmitarbeitern der Plattenfirmen und Vertriebe.

So ein Vertreterbesuch einer Plattenfirma bei einem Einzelhändler muß in den fünfziger und sechziger Jahren so abgelaufen sein: Den ganzen Tag schon erwartet, darf der Plattenfirmenrepräsentant bei Kaffee und Kuchen in gepflegter Büroatmosphäre sein neuestes Vinyl aus der Tasche zücken und muß dem Einzelhändler erklären, warum er erstmal nur 100 statt 500 gewünschter Platten liefern kann. Heute – ganz klar – läuft es anders herum. Der Außendienst kommt immer noch (sicher häufiger!), wird jedoch nun oftmals zwischen Tür und Angel abgefertigt (draußen wartet schon der nächste Vertreter) und muß dabei die dollsten Argumente aus dem Ärmel schütteln, warum der Einzelhändler bei einem Topthema 500 statt vielleicht nur 100 gewollter Tonträger nehmen sollte. Topthema oder auch Chartthema gehören übrigens zu den Lieblingsworten der Tonträger-Außendienstler bei ihren Besuchen im Handel, so daß man dort inzwischen eher mit Skepsis als mit immenser Einkaufslust reagiert. So müssen andere Argumente her, die dem Tonträger-Disponenten verklickern sollen, daß das vorgestellte Produkt die nächste potentielle Nummer Eins in den Charts werden kann. Die Vorverkäufe neuer CDs finden knapp vor den ersten Pressefeatures statt, so daß man wirklich auf die eigene Spürnase angewiesen ist. Besagte Infoblätter zur CD sollen die Einkaufsentscheidungen leichter machen: Und da steht wirklich alles drauf, was angeblich verkaufsfördernd ist: reißerische Promotexte mit diversen Hinweisen, wie 10 Punkte im nächsten Metalhammer und Titelblatt bei Sowieso oder das Anführen diverser Charts: UK-Charts, DJ-Charts, Regionalcharts, Indiecharts, Jazzcharts... – beim Erfinden neuer Charts sind den Infotextern keine Grenzen gesetzt. Da funktioniert schon besser das Zauberwort »TV-Werbung«. Hier kann der CD-Einkäufer zwar nicht bedenkenlos, aber zumindest bedenkenloser zugreifen. Motto: Eine CD, die zwischen Tschibo- Reklame und Audi-Spot angepriesen wird, kann nicht schlecht sein. Meinen jedenfalls einige Endverbraucher. Nützlich ist auch ein Playbackauftritt in einer großen Samstagabendshow. Jeder CD-Einkäufer reagiert prompt, wenn ihm seine TV-Illustrierte oder aber oben zitiertes Info mitteilt, daß die Kellys bei Gottschalk sind. Wer Freunde bei MTV oder VIVA hat, wird ebenfalls Gewinner. Händler hatten Blümchens Nullacht-

MARIA PERZIL sind arm dran: viele Händler haben immer noch nicht kapiert, daß es sich hier um eine männliche Band handelt und stellen die CDs zu den Sängerinnen gleich hinter Paola.

fünfzehnsong »Herz an Herz« (das war ihre allererste Single) dem Hersteller längst zurückgeschickt, bevor sich VIVA herabließ, daraus einen Hit zu machen. Sehr nützlich ist auch ein Gig bei der ARD in »Geld oder Liebe«. Für einen 3-Minuten-Song quatscht Moderator Lippe eine Viertelstunde, was nun für klasse Interpreten kommen. Bei »Geld oder Liebe« scheinen die noch letzten lebenden CD-Käufer zuzuschauen, und deshalb wird diese Sendung von den Plattenfirmen geliebt. Die Cover werden gar mit »Geld oder Liebe«-Aufklebern versehen. Aber Vorsicht, die Rechnung geht nicht immer auf. Nicht nur deshalb muß die Möchtegernfreundschaft des Außendienstlers zum Tonträger-Disponenten gehegt und gepflegt werden. Zum Beispiel mit kleinen Bestechungsgeschenken, äh Gimmicks. Peanuts wie T-Shirts, Promo-CDs und Konzertkarten in aller Regelmäßigkeit, und bis ca. 1996 gab es auch noch sogenannte »Tippergeschenke«. Tipper kam hierbei tatsächlich vom Tippen, nämlich Charttippen. Denn in den Fragebögen von Media Control, die die Einkäufer ausfüllten, konnte man zwar schon die besten Verkäufe notieren, aber eben genausogut die Bands der besten Werbegeschenke (die Charts funktionieren inzwischen anders, dazu aber später). So gab es zum Beispiel bei BAP zur »Best Of« eine chromfarbene Uhr, bei PUR ein Jeanshemd mit besticktem Bandlogo und bei der Dancefloorsingle »K.O.'s feat. Michael Buffer« einen richtigen Boxermantel mit dem Namen des CD-Einkäufers auf dem Rücken. Das ist natürlich keine Bestechung. Natürlich nicht... Solche Sachen sind sicher eher als Gimmick zu verstehen, um das eine oder andere Produkt aus der Neuerscheinungsmenge hervorzuheben. Bei BLÜMCHEN wurden zur zweiten Single »Kleiner Satellit (piep, piep)« Schlüsselanhänger verschickt, nach denen man pfeiffen kann und die dann entsprechend – jetzt kommt's (wie originell) – piepen. Und bei TLC gab es rote Kaffeetassen, die so manchen Disponenten überzeugen lassen, ein bißchen mehr Ware ins Verkaufsregal zu stellen.

Das soll hier auch gar nicht verurteilt werden. So sind nun mal inzwischen die Spielregeln, und wer sie einigermaßen beherrscht, kann sich eben sein entsprechendes Stück von der Top100-Torte abschneiden. Also, solltet Ihr in die glückliche Lage kommen, bei einer finanzkräftigen Plattenfirma zu unterschreiben, dann bitte nicht nur über die Farbe des Covers, sondern auch über die Größe des Schlüsselanhängers philosophieren.

Schade nur, daß nicht alle Verkaufsargumente so aufgehen wie gedacht. Schlimmer noch, wenn Du mit Deiner Band endlich den lang ersehnten Majordeal in der Tasche hast, aber der Vertrieb nicht vertreibt und der Handel nicht handelt. Dabei hattet Ihr in einem tollen Studio aufgenommen, ein renommierter Produzent mit zwei Beinahe-Hits vor zwei Jahrzehnten drückte Euch seinen Stempel auf, und Ihr gehört zur Lieblingsband Eures Produktmanagers, aber im Gesamtgefüge Eures Majors bleibt Ihr nur ein kleiner Bruchteil.

Bevor nämlich der Außendienst den Einzelhandel aufsucht, bekommt dieser sogenannte Planzahlen. Stückzahlen nach Plan. Realistische und unrealistische. Sehr realistische und zu unrealistische. Es wird wohl kaum noch einen dieser Vertreterspezies geben, der mit seinem Vertriebschef nicht aneinander gerasselt ist, wegen völlig utopischer Zahlen. Die von der Majorcompany festgelegten Zahlen zeigen zumeist totale Unkenntnis über den Handel, entweder waren die Planzahlenausdenker noch nie als Außendienst im Handel oder das letzte Mal vor zwanzig Jahren. Diesen schlechten Ruf lassen diese allerdings nicht auf sich sitzen, so schätzen sie – meist nationale Rockthemen – sehr realistisch ein. Zu realistisch. Soll heißen, daß der Disponent eines CD-Shops Eure Scheibe ziemlich klasse findet, aber laut Planzahl nur 2 Stück nehmen soll.

Selbstverständlich kann der Einkäufer auch noch mehr ordern – logisch! Nur wird der Außendienstler ihn dann bitten, doch noch lieber einen Karton vom sogenannten Schwerpunktthema einzukaufen. Sollte der Disponent auf die hohe Ordermenge Eures Albums bestehen, hat dieser sicher nicht an das leidige Thema »Retoure« gedacht. 5 – 10% – je nach Abmachung – des Jahresumsatzes dürfen nämlich wieder zurückgeschickt werden. Weil: »nicht jedes Thema aufgeht!« (wieder Zitat). Bei all den Mengen und auch Mist von Neuveröffentlichungen sind 10% Retourenrecht schnell erreicht, so daß der Händler auf eine nicht genehmigte Retourensendung entsprechend sauer reagiert und den Außendienstler solange abblitzen läßt, bis eine »Lösung« für beide Seiten greifbar wird.

Sollte zwischenzeitlich Euer Album erschienen und nicht gerade Schwerpunktthema bei Eurem Major sein, so habt Ihr einfach mal Pech gehabt. Dabei sind Stückzahlen übrigens nicht nur für die Charts wichtig, sondern auch für die Präsentation. Der kleine Händler an der Ecke liegt im Sterben, die großen Märkte zahlen entweder Hungerlöhne, so daß Motivation zum Fremdwort avanciert, oder aber fahren ihre Umsätze mit minimalem Personal, die dermaßen zu tun haben, daß die Präsentationspflege Eurer potentiellen Hit-CD auf der Strecke bleibt. Deshalb sieht es nicht nur schicker aus, wenn Eure CD ein ganzes Stück Regal belegt, sondern läßt sich vor allem auch besser wiederfinden. Schön wäre auch, wenn man Eure CD in einer Hörstation wiederfindet, nur ist der Weg dahin oftmals nicht der über den Geschmack der Händler, sondern der über sogenannten WKZ. Das ist Händlerdeutsch und bedeutet Werbekostenzuschuß. Da werden richtig Verträge gemacht und Geld bezahlt, damit unser einer als gelangweilter Kunde durch Zufall in die richtige, besser: richtig bezahlte CD reinhört.

Das Dilemma funktioniert auch anders herum: Ihr spielt in einem kleinen Städtchen mit gigantischem Erfolg, am Tag darauf rennen Eure Fans dem Händler den Laden ein. Schließlich hattet Ihr Euren Fans stolz verkündet, daß Ihr immerhin einen Majorvertrieb für Euer Album habt. Nun kann jedoch folgendes passieren: der kleine CD-Händler hatte seine Michael Jacksons und Modern Talkings immer beim Großhändler geordert, der sich nun mal auf Chartsrelevantes spezialisiert hat. Nun will der CD-Händler fünf CDs von Euch einkaufen, der Großhändler hat sie nicht (weil noch nicht chartsrelevant!), und der Major gibt dem CD-Händler zwar eine Kundennummer, sagt ihm aber gleich, daß die Erstorder mindestens DM 3.000,- betragen muß...

Letztendlich kann natürlich auch noch der Handel versagen, ich hatte das mal an zwei Beispielen ausprobiert, zum einem an MARIA PERZIL, zum anderen an TORTOISE. MARIA PERZIL ist ein deutschsprachiges Duo, das allein durch seine messerscharfen Texte auffallen müßte. Doch damit nicht genug, Label Metronome und Polydor-Musik-Vertrieb (PMV) schalteten kräftig Anzeigen, schickten die Band auf Tour und hatten sich für die Händler was ganz besonderes ausgedacht: per Post erhielten diese eine Promo-CD mit sechs Songs von MARIA PERZIL, mit der Bitte auszuwählen, welcher Song die Singleauskopplung werden soll. Die den richtigen Song auswählten, wurden namentlich mit »special thanks« oder ähnlichem auf dem Singlecover bedacht. Und das ist mindestens genauso toll, wie der Gratissekt und das Shakehand mit dem jeweiligen Prominenten bei einer Record-Release-Party, zu der der Händler auch eingeladen wird. Der Polydor-Vertrieb wartete mit einer weiteren Idee auf: für einige seiner Newcomerbands startete PMV nämlich die Aktion »Zum Freundschaftspreis«. Ein paar Mark unter 20 zum Einkauf, ein paar Mark darüber zum Verkauf. Eine nette Aktion des Vertriebs, allerdings aber ohne (Re)aktion des Handels. So gab es MARIA PERZIL dennoch mal etwas über die 30-Mark-Grenze und meistens überhaupt nicht. Anfragen an das FACHPERSONAL wurden fast durchweg mit Stirnrunzeln beantwortet, oftmals fand ich die Männerband bei »Deutsche Interpreten bzw. Unterhaltung« unter Perzil, Maria – gleich hinter PAOLA. Da Perzil (die Band) auch noch mit Z geschrieben wird und nicht mit S wie das Waschmittel, und das wiederum kaum ein Händler weiß, ließen sich auch keine Informationen durch den PC ausmachen (Anmerkung für Kenner: das Label METRONOME gibt es inzwischen nicht mehr, und MARIA PERZIL sind inzwischen bei Eastwest unter Vertrag). Ähnlichem Schicksal erlag TORTOISE aus Chicago. In

Deutschland durch EFA vertrieben, gab es vor allem pressetechnisch zufriedenstellende Resonanz: »Album des Monats« im SPEX, eine Farbseite im ME/Sounds, Titelbild beim INTRO. Die meisten Händler kannten TORTOISE dennoch nicht. Die sie kannten, sprachen sie meist falsch aus: »Torteus« statt »Tordis« und plazierten sie falsch, nämlich bei INSTRUMENTAL (was ja eigentlich richtig ist), allerdings zwischen Richard Clayderman, James Last und Max Greger. Aber hier hat das Album wenigstens die Chance, der Retoure zu entgehen, da es dort der Händler eh' nie wiederfindet.

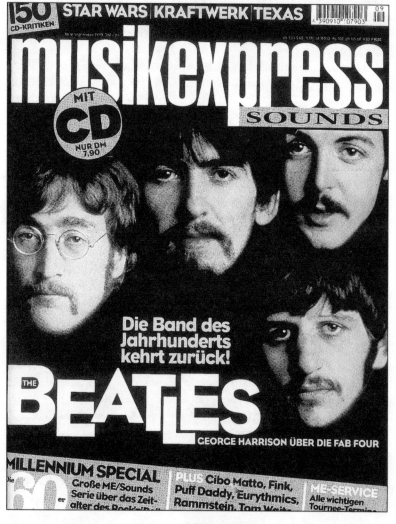

WIE KOMMT MAN ALS BAND IN DIE PRINTMEDIEN?

Das hat wieder etwas mit Logik zu tun: Damit die Leute überhaupt wissen, daß es von Euch eine Platte gibt, müssen sie es irgendwo lesen. »Bestückung aller relevanten Medien« hatten wir vorhin so schön gesagt. Aber wie kommt man wirklich hinein (z.B.) in die Musikblätter. Diese Redaktionen bekommen nämlich immer mehr CDs, als sie redaktionell unterbringen können, außerdem haben die Redakteure immer einen ganz komischen Geschmack (weil die ja immer schon alles gehört haben und kennen, einige glauben gar, sie sind der Musikgott der schreibenden Zunft), so daß einige Musiker schon beim Einwerfen der Post an einen ganz bestimmten Redakteur Bauchschmerzen bekommen. Was ist also zu tun? Ich erkundigte mich bei MICHAEL WEILACHER, dem Chefredakteur des renommierten Musikmagazins »MUSIKEXPRESS/SOUNDS«. Wer, wenn nicht er, sollte es am besten wissen?

Wie muß man sich – von Dir in wenigen Worten erklärt – die Arbeit eines Chefredakteurs beim Musikmagazin ME/Sounds vorstellen?
MICHAEL WEILACHER: In wenigen Worten beschrieben...? Das ist eine Arbeit des Selektierens. Es gibt immer sehr viel mehr Themen, oder man könnte auch vereinfacht sagen, sehr viel mehr Platten, als man jemals in einer Ausgabe unterbringen kann, selbst wenn man es wollte. Aber das ist nicht zu schaffen, dafür ist der Output der Plattenfirmen viel zu groß. Man muß also mit seinem Team ein Gefühl dafür entwickeln, welche Themen am Markt gerade besonders gefragt sind, für welche Themen es einen gesteigerten Informationsbedarf gibt und dementsprechend auswählen, damit am Ende auch Hefte verkauft werden und man der Interessenlage der Leserschaft gerecht wird. Man muß also auswählen.

Nach welchen weiteren Kriterien neben den schon genannten wie Leserinteresse usw. sucht Ihr denn aus? Spielt zum Beispiel der Geschmack oder auch die jeweilige Plattenfirma eine große Rolle?
MICHAEL WEILACHER: Mein persönlicher Geschmack spielt nur dann eine große Rolle, wenn ich hin und wieder Musik bekomme, die mir sehr gut gefällt. Ansonsten ist mein Geschmack für das Produkt, was wir machen, eher sekundär. Ich freue mich, wenn wir im ME viel Musik haben, die mir auch gefällt, aber es gibt auch Ausgaben, in denen mir nur ein Bruchteil gefällt. Wir machen ja das Heft auch nicht für uns als Redaktion, sondern wir machen es für unsere Leser.

Welche Chance haben denn da junge Bands? Ich finde, Ihr habt da auch ein bißchen die Funktion, neue Sachen vorzustellen. Wie geht Ihr da vor? Wird Euch ein bestimmtes Produkt von der Plattenfirma besonders ans Herz gelegt, weil vielleicht auch eine große Anzeige dahinter steckt? Anders: wie schafft Ihr es, die »richtigen« Newcomer vorzustellen?
MICHAEL WEILACHER: Die Plattenfirmen legen uns immer ganz viel an unser kleines Herz. Aber das alles, was die uns anbieten, ist viel zu groß für unser kleines Herz... Da sind wir auch schon wieder beim Selektieren. Es kann also nur darum gehen, daß wir aus diesem großen Angebot nur das herausfiltern, was unserer Meinung nach gerade am Markt eine Chance hat. Es gibt ja auch Musik, die kommt einfach zu einer Unzeit. Da ist also eine ganz andere Musik gefragt, und trotzdem kommt uns ein Produkt auf dem Tisch, von dem wir jetzt schon sagen können, eigentlich ganz schön, hat aber, wenn man sich die Singlecharts anschaut, im Moment eigentlich gar keine Chance. So etwas passiert ja auch. Also nochmal: wir bekommen diese Musik, wir hören sie uns an und wir entscheiden, was davon ins Heft kommt.

Welchen Einfluß hat die Plattenfirma?
MICHAEL WEILACHER: Die Plattenfirma hat natürlich Einfluß, denn die Plattenfirmen sind ja im besten Sinne – so empfinde ich das auch immer – unsere Freunde und Partner. Es gibt Leute in unserem Geschäft, die sehen das ganz anders, aber hier bei ME/Sounds sehen wir das so. Und das aus einem ganz einfachen Grund: es gäbe keine Platten, wenn es keine Plattenfirmen gäbe. Und es gäbe keine Plattenfirmen, wenn es keine Musik gäbe. Am Anfang steht immer die Musik, aber danach kommt im Grunde schon die Plattenfirma. Und die Plattenfirma bietet uns dann das fertige Produkt an, das wir nun besser oder schlechter finden. Und was neue Bands betrifft: ME/Sounds hat den Vorteil gegenüber anderen Medien, daß wir eine sehr ausführliche Servicestrecke haben. 50% des Heftes widmen wir Besprechungen von neuen CDs, und es liegt auf der Hand, daß es sich nur bei einem Bruchteil davon um bekannte Bands handelt. Wir besprechen zwischen 130 und 170 Platten pro Monat, und ein paar davon sind die Madonnas, die Tom Waits', die Primal Screams und die Aerosmith' dieser Welt und wie sie alle heißen mögen, aber viele sind wirklich unbekannt. Und manche davon sind so unbekannt, daß sie auch keinen Deal mit einem Majorlabel bekommen, sondern bei einer ganz kleinen Firma sind. Und um auf Deine Frage, welche Rolle Anzeigenschaltungen spielen, zurückzukommen: viele Platten, die wir besprechen, sind so klein, die können sich im ME/Sounds gar keine Anzeigen leisten. Natürlich – und es wäre einfach

verlogen, wenn ich das Gegenteil behaupten würde – ist das Anzeigengeschäft für uns sehr wichtig, genauso wichtig, wie für andere Printobjekte auch. Wenn viele Anzeigen reinkommen, was uns dann besonders freut, können wir auch dickere Hefte machen. Es ist ganz klar, daß es einer bestimmten Anzahl von Anzeigen bedarf, um ein bestimmtes Heft mit einem bestimmten Umfang machen zu können. Deshalb freuen wir uns über Anzeigen, ganz klar, keine Frage! Es ist natürlich nicht Voraussetzung, damit etwas passiert.

Wenn die CDs unbekannter Bands kleinerer Labels kommen, ist es dann hilfreich, das Info auf Hochglanz zu drucken oder einen sogenannten Gimmick mit beizulegen?
MICHAEL WEILACHER: Das ist überhaupt nicht hilfreich, das kann sogar kontraproduktiv sein. Ich habe mal einen Gimmick bekommen, da war die CD in frisches Heu eingepackt. Beim Auspacken hatte ich ein ganzes Bündel Heu mit auf dem Tisch, das ist dann besonders unangenehm, wenn man wie ich unter akutem Heuschnupfen leidet... Das kann also kontraproduktiv sein. Gerade bei jüngeren Acts erwarten wir das nicht, und bei etablierten Acts finden wir das oft überflüssig. Jemand, der an unserer Stelle arbeitet, ist sowieso in gewisser Weise privilegiert, weil wir Musik bekommen, die sich andere Leute kaufen müssen. Dann bekommen wir auch noch das eine oder andere T-Shirt, aber wenn man das eine Weile macht, dann hat man ja schon einige Sachen. Ich persönlich, und ich denke, daß ich auch für die Kollegen hier spreche, die alle schon jahrelang mitarbeiten, finde es besser, wenn die Platte prima ist.

Was hilft denn dann?
MICHAEL WEILACHER: Es ist für einen Act enorm hilfreich, wenn er originäre Musik anbietet, weil es einfach zuviele Nachahmer gibt, es gibt viel zu viel Imitate. Auf einen erfolgreichen Act – erfolgreich, weil er etwas bietet, was andere noch nicht geboten haben – kommen 500 Nachahmer. Von den 500 Nachahmern braucht 480 kein Mensch. Deswegen meine ich, lieber an Gimmicks sparen, lieber an aufwendigen Dingen sparen und dafür besser auf die Musik achten. Ich denke, gute Musik hat auch eine gute Chance, zumindest mittelfristig, Beachtung zu finden. Ein Gimmick ist heute da und morgen weg. Weiterhin hilft es, wenn man als junge Band ein paar Regeln in der Präsentation beachtet, zum Beispiel, daß das Tape auch beschriftet ist. Oft ist auch keine Kontaktadresse beigefügt, sondern nur so ein lobhudeliger Waschzettel. Deshalb sollte das Ganze so aufgebaut sein, daß der Redakteur damit etwas anfangen und gegebenenfalls

auch mal zurückrufen kann. Was sich junge Bands nicht leisten können, sind so Vierfarbdrucksachen, aber das ist auch gar nicht nötig. Vielleicht liegt der Sendung noch ein Foto bei, dann kann man sich gleich noch ein Bild machen, wie das optisch 'rüber kommt. Aber prinzipiell: es zählt die Musik, auf Schnickschnack kann man getrost verzichten, jedenfalls was ME/Sounds betrifft.

Hört Ihr denn wirklich in jede CD, die Euch erreicht?
MICHAEL WEILACHER: Nicht jeder in jede CD, das geht nicht, weil es einfach zuviel ist. Von den Platten, die ich bekomme, versuche ich mir die rauszusuchen, von denen ich annehme, daß sie ein interessantes Produkt sein könnten. Da spielt natürlich auch ein bißchen Glück eine Rolle. Und dann höre ich die ersten drei Tracks. Musik muß mich bewegen, muß irgendwie mein Gefühl ansprechen. Und wenn nach dem dritten Track bei mir nichts passiert ist, dann fliegt das aus meinem Player. Es kann zwar sein, daß ich dadurch viel gute Musik nicht gehört hab, weil erst die Tracks 4, 5, 6 und 7 gut sind. Aber dann ist das auch ungeschickt compiliert, denn ich sage mir, nach 10 Minuten muß was passieren. Die Kollegen um mich herum hören noch viel mehr als ich, weil sie ja auch andere Aufgaben haben. Im Grunde kann man also sagen, daß fast alles gehört wird, zumindest ansatzweise, eben nicht immer komplett.

Wenn eine Band nicht mal ein kleines Label hat, sondern nur eine reine Eigenproduktion, dann sind sie schon bei Euch an der falschen Adresse, oder?
MICHAEL WEILACHER: Die sind im Grunde schon an der falschen Adresse, aber das ist immer mal wieder vorgekommen. Wir hatten in der Vergangenheit auch Platten besprochen, die nur einen Eigenvertrieb haben, aber es wird für ewig und drei Tage die Ausnahme bleiben, weil wir das nicht leisten können. Es kommen schon unzählige Sachen von den Majors und den Independentvertrieben. Wir veröffentlichen auch Kleinstlabel, aber Grundprinzip sollte nach Möglichkeit sein, daß man die Platte im Handel auch kaufen kann.

Inwiefern hat denn das zur Verfügung gestellte Bildmaterial Einfluß? Kann es passieren, daß Du ein Produkt an sich nicht schlecht findest, aber das Foto dazu so übel ist, daß Du doch nichts darüber gebracht hast?
MICHAEL WEILACHER: Das passiert. Wir versuchen ja ein Heft zu machen, das nicht nur informiert, sondern auch unterhält. Und dementsprechend brauchen wir zumindest für die größeren Geschichten passen-

des Bildmaterial. Ich habe es schon öfter bedauert, daß ich musikalisch eine Sache ziemlich interessant fand, die aber nicht zu visualisieren war. Und dann ist das vom vorderen Heftteil in den hinteren gewandert, bei den Platten-Besprechungen sind die Fotos nicht so wichtig. Aber ich sag mal: vorne brauchen wir gutes Bildmaterial. Ich sage bewußt gutes und nicht teures. Denn wir bekommen oft auch teures, weil wir die Fotografen kennen, aber das muß nicht zwangsläufig gut sein. Ich glaube, man kann viel gutes selber ohne großen Aufwand machen, wenn man eben da genau wie in der Musik Kreativität an den Tag legt. Da geht schon einiges.

Gab es das auch schon mal umgekehrt? Daß Du bei einem Produkt dachtest, na okay, dann machen wir 'ne kleine Rezension, und als Du das sehr gute Bildmaterial gesehen hast, Dich für eine größere Story entschieden hast?
MICHAEL WEILACHER: Nein, das haben wir nicht getan. Das ist eine Einbahnstraße. Wir machen nicht von der Optik abhängig, was vorne stattfindet. Es kann höchstens sein, wenn uns eine Platte sehr gut gefällt, daß wir uns sehr lange um Bildmaterial bemühen, das unseren Ansprüchen gerecht wird, damit wir's vorn ins Heft nehmen. Aber bloß, weil ein Foto schick ist und die Musik ist nicht so doll... – das machen wir nicht. Das kommt dann von mir aus in den Besprechungsteil.

Nochmal zum Info, zum sogenanntem Waschzettel, wie sollte der idealerweise aussehen?
MICHAEL WEILACHER: Ich möchte da was kurz und knapp erfahren. Musikredakteure kriegen ja nicht nur viel zu viel Musik auf den Tisch, sondern dementsprechend auch jede Menge Papier. Mehr Papier, als sie lesen können. In unserer schnellebigen Zeit hat heute kein Mensch mehr die Möglichkeit, eine sechsseitige Biographie zu lesen. Also: die notwendigen Informationen ja, aber bitte kurz und knapp – und wenn die dann ebenso unterhaltsam wie informativ sind, um so besser, das macht ja zusätzlich aufmerksam. Dann würde ich jungen Bands raten, auf übermäßigen Hype in ihren Waschzetteln zu verzichten, denn fast alle Platten – und da wiederhole ich mich – gibt es ja schon auf die eine oder andere Art und Weise, und nicht jeden Tag wird die Popmusik neu erfunden. Auf mich wirkt es nach all den Jahren im Geschäft viel glaubwürdiger, wenn jemand sagt, ich habe eine tolle Platte, hört da rein, weil ich glaube, sie kann sich mit dem, was am Markt ist, messen. Und dann machen wir das auch. Das klingt in jedem Fall besser, als wenn mir einer zu erzählen versucht, er hätte das Rad neu erfunden.

Wie teilt Ihr eigentlich nationale und internationale Themen in einem Heft auf? Sagst Du Dir, wir haben schon fünf amerikanische Bands, jetzt brauchen wir noch drei deutsche?
MICHAEL WEILACHER: Das ist abhängig von dem, was gerade veröffentlicht wird. Es gibt manchmal viel deutsches und wenig international interessantes. Oder umgekehrt. Aber Du hast eingeschränkt recht. Ich bin der Meinung, wir machen ein Blatt für den deutschsprachigen Markt und keins für den amerikanischen oder englischen. Und da ich der Meinung bin, daß es in unserem Land sehr viel beachtenswerte Musik gibt, sollte das in entsprechender Weise im Blatt präsent sein. Klar ist natürlich, daß es irgendwelche Übergötter oder Überväter aus Amerika oder England gibt, die immer wieder Raum brauchen und ihn auch finden. Aber gerade in der jetzigen Zeit tendiere ich eher dazu, verstärkt neue deutsche Bands ins Heft zu nehmen. Ich glaube ganz einfach, daß es draußen eine Menge Leute gibt, die sich für Musik aus dem eigenem Land interessieren.

Gibt es noch etwas, was Du jungen Bands noch mit auf dem Weg geben kannst?
MICHAEL WEILACHER: Wenn man von seiner eigenen Arbeit wirklich überzeugt ist, und als Musiker sagt, ich habe hier was gutes, dann dran bleiben! Das bedeutet, daß man die Medien tunlichst über den Fortgang der Arbeit informieren sollte. Denn wenn man weiß, daß es gut ist, dann hat es auch mittel- oder langfristig eine gute Chance sich durchzusetzen. Aber jetzt muß man fein unterscheiden: kontinuierliche Information über das Produkt ist die eine Sache, penetrant zu sein eine andere. Ich denke, wer die Menschen bei den Medien zu stark penetriert, der rennt kurz oder lang vor verschlossene Türen. Deswegen: Information in regelmäßigen Abständen ja, aber nicht sieben mal in einer Woche anrufen, ob man nun endlich die neue Platte schon gehört hat. Denn es kommt ja etwas mehr, als nur die eine...

Aber anrufen darf man schon, oder?
MICHAEL WEILACHER: Ich kann jetzt nur für den ME sprechen. Natürlich kann man auch anrufen. Denn hier sitzen keine Menschenfresser, sondern Musiker und Journalisten, und wir wissen, wieviel Herzblut in jeder einzelnen Aufnahme steckt. Ich habe noch nicht erlebt, daß hier jemand mal abgewiesen wurde, der wissen wollte, wie wir sein Album finden. Wenn's natürlich mitten im Redaktionsschluß ist, kann man sich nicht 20 Minuten über ein Teil unterhalten, aber man kann sagen, ruf in drei Tagen nochmal an, dann ist der Streß vorbei. Und das machen wir hier auch.

RELEVANTE MUSIKMAGAZINE

Das Interview mit dem Chefredakteur des ME/Sounds Michael Weilacher soll stellvertretend für die Musikmagazine stehen, denn so viel anders würden weitere Interviews mit anderen Chefredakteuren wahrscheinlich nicht ausfallen, dennoch sollen hier noch weitere Musikmagazine vorgestellt werden, bei denen es (wahrscheinlich) ebenfalls Sinn macht, eine CD von Euch hinzuschicken. Die Reihenfolge entspricht dabei keiner Wertung und natürlich erhebe ich keinen Anspruch auf Vollständigkeit:

AKTIV MUSIKMAGAZIN

Das Aktiv Musikmagazin ist die Zeitschrift des GDM, dem Gesamtverband Deutscher Musikfachgeschäfte e.V., Fachverband Tonträger. Dieser wurde praktisch mal als Gegenpol zu den Fachmarktketten gegründet: zahlreiche Einzelhändler hatten sich zusammengetan, um auch eine Größe gegenüber der Musikindustrie darzustellen. AKTIV MUSIKMAGAZIN ist praktisch ihr Medium, hat eine Auflage von ca. 170.000 Stück und liegt in ca. 200 CD-Shops gratis aus. Das Blatt ist ganz gut gemacht, informativ und die Schreiber können auch schreiben, was bei Gratismagazinen ja nicht immer der Fall ist. Allerdings ist das Magazin wenig glaubwürdig, weil der musikalische Spagat dann doch nicht funktioniert. Die GDM-Händler bedienen nämlich die komplette Kundenbreite, was sich im Magazin niederschlägt: (Beispiel Juli 99) Neben einer ANATHEMA-Anzeige wird eine Winnie Puuh-Verlosung angekündigt, und während man auf Seite 33 erfährt, daß TESTAMENT allerbester Power-Trash und jeder Song ein ultimativer Treffer ist, berichtet man uns 3 Seiten weiter davon, daß die Kastelruther Spatzen romantisch, verträumt und sensibel zum »Open Air der Einsamkeit« laden. Und Muttis, zeigt Euren Kindern nicht die Schlümpfe-Verlosung, nur wenige Zentimeter davon entfernt sieht man Schreckens-Cover von den Schindern und Dr. Death! Ganz klar, hier geht es um Anzeigen und redaktionelle Dienstleistungen, das ist zwar okay (ein Gratisblatt lebt nun mal von Anzeigen), aber das läßt sich geschickter verquicken. Trotzdem, vielleicht rezensieren die Aktiven auch Eure CD.

CABINET NIGHTFLIGHT

Ein kleines, aber feines Musikmagazin, welches es z.Z. nur in Thüringen gibt (jedoch hat man Expansionspläne...) und sich vorrangig um die Belange der lokalen Musikszene kümmert. So erfährt man dann auch, wer wo wie spielen wird, und Bands haben die Möglichkeit, sich in die Bandbörse einzukaufen. Grundsätzlich macht das Magazin den freundlichen Eindruck, daß man sich hier auch Eure CD anhören wird.

GAFFA – DAS MUSIKMAGAZIN

Ohne Wertung! Da gaffa von mir selbst herausgegeben wird, möchte ich es mir klemmen, Vor- oder gar Nachteile aufzulisten. Entstanden aus einer harmlosen Idee, konnte sich das Blatt recht gut etablieren. Und natürlich haben wir in der Redaktion auch ein Herz für ungesignte Bands, die wir hin und wieder auch vorstellen. Aber: wir haben auch Platzprobleme, so daß es natürlich trotzdem selbst einer guten CD passieren kann, daß sie keine Berücksichtigung findet. Dennoch sind wir neugierig und wollen auch Euer Scheibchen hören.

HAMMER

Auch HAMMER, konkreter: Hard Rock & Metal Hammer, macht Platz für Newcomer, hier gibt es eine Demozone, in der Eure CDs rezensiert und auch Bezugsmöglichkeiten genannt werden. Sicher sollte Euer Sound auch härtere Aspekte haben, aber wie schon am Magazintitel zu erkennen ist, favorisiert HAMMER nicht mehr nur Hard Rock und Metal. Und ein Hammer ist Eure CD allemal, ab damit.

INTRO

Zweifellos eines der schicksten und lesenswertesten Musikmagazine überhaupt. Das neue Layout ist vielleicht noch ein bißchen gewöhnungsbedürftig, aber das geschriebene Wort hat Stil. Junge Bands kommen (meist und manchmal nicht nur) in den Regionalteil und sind dort auch gut aufgehoben, mit Kompetenz und Witz werden hier die unterschiedlichsten Silberlinge von Euch vorgestellt. Nur wehe, wenn Euer Album den Intro-Redakteuren nicht gefällt. Trotzdem hinschicken.

FEEDBACK

Das führende Gratismusikmagazin in Rheinland-Pfalz, Baden-Württemberg und im Saarland. Der zu großen Teilen aus Musikern bestehenden Redaktion gelingt es, daß internationale Musikgeschehen mit den Szenenews »vor Ort« gut zu verquicken. Außerdem findet man im FEEDBACK sämtliche Konzerttermine der Region, ein Branchenverzeichnis für Musiker und Musikinteressierte sowie die Bandbörse, in der Bands für DM 430,– im Jahr Monat für Monat mit Foto, Info und Kontaktadresse vorgestellt werden. An Rezensionen sind unzählige im Heft, so daß die Vermutung nahe liegt, daß hier auch Eure CD besprochen wird.

MUSIKERSZENE (ehemals FACHBLATT)

Diesen Titel bitte nicht mehr merken. Pünktlich zur Drucklegung dieses Buches wurde diese Zeitschrift eingestellt. Dabei war das FACHBLATT Musikmagazin jahrelang das Musikerblatt Nummer Eins. Zwar waren die Testberichte über Instrumente und PA's immer sterbenslangweilig, dafür aber blieben (bis zum Schluß) die Seiten »Die andere Rille« und »Gruppe des Monats« unerreicht. Die Journalistin Ute-Elke Schneider hatte hier einfühlsam und kompetent Perlen der deutschen Nachwuchsszene vorgestellt. Wer »Gruppe des Monats« war, hatte 50 CDs mehr verkauft und fünf zusätzliche Gigs. Konnte ich anfangs den Veranstaltern gegenüber mit »Gruppe des Monats« argumentieren (einige von mir betreute Bands hattens geschafft), mußte ich später immer öfter erklären, was das FACHBLATT überhaupt ist. An Musikerstammtischen sprach man schon vom LACHBLATT. Die Umbennung zu »Musikerszene« hat kaum jemand bemerkt, vom Verlag wurde das scheinbar nicht so richtig publik gemacht.

MUSIKMARKT

Den gibt es bereits seit 40 Jahren und ist auch keine herkömmliche Musikzeitschrift, sondern eine für die Kollegen im Tonträgerhandel und auf den Etagen der Plattenfirmen. Dieses Magazin mit Eurer CD zu bestücken, macht also nur dann Sinn, wenn man Eure CD auch bundesweit im Handel kriegt. Ihr selbst solltet jedoch mal einen Blick riskieren, denn hier kann man mal ganz genau schauen, wie Plattenfirmen ihre Produkte beim Händler anpreisen. Das ist für Euch ein gutes Lehrstück.

MUSIX

MUSIX ist ein Gratismagazin, welches fast ausschließlich über Tourneen informiert. Hier lohnt also erst eine Kontaktaufnahme, wenn Ihr eine richtige Tour zusammengestellt habt. Allerdings solltet Ihr davon ausgehen, daß ein etwas größerer Bericht in den meisten Fällen mit einer Anzeige zusammenhängt.

ROLLING STONE

Die deutsche Variante des ROLLING STONE auf dem Wege der Besserung. Während US-amerikanischer Songwriterrock über den Klee gelobt wurde, bekamen andere Produktionen ihr Fett weg, das war dann oftmals mit solch scharfem Stift geschrieben, daß man sich als Leser plötzlich schämte, eine Platte gut zu finden, die im ROLLING STONE schlecht gemacht wurde. Neu ist ein sehr guter Kleinanzeigenteil, auf dem man auch gestaltete Anzeigen buchen kann, die im Vergleich zu anderen Anzeigen gar nicht so teuer sind. Vielleicht eine Chance, wenigstens so in den ROLLING STONE zu kommen, denn kleine Bands mit Eigenproduktionen finden hier kaum bis gar nicht statt. Da Ihr aber nun mal eine tolle Platte gemacht habt, solltet Ihr sie auch dem ROLLING STONE schicken.

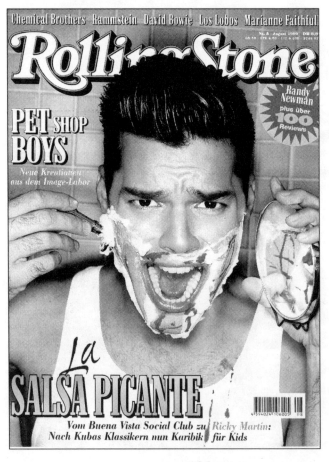

SOUNDCHECK

Das SOUNDCHECK dürfte wohl von Musikern geliebt werden. Denn hier sieht es so aus, daß man auch als normal sterbliche Band allerbeste Chancen hat, redaktionell Erwähnung zu finden. Es gibt zum Beispiel ein Demo-Check: fünf Bands (ca.) werden vorgestellt (mit Kontaktadresse, versteht sich) und diverse »Musikexperten« schreiben ihre Meinung darüber. Dann gibt es noch einen Indie-Check, bei dem Eigenproduktionen berücksichtigt werden. Die Musikerszeneseite mit News aus Nord, Süd, Ost und West konnte ich nicht mehr finden. Schade, handelte es sich doch hier um eine gute Idee. Der Rest des Heftes ist Geschmackssache, auf jeden Fall bemüht sich die Redaktion nah am Musiker und an seinem Wissensdurst dran zu sein. Eine Kontaktaufnahme lohnt sicherlich!

UNCLE SALLY'S

Berliner Musikmagazin, welches in der Hauptstadt gratis verteilt wird und im restlichen Ländle im Bahnhofspressehandel erhältlich ist. Das Heft wird von Leuten gemacht, die auch sonst in der Musikszene tief verwurzelt sind, weshalb Ihr bei Kontaktaufnahme sicher auf das eine oder andere offene Ohr stoßen werdet. Auf der Berlinseite gibt es gar ein »Demo Desaster«. Also CD einpacken und ab damit.

VISIONS

Eine der besten Musikzeitschriften Deutschlands, wie ich finde. Sehr umfassend (um die 140 Seiten), gutes Layout und gute Texte, in Sachen Berichterstattung über die (Alternative) Musicszene wohl kaum zu übertreffen. Dem Magazin liegt meistens eine CD bei, auf der auch drei ungsignte Bands zum Zuge kommen. Einmal darauf vertreten, kann man das gut als Sprungbrett nutzen. So funktionierte es zum Beispiel bei LIQUIDO. Ihren Hit »Narcotic« wollte anfangs keine Plattenfirma, sie schafften es allerdings mühelos auf den VISIONS-Sampler. Dadurch war »Narcotic« schon ein kleiner Minihit, und plötzlich wollten auch die Plattenfirmen... Neben der Möglichkeit des Samplers gibt es noch die Rubrik »Demonitor«, in der ebenfalls Bands ohne Deal vorgestellt werden.

WOM-JOURNAL

Obwohl sich das WOM-Journal auch nur durch Anzeigen finanziert (meines Wissens nach), handelt es sich hier um ein echtes Musikmagazin. Gut layoutet und gut geschrieben, die Verquickung von Anzeigen und Redaktion ist auf den ersten Blick (auch nicht auf den zweiten) nicht spürbar. Wenn eine Platte Scheiße ist, dann schreiben die das auch. Als kleine Band hier ein Feature zu bekommen, ist sicher schwierig, denn wahrscheinlich kann die Redaktion nur einen kleinen Teil der Veröffentlichungsflut berücksichtigen. Vorteil: eine Auflage von ca. 274.000 Gratisheften in den WOM-Filialen (manchmal auch in Szene-Outlets in den WOM-Städten) sowie laut AWA 640.000 Leser. Nachteil: WOM-Filialen gibt es nur in Berlin, Düsseldorf, Essen, Frankfurt, Freiburg, Hamburg, Hannover, Karlsruhe, Kiel, Köln, Leipzig, München, Nürnberg, Stuttgart und Wiesbaden. Dennoch soll das WOM-Journal die meistgelesene Musikzeitschrift Deutschlands sein. Und wenn Ihr eine geile Platte gemacht habt (und sie auch in den WOM-Filialen zu haben ist), werden sie es bestimmt auch schreiben.

ZILLO MUSIKMAGAZIN

ZILLO war mal das Musikblatt der Grufties, das ist es aber schon lange nicht mehr, im Laufe der Jahre hat sich die Redaktion auch anderen Stilrichtungen geöffnet, im Grunde darf man behaupten, daß hier die ganze Palette von Pop bis Metal Berücksichtigung findet, und das ist auch gut so. Auch an Euch wurde gedacht, die entsprechende Rubkrik heißt bedeutungsschwanger »Untergrund«.

PLAY MAGAZIN

Ein Gratismagazin, welches im CD-Handel liegt, unter dem Namen »Media World Magazin« auch bei Kaufhof und Horten (ansonsten gleicher Inhalt). Der Zusammenhang zwischen Anzeigen und Redaktion wird hier wieder extrem spürbar, größere Stories findet man hier nur über Themen, die auch mit einer großen Anzeige dabei sind. An den Texten und am Layout gibt es allerdings nichts zu rütteln. Wer hier seine CD hinschickt, sollte vielleicht besser dafür sorgen, daß es Euer Scheibchen auch im Handel gibt – selbst bei Kaufhof.

ROCK HARD

Vorrangig für Bands der härteren Gangart gemacht, bietet ROCK HARD auch den ungesignten Bands genügend Platz. Auf mindestens zwei Seiten werden Eigenproduktionen vorgestellt. Das besondere daran: man kann sich seinen Rezensenten aussuchen. Wenn man diese Seiten regelmäßig verfolgt, kennt man mit der Zeit den Stil und vor allem den Geschmack der Redakteure. ROCK HARD bietet nun an, die Sendung nun gleich an den Wunsch-Redakteur zu schicken. Inwiefern das praktisch funktioniert, kann ich nicht beurteilen, aber ich denke mal, daß sie es sonst nicht anbieten würden.

Die Adressen:

ME/SOUNDS
Werinherstr. 71
81541 München
Telefon (089) 92 34 – 310
Telefax (089) 69 13 064
E-Mail: me.express@mvg.de

aktiv Musikmagazin
Häutebachweg 9
57072 Siegen
Telefon: (0271) 23 250 – 25
Telefax: (0271) 23 250 – 26
E-Mail: redaktion@aktivmusik.de
Internet: www.aktivmusik.de
Redaktionsleitung: Henning Belz

Cabinet Nightflight
Magdeburger Allee 107
99086 Erfurt
Telefon (0361) 7 46 74 82
Telefax (0361) 7 46 74 85
E-Mail: cnfmag@aol.com
Chefredaktion: Olaf Schulze

FEEDBACK
Pariser Str. 16
67655 Kaiserslautern
Telefon: (0631) 3703190
Telefax: (0631) 72093
E-Mail: info@feedback-magazin.com
Internet: www.feedback-magazin.com
Chefredakteur: Jens Vollmer

gaffa – das musikmagazin
Scharnweberstr. 21
12587 Berlin
Telefon: (030) 64 19 71 53
Telefax: (030) 64 19 71 54
E-Mail: gaffa@gaffa.de
Internet: www.gaffa.de

HAMMER
Werinherstr. 71
81541 München
Telefon: (089) 92 34 – 360
Telefax: (089) 92 34 – 402
E-Mail: mh-mac@mvg.de
Redaktionsleitung: Robert Müller

INTRO
Niedersachsenstr. 9
49074 Osnabrück
Telefon (0541) 20 13 65
Telefax (0541) 20 13 67
E-Mail: intro@intro.de
Internet: www.intro.de
Chefredakteur: Stephan Glietsch

MUSIKMARKT
Fürstenrieder Str. 265
81377 München
Telefon (089) 7 41 26 – 400
Telefax (089) 7 41 26 – 401
E-Mail: Name des Redakteurs@musikmarkt.de
Internet: www.musikmarkt.de
Chefredakteur: Andreas Kraatz

MUSIX
Elsenheimerstr. 59
80687 München
Telefon: (089) 57 00 32 17
Telefax: (089) 57 00 31 56
Internet: www.musix.de
Chefredakteur: Hans Merten

PLAY MAGAZIN
Heilbronner Str. 12
44143 Dortmund
Telefon: (0231) 51 60 97 oder
(02922) 8 33 14
Telefax: (0231) 51 60 28 oder
(02922) 85 99 6 ; E-Mail: play-mag@playmag.com
Internet: www.play-mag. com
Koordination: Gerd Wiehagen

ROCK HARD
Paderborner Str. 17
44143 Dortmund
Telefon: 0231 – 562014 – 0
Telefax: 0231 – 0231 – 56201413
E-Mail: Megazine@RockHard.de
Internet: www.RockHard.de
Chefredakteur: Götz Kühnemund

ROLLING STONE
Mundsburger Damm 10
22087 Hamburg
Telefon (040) 22 71 05 – 0
Telefax (040) 22 71 05 – 55
E-Mail: DRollingSt@aol.com
Chefredakteur: Jörg Gülden

SOUNDCHECK
Postfach 57
85230 Bergkirchen
Telefon: (08131) 56 55 – 0
Telefax: (08131) 87 288
E-Mail: ppv@soundcheck.de
Internet: www.soundcheck.de
Chefredakteur: Gunther Matejka

UNCLE SALLY'S
Nostitzstr. 47
10961 Berlin
Telefon (030) 69 40 96 63
Telefax (030) 6 91 31 37
E-Mail: sallys@sallys.net
Internet: www.sallys.net
Chefredakteurin: Caroline Frey

VISIONS
Verlag und Werbeagentur
Heiliger Weg 67 – 69
44141 Dortmund
Telefon: (0231) 55 71 31 – 0
Telefax: (0231) 55 71 31 – 31
E-Mail: redaktion@visions-magazin.de
Internet: www.visions-magazin.de
Chefredakteur: Dirk Siepe

WOM JOURNAL
Lucile-Grahn-Str. 37
81675 München
Telefon (089) 45 72 61 – 0
Telefax (089) 45 72 61 – 50
Chefredakteur: Christian Stolberg

ZILLO
Georg-Ohm-Str.5
23617 Stockelsdorf
Telefon: 0451 – 4986516
Telefax: 0451 – 4986510
Internet: www.zillo.de
Chefredakteur: Joe Asmodo

PROMOTION FÜR DIE EIGENE CD

Auch wenn Ihr eine »kleine« Band seid und dadurch keine »große« Promotionfirma mit dem Bekanntmachen Eures Tonträgers beauftragen könnt, sind die Spielregeln die gleichen. Um Euch die Arbeitsweisen verschiedener Promoter zu erläutern, hatte ich drei Promoter nach ihrer Arbeit befragt. Zum einen befragte ich Merle Lotz, Chefin ihrer eigenen 1995 gegründeten Promotionfirma ML PR & Medienservice, die bereits Acts wie PEARL JAM, MANIC STREET PREACHERS und SUEDE, aber auch deutsche Acts wie JOACHIM WITT, XAVIER NAIDOO und MOSES PELHAM promotete. Zum anderen mit Ina Reeg, die seit schon seit 1993 bei der Berliner Firma VIELKLANG beschäftigt ist und u.a. Bands wie FURY IN THE SLAUGHTERHOUSE, DIE FANTASTISCHEN VIER, KNORKATOR, SUBWAY TO SALLY, IN EXTREMO und BLIND PASSENGERS betreute. Außerdem hat sie mit ihrem Partner und Freund Jens Riediger (Bassist der Dreadful Shadows) einen Musikverlag (KASSIOPEIA), angeschlossen an VIELKLANG Musikverlag/BMG UFA MUSIKVERLAGE und nun auch ein an VIELKLANG Musikproduktion GmbH angeschlossenes Label ANDROMEDA RECORDS (hier veröffentlicht z.B. LETZTE INSTANZ). Zuletzt sprach ich mit Guido Altmann, der seit Januar 96 bei Alex Merck Music in Köln arbeitet und u.a. schon SIMON PHILLIPS und die ILLEGAL ALIENS promotete. Außerdem stellt er diverse Compilations für das Alex Merck-Label Lipstick zusammen, macht bei seiner Firma dann und wann A&R-Arbeit und kümmert sich auch mal um die Buchhaltung.

Warum wird man Promoter bzw. Promoterin?
MERLE LOTZ: Da »Promoter« kein Ausbildungsberuf ist, ist der Wunsch erstmal überhaupt nicht da. Hier geht es eigentlich eher darum, daß man bestimmte Aufgaben, die der jeweilige Beruf mit sich bringt, gerne ausübt und sich darin perfektionieren und verwirklichen möchte. Für mich waren es letztendlich die Argumente, mit Menschen zu arbeiten, die Kommunikation mit Journalisten, die Medien im allgemeinen und die Vorliebe für das »geschriebene Wort«. Dann sicher auch idealistische Gründe, daß man Künstler zum Erfolg verhelfen kann, auch wenn man nur ein »kleines Rad« in einer großen Kampagne ist.
INA REEG: Das wird wahrscheinlich bei jedem ein anderer Beweggrund sein, bei mir war es in erster Linie natürlich die Liebe zur Musik, die mich schon im zarten Alter von sieben Jahren dazu bewegte, tagelang mit einem Mikrofon vorm Radio zu sitzen, nur um zu warten, daß ich mein Lieb-

lingslied aufnehmen kann. (Die Technik war zu dieser Zeit doch etwas anders als heute). Zum anderen war es purer Zufall, daß ich durch ein Förderprogramm bei dem Vielklang Musikverlag anfing zu arbeiten, ohne zu wissen, daß ich mich gleich von Anfang an hervorragend als Promoterin eignete, und ich meine wahre Freude daran hatte, Bands in den Medien publik zumachen.
GUIDO ALTMANN: Die guten Jobs waren alle schon weg.

Wie würdest Du kurz die Tätigkeit eines Promoters beschreiben?
MERLE LOTZ: Im allgemeinen würde ich es so beschreiben, daß der Promoter die Verbindung zwischen den Medien/Journalisten und der Plattenfirma/Künstler darstellt. Dies gilt für alle Bereiche der Promotion, also sowohl für den TV-, Presse- und Radiobereich. Die Haupttätigkeit des Promoters liegt darin, die Medien über neue Veröffentlichungen, Künstlervorstellungen, Daten und Fakten zu informieren. Desweiteren die notwendigen Materialien zusammenzustellen und zu versenden (Biographien, Musik, Dias/Fotos etc.). Immer Ansprechpartner für die Medien zu sein, sobald Fragen in Bezug auf Künstler auftauchen und Zusammenhänge zu erklären sind (z.B. Bandwechsel, Bandmitglieder etc.). Darüber hinaus Vorschläge für Berichterstattungen zu bringen als auch Interviews zu vermitteln. Damit verbunden die Reisen zu planen und die Termine für die »Treffen« zu organisieren sowie die Erstellung der Zeitpläne über mehrere Tage. Also Tätigkeiten, die viel mit Kommunikation und Organisation zu tun haben.
INA REEG: Kurz? Schwierig. Ich versuche es mal. Alles was über eine Band in den Medien steht (Reviews, Interviews, Konzertankündigungen etc.) oder von der Band im Radio hört, im TV sieht, muß von irgend jemandem organisiert werden. Dies passiert vor allem bei etwas unbekannteren Bands selten von alleine. Das ist die Aufgabe eines Promoters. Wir erstellen Medienverteiler, in dem ganz genau und zielgerecht die Medienpartner ausgewählt werden. Nach Aussendung der CDs werden alle Medienpartner kontaktiert. Oft kann man auch mit guten Ideen ein sogenanntes »Medienspektakel« inszenieren, so geschehen z.B. bei den Fantastischen Vier und ihrer Hubschrauber-Aktion zum »Lauschgift«-Album. Interviewreisen quer durch Deutschland müssen organisiert, Hotels gebucht und Züge reserviert werden. Und ganz zum Schluß sammelt man alles, was in der Presse erschienen ist bzw. sammelt die Radio-Playlists.
GUIDO ALTMANN: Das ist je nach Label und Musikrichtung völlig unterschiedlich. Die Promoter der Trash-Singles besuchen schon mal die Radioredakteure, weil diese hervorragend ins Format passen. Andere begleiten

ihre Künstler zu den Interviews. Neben Reisen sollte ein Promoter hauptsächlich eingängige Infotexte formulieren und mehrere Stunden am Stück telefonieren können.

Was macht in diesem Job den meisten und was am wenigsten Spaß?
MERLE LOTZ: Für mich persönlich macht es am meisten Spaß, Journalisten für ein Thema zu begeistern und »Brainstorming« über eine mögliche Veröffentlichung zu führen. Die Kommunikation mit vielen Menschen jeder Coleur. Das gemeinsame Umsetzten einer Geschichte von Journalist und Promoter, und manchmal die damit verbundene Suche nach Bildmaterial, Informationen etc.. Zum Gelingen der Geschichte beizutragen und dann letztendlich die Veröffentlichung in gedruckter Form zu sehen.

Am wenigstens Spaß macht es, wenn Möglichkeiten nicht ausgeschöpft und Ideen nicht umgesetzt werden können, durch Unflexibilität oder Materialmangel.

INA REEG: Am meisten Spaß macht es, wenn man Bands promotet, deren Musik man liebt, und genau diese so bekannt wie möglich zu machen. Und je mehr Interviews man bekommt, um so schöner ist es. Wenn man es dann noch schafft, eine Band in die Charts zu bekommen (vielleicht noch unerwarteterweise) ist es der absolute Höhepunkt. Ähnlich erging es mir mit KNORKATOR. Als ich die Band im Herbst 97 das erste Mal live erleben durfte, wußte ich, daß man diese Musik und diese Band dem breiteren Publikum nicht vorenthalten darf. Nach nur zwei Monaten war der Kontakt in Sack und Tüten und ich konnte mit der Promotion loslegen, als ich dann weitere vier Monate später in einem ausverkauften Kesselhaus (1200 Leute) stand, kamen mir vor Freude und Glück fast die Tränen. Und ein Jahr später zur zweiten Releaseparty in Berlin waren es schon 3000 Leute... Das viele Rumreisen mit den Bands oder zu deren Konzerten ist natürlich auch sehr angenehm. Am wenigsten Spaß macht es, wenn man sich monatelang den »Arsch abpromotet« und unterm Strich nichts dabei rauskommt und man dann noch die Schuld dafür in die Schuhe geschoben bekommt, obwohl man nichts dafür kann. Wenn das alles nicht so funktioniert, wie sich die Plattenfima das vorgestellt hat, kann es unter Umständen ganz schön anstrengend sein. Ich habe für mich persönlich damit Abhilfe geschaffen, in dem ich mich selbständig gemacht habe, somit kann ich solche Situationen vermeiden, in dem ich solche Promotionangebote einfach ablehne. Undankbare und komplizierte Bands sind mir auch ein Greuel, glücklicherweise sind die von mir promoteten Band nicht so.
GUIDO ALTMANN: Am meisten die Interviewreisen mit Künstlern – etwas Abwechslung zum Alltag – sowie bei Konzerten im Backstagebereich

das Buffett und den Biervorrat auszulöschen. Überhaupt keinen Spaß macht's natürlich mit wichtigen Menschen zu telefonieren, die einem im Brustton der Überzeugung mit Statements wie »Wir machen keine Hits, wir spielen sie« belästigen. Das hat mir wirklich mal einer gesagt. Die Radiopromotion haben wir übrigens fast eingestellt, wir arbeiten nur noch mit einigen ausgewählten Stationen zusammen, und dies teilweise sogar sehr harmonisch.

Guido Altmann, Promoter bei Alex Merck Music, betreut u.a. auch das neue Projekt des ehemaligen H-Blockx-Schlagzeugers: ILLEGAL ALIENS

Was sollte ein Künstler alles tun, damit Du eine erfolgreiche Promotion gewährleisten kannst?
MERLE LOTZ: Er sollte jedem mit dem notwendigen Respekt begegnen, sowohl dem Journalisten als auch dem gesamten Umfeld gegenüber. Ihm sollte klar sein, daß die Medien ihn zwar brauchen, um eine Geschichte zu verfassen, aber daß er auch die Medien braucht, damit sie seine Musik vorstellen. Hilfreich wäre es auch, wenn er die Promotion nicht als »notwendiges Übel« ansehen würde, sondern die darin liegende Notwendigkeit erkennt und sich dementsprechend verhält.
INA REEG: Wenn ich seitens der Plattenfirma alles Material pünktlich auf dem Tisch habe, sollten die Künstler eigentlich nur zuverlässig und professionell sein. Keine Interviews vermasseln, pünktlich sein und natürlich auch interessante Interviews geben. Es nützt einem der ganze Medienkontakt rein gar nichts, wenn man Künstler hat, denen man jedes Wort aus der Nase ziehen muß. Natürlich sollte ein Musiker auch mit Kritikern umgehen und sich auf die verschiedensten Medienpartner einstellen können. Ob nun Stadtmagazin, Tageszeitung oder Fanzine. Und wenn die Bands oder Künstler dann auch noch nett sind, ist alles perfekt.
GUIDO ALTMANN: Grundsätzlich ist natürlich gute und originelle Musik sehr hilfreich, hat die Künstlerin dann noch ein gutes Aussehen und dicke Titten, läufts wie geschmiert. Und der Promoter sollte RECHTZEITIG über Aktivitäten seitens des Künstlers informiert werden.

Und was sollte die Plattenfirma tun?
MERLE LOTZ: Die Plattenfirma sollte gleich zu Beginn mit dem Künstler abklären, was er nicht machen möchte. Auch ob es irgendwelche zeitlichen Beschränkungen o.ä. gibt. Weiterhin das Material für die Promotionkampagne frühzeitig zur Verfügung stellen, damit die Journalisten, welche für die Interviews akquiriert werden, genügend Zeit haben, um sich entsprechend mit dem Thema/Künstler auseinanderzusetzen.

Auch wäre eine schnelle interne Kommunikation von verschiedenen Bereichen, wie z.B. Promotion-, Marketing- und A&R -Abteilungen etc., hilfreich. Schnelles Kontakten von Managements oder Künstlern, um Anfragen direkt zu beantworten, wäre ebenfalls eine wünschenswerte Voraussetzung. Auch eine engere Zusammenarbeit zwischen Marketing und Promotion bringt Vorteile, da Marketingkampagnen auch Promotionargumente liefern.
INA REEG: Dafür zu sorgen, daß wir alles pünktlich haben, was wir brauchen, Fotos, CDs, Infos etc. ... Zudem ist es günstig, wenn die Promoter

mit den Plattenfirmen sich regelmäßig absprechen. Auch in der Anzeigenplanung, Clubpromotion etc. sollten sich beide absprechen.
GUIDO ALTMANN: Unmengen von Geld in die begleitenden Maßnahmen pumpen. Wenn keins da ist, viel Überzeugungsarbeit leisten und auf etwas Glück hoffen.

Welche Tips würdest Du jungen Bands geben wollen, die ihre Eigenproduktion selbst promoten wollen?
MERLE LOTZ: Sie sollten zum einen Tonträger mit relativ vielen »Hörproben« zusammenstellen (Tape oder CD, kein DAT). Zum anderen sollte immer eine Biographie dabei liegen, welche die wesentlichsten Fragen

Da macht Promotion wieder Spaß: KNORKATOR!
Die Firma Vielklang war begeistert.

beantwortet (z.B. wer ist die Band, woher kommt sie, welche Musik macht sie, wann die Veröffentlichung ansteht etc.). Fotos oder Dias (sofern es nicht vom Cover des Tonträgers ersichtlich ist) sollten ebenfalls beigelegt werden, damit die Redaktionen sich einen ersten Eindruck machen können. Sollte die Band/der Künstler auf Tour gehen, auf jeden Fall die Tourdaten mitschicken und eine Einladung zum Konzert aussprechen. Anschließend die Reaktionen auf das Produkt mit der dafür notwendigen Kritikfähigkeit abfragen.
INA REEG: Möglichst viele Medienkontakte sammeln, ob nun Radio, Fanzine oder Presseleute. Wenn man Konzerte hat, sollte man die Presselandschaft in der Nähe des Gigs ca. 6 Wochen vorher mit Foto, CD und Info bestücken und am besten nochmal dort anrufen und nach einer Konzertankündigung fragen. Ähnlich ist auch mit überregionalen Musikmagazinen zu verfahren. Viele Rockmagazine haben eine Demo- oder Eigenproduktionsseite, in der sie genau diese CDs berücksichtigen und vorstellen. Hat man genug Pressestimmen gesammelt, kann man diese auch bestens bei der Bewerbung bei einer Plattenfirma verwenden.
GUIDO ALTMANN: Das kann nur gut gehen, wenn sie umfangreiche Kontakte haben, das dürfte allerdings für die wenigsten Bands gelten. Also: Zielgruppe definieren und ein externes Promo-Büro beauftragen. Die meisten kommen einem finanziell sogar etwas entgegen.

Inwiefern sind sogenannte Gimmicks notwendig? Mußtet Ihr jemals Journalisten bestechen?
MERLE LOTZ: Ich glaube, daß sich jeder über nützliche oder witzige Dinge freut. Manche Redaktionen greifen auch in ihren Texten Gimmicks auf, dessen Bezug zur jeweiligen Musik witzig dargestellt ist. Man sollte jedoch nicht behaupten, daß Gimmicks ausschlaggebend dafür sind, daß eine Story oder Vorstellung damit größer ausfällt oder überhaupt rein kommt. Für meine Person kann ich sagen, daß ich bisher nie Journalisten bestochen habe und auch noch nie mußte, um eine Geschichte zu plazieren. Sicher tut man dem einen oder anderen gerne einen Gefallen, dies ist jedoch ein Bestandteil der Zusammenarbeit und keine Bestechung.
INA REEG: Da kann man sich streiten. Ich persönlich halte nicht viel von solchen Gimmicks, es sei denn, sie sind wirklich sehr gut und auch nicht für alle bestimmt. Es gibt immer Journalisten, die es sich echt verdient haben, daß man sie mal mit einer schönen Tourjacke oder einem T-Shirt »belohnt« oder mit einer Einladung zum Essen. Manche Journalisten begleiten ja unter Umständen eine Band oder einen Künstler und auch die Promoter jahrelang. Wenn aber Firmen meinen, ein »One-Hit-Wonder« nur

mit Gimmicks weiter voranzutreiben kann ich nur mit »Nicht notwendig« antworten. Bislang versuche ich mit guter Musik und meinem Charme zu bestechen, allerdings habe ich gerade vor kurzem erst einem befreundeten Redakteur zwei gute Flaschen Rotwein mitgebracht, da ich ihn wegen einer Tourpräsentation genau damit »bestochen« habe. Aber wie gesagt, er ist fast schon ein Freund. Allerdings weiß ich, wenn ein Promoter in einer großen Company sitzt, kann dieser schon mal »bestechen«, in dem er einem Medienpartner eine unbekannte Band »aufdrückt«, und ihm im Gegenzug ein Interview mit einer Band verschafft, die er vielleicht sonst hätte gar nicht interviewen dürfen (Weltstars!).
GUIDO ALTMANN: Jemals? Dauernd! Das war natürlich nur ein Witz.

Ina Reeg von Vielklang kümmerte sich auch schon um FURY IN THE SLAUGHTERHOUSE.

Diese Giveaways sind schon wichtig, um die Aufmerksamkeit auf die CD zu ziehen. Letztes Jahr zur PopKomm hatten wir zur »Blue Moves 3« Zippo-Imitationen mit Cover-Abbildung. Die wurden zu dieser Zeit nicht nur an Journalisten verteilt. Vor zwei Jahren gab es gar Kondome zu »Blue Moves 2«, in der Aufmachung glichen sie Streichholzmäppchen. Kam sehr gut an, zumindest bei weiten Teilen der Journalisten. Um wirklich Verkaufserfolge zu erreichen, sollten diese Giveaways auch noch an die Händler verteilt werden, was Aufgabe des Vertriebes ist.

Was sind Deiner Meinung nach die immer wieder gemachten größten Fehler von Künstler, Plattenfirma und Promoter bei der Promotion?
MERLE LOTZ: Bei Künstlern möchte ich Arroganz und Ignoranz angeben. Dies behindert sowohl die Interviewsituation vor Ort als auch das gesamte Umfeld, was sich letztendlich auch demotivierend auf alle Mitarbeiter auswirkt, die zum Gelingen der Promotionkampagne beitragen. Bei Plattenfirmen sehe ich eher die Kommunikation und schnelle Informationsweitergabe, die zum Gelingen einer guten Geschichte notwendig sind. Bei Promotern ist es manchmal die übertriebene Präsenz vor Ort, einige meinen, mindestens genauso wichtig wie der Künstler zu sein.
INA REEG: Bei Künstlern: Wenn sie der Plattenfirma/den Promotern argwöhnisch gegenüberstehen und kein Vertrauen haben, was jedoch durch die schwarzen Schafe der Branche schwer ist. Oftmals erscheinen viele Aktivitäten sinnlos, welche sich erst nach Jahren auszahlen. Kritik seitens Promoter/Plattenfirmen ruhig annehmen, auch wenn es zum Teil demotivierend ist, aber die Leute sitzen genau deshalb dort, damit sie ihre Erfahrung weitergeben können. Plattenfirmen: Wenn die ganze Abwicklung zu spät ist, um rechtzeitig die Medienpartner zur Veröffentlichung mit Material zu versorgen, dann kann auch ein Promoter nicht mehr viel erreichen, da die meisten Medienpartner den Anspruch haben, aktuell zu sein. Da muß man z.B. schon die Vorlaufzeiten der Magazine berücksichtigen. Zudem halte ich es für Verschwendung von Arbeit, Zeit und Geld, wenn die Plattenfirmen meinen, nur mit Geld, fetten Anzeigenetats und teuren Videoproduktionen Künstler »nach oben« zu bringen. Promoter/Promotion: Wenn die Promoter zu penetrant werden. Ich selbst habe schon mal so eine Erfahrung gemacht, als ich von einem Auftraggeber quasi gezwungen worden bin so zu handeln, das geht komplett nach hinten los. Fatal ist es auch, wenn sich eine Promotionfirma nur auf die Plattenfirma verläßt. Das beste ist, wenn man den Plattenfirmen weit vorher ein Promotionkonzept vorlegt, woran sie sich halten müssen. Ansonsten kann man keine Garantie für

zeitgenaues Arbeiten gewährleisten. Außerdem sollte eine Promofirma wirklich pingelig genau den Kontakten nachtelefonieren.
GUIDO ALTMANN: Keine Geduld und zu große Erwartungshaltung. Der Erfolg der Promotion ist doch auch sehr von der Finanzkraft der begleitenden Marketingstrategien abhängig.

Und was sind die größten Lügen der Journalisten?
MERLE LOTZ: Hier würde ich das Wort »Lügen« eher durch »Ausreden« ersetzen. Das heißt, der Journalist sollte lieber gleich klar und deutlich sagen, warum er das Produkt ablehnt und was dazu geführt hat, als den Promoter immer wieder anrufen zu lassen, um ihn auf die nächsten Tage zu vertrösten. Das Endergebnis bleibt sowieso gleich, nur wäre es sicher weniger Nerven- und Zeitaufwand für beide Seiten.
INA REEG: Die CD ist nicht angekommen!
GUIDO ALTMANN: Ich wußte nicht, daß ich das Buch hier alleine vollschreiben soll?!?! Nein, im Ernst, der Spruch »Gib mir Deine Nummer, ich ruf dann zurück« kann mir nur noch ein müdes Lächeln entlocken. Ärgerlicher sind dann schon die Versprechungen im Vorfeld, die dann nicht eingehalten werden. »Rezi kommt im August«, und im Oktober ist dann immer noch nichts zu finden...

Ich hoffe, Ihr konntet durch diese Interviews einige Abläufe in der Promotion erkennen und werdet jetzt so schlau sein, das beste daraus für Euch umzumünzen. Absichtlich habe ich mich vorrangig auf die Pressepromotion konzentriert. Denn mit der CD in der Presse unterkommen, ist zwar auch äußerst schwierig, aber das ist immer noch realistischer als z.B. ins Radio zu kommen. Grundsätzlich ist hier aber die Vorgehensweise eine ähnliche: die Sender bestücken und den Redakteuren auch nachtelefonieren. Aber Ihr solltet im Vorfeld schauen, was das für ein Sender ist, bei den meisten ist es aussichtslos. TV-Promotion läuft ebenfalls nach diesem Prinzip. Aber auch hier den eigenen Wirkungskreis nicht außer acht lassen. Es macht in Eurem Stadium sicher wenig Sinn, Euer Material an die Redaktion »Geld oder Liebe« zu schicken. Natürlich weiß ich das nicht so genau, vielleicht wartet ja Jürgen von der Lippe gerade auf Euer Päckchen...
Es ist auch bekannt, daß viele Bands erst durch MTV und VIVA den Sprung in die breite Öffentlichkeit schaffften. Doch wie kommt man dahin?

WIE KOMMT MEINE BAND AUF MTV?

Das möchte ich auch gern mal wissen. Man hört ja immer wieder, daß Plattenfirmen ein Riesenbudget für einen Videoclip locker machen, der es dann zwar in die Redaktionsstuben der Musiksender schafft, von da aber nicht mehr raus. Die Videoclips, die man den ganzen Tag über die Bildschirme flimmern sieht, sind so unterschiedlich, so daß man gar nicht erkennen kann, nach welchen Maßstäben die einzelnen Clips heraus gesucht worden sind. Fragen über Fragen, die ich an JOHANNES MERTMANN weitergab, der in der Hamburger MTV-Redaktion als Head Of Talent & Artist Relations mit dafür zuständig ist, das auszusuchen, was wir dann am heimischen TV-Gerät zu sehen bekommen.

In welcher genauen Funktion bist Du bei MTV tätig, und wie muß man sich Dein Aufgabengebiet vorstellen?
JOHANNES MERTMANN: Als Head Of Talent & Artist Relations für MTV Central bin ich für die Auswahl der für MTV geeigneten Künstler und deren Videos zuständig. Unsere Abteilung besetzt die MTV-Shows und Events mit Künstlern und koordiniert alle Abläufe mit den Labels. Damit einher geht der enge Kontakt zur Musikindustrie.

Wie eng ist der Kontakt zur Musikindustrie?
JOHANNES MERTMANN: Wir treffen uns regelmäßig mit Promotern und Marketing-Leuten der Labels und begutachten ihre Prioritäten auf ihre MTV-Tauglichkeit. Dabei geht es oftmals um das komplette Promotionpaket, das um einen Künstler/Track herum gebastelt wird.

Nach welchen Prinzipien sucht Ihr die Clips für Euer Programm aus?
JOHANNES MERTMANN: Erstens ist die Qualität bzw. auch Originalität und Authentizität des Clips für MTV entscheidend. Ein Clip muß nicht unbedingt 2,5 Mio Dollar kosten, um gut zu sein, sondern kann auch durch eine faszinierende Story oder das Zusammenspiel von Bildern und Musik begeistern. Zweitens muß das Video natürlich unseren Zuschauern gefallen. Hier analysieren wir genau, welche musikalischen Genres bei den MTV-Junkies gefragt sind.

Wie analysiert Ihr das?
JOHANNES MERTMANN: Wir machen regelmäßig Call Outs, um einzelne Titel, die sich auf der Playlist befinden, auf ihre Akzeptanz zu testen.

Natürlich werden auch adäquate andere Medien observiert, wie Zielgruppen-Zeitschriften und bestimmte Radiosender.

Würdest Du einer jungen Band raten, zu ihrer CD, die über einen Independentvertrieb zu haben ist, einen Clip zu drehen und diesen dann an MTV zu schicken?
JOHANNES MERTMANN: Das hat erstmal nichts mit der Vertriebsform zu tun, es ist egal, ob Industrie oder Independent. Das hängt sehr von der Kommerzialität und Aktualität der Band und des Songs ab. Ein Act wie Guano Apes hätte es vermutlich nicht bis in die oberen Chartregionen geschafft ohne Video. Klar ist es auch cool, sein Video bei MTV zu sehen, aber grundsätzlich würde ich bei der Videoentscheidung zunächst andere Reaktionen abwarten, wie das Feedback beim Radio und was bei Liveauftritten vor der Bühne passiert.

Was sollte eine Band/ein Label beachten, wenn sie Euch ein Video schicken?
JOHANNES MERTMANN: Nicht zuviel Geld dafür ausgeben, sondern lieber mit Kreativität ausgleichen. Am Ende des Tages zahlt doch die Band dafür. Es gibt auch klasse Clips, die »nur« 10.000 DM gekostet haben.

Du bist selbst Musiker, fällt es da manchmal besonders schwer, Clips abzulehnen?
JOHANNES MERTMANN: Klar ist es oftmals ätzend, mit der Ablehnung eines Videos eine Künstlerkarriere zu zerstören oder zumindest zu gefährden, zumal es auch oft vorkommt, daß man die betreffenden Musiker persönlich kennt. Und natürlich weiß ich, daß am Video, welches ja Teil des Künstler-Gesamtwerks ist, sehr viel Herzblut hängt. Aber letztlich ist man da in Sachzwängen gefangen. Die Industrie muß einfach lernen, daß mit der Produktion eines Videos auch mal gewartet werden kann, um das Potential eines Songs sicherer einschätzen zu können.

Diverse Medien fördern den musikalischen Nachwuchs, selbst den ohne Deal, wie z.B. SWR 3 mit dem »Rookie der Woche«. Gibt es Pläne, daß auch MTV in dieser Richtung aktiv wird? Oder bestehen gar schon Formate, die sich mit Newcomern beschäftigen?
JOHANNES MERTMANN: Zunächst mal helfen wir durch Jury-Teilnahmen und Präsentation etwa beim »f6 Music Award« oder beim »SWR 3 Rookie«, dem Nachwuchs eine Chance zu geben. Darüber hinaus planen wir ganz aktuell eine Internetplattform für Nachwuchsbands zu schaffen,

die »MTV Unsigned« heißen wird. Details sind noch geheim, wird aber großartig!

PROMOTION-AGENTUREN

Angenommen, Ihr möchtet aufgrund der Komplexität des Aufgabengebietes doch lieber ein externes Promotionbüro beauftragen (entweder ist die Bandkasse durch vieles Touren voll oder aber Oma sponsert...), dann könnt Ihr hier schauen. Das sind Adressen von Promotionagenturen, die ich durch meine Arbeit kennenlernen durfte, und alle hier genannten hinterlassen einen allerbesten Eindruck. Das ist natürlich trotz alledem keine Erfolgsgarantie.

Johannes Mertmann (rechts) entscheidet mit, welche Videos man auf MTV sehen kann. Das Foto zeigt ihn (neben Selig-Produzent Franz Plasa) in seiner knappen Freizeit als Juror beim »f6 Music Award 99«.

DIE ADRESSEN:

Bigfish Promotion
Biggi Fischer
Gilbachstr. 29 a
50672 Köln
Telefon: 0221 – 9521789
Telefax: 0221 – 9521799

Brainstorm
P.O.Box 1320
87509 Immenstadt
Telefon: 08323 – 963335
Telefax: 08323 – 963329

Brooke-Lynn Promotion
Birgit Bräckle
Speicherseestr. 94
85652 Landsham
Telefon: 089 – 90198808
Telefax: 089 – 90198809

Capital Music & Media
Thomas Franke
Marienstr. 5
10117 Berlin
Telefon: 030 – 30872883
Telefax: 030 – 30872880

C & D Promotion
Widdersdorfer Str. 215
50825 Köln
Telefon: 0221 – 5466540
Telefax: 0221 – 5463944

Deja Vu Promotion
Silvia Kagel
Ludwig-Wilhelm-Str.9
75177 Pforzheim
Telefon: 07231 – 101551
Telefax: 07231 – 140925

die 4ma
Sabine Friedrich
Huckarder Str. 10 – 12
44147 Dortmund

Telefon: 0231 – 162248
Telefax: 0231 – 162256

Dunefish Promotion
Scharnweberstr. 21
12587 Berlin
Telefon: 030 – 64197153
Telefax: 030 – 64197154

Flying Dolphin
Lichtstr. 50
50825 Köln

Focusion
Promotion & Marketing
PF 31
73062 Uhingen

Kingink
Essener Str. 54 a
40885 Ratingen
Telefon 02054 – 971172

Media Culture
Karlstr. 40 – 44
50679 Köln
Telefon 0221 – 973360
Telefax 0221 – 9733640

ML Promotion
Merle Lotz
Kirchbachweg 13
81479 München
Telefon: 089 – 74997970
Telefax: 089 – 74997971

NTT
Borker Str. 4
45731 Waltrop
Telefon: 02309 – 91301
Telefax: 02309 – 91306

Nuzzcom
Heike Urban
Homburger Landstr. 122
60435 Frankfurt/M.

Telefon: 069 – 95434915
Telefax: 069 – 95434922

Peculiar Promotion
Patricia Dietz
Paependamm 24
20146 Hamburg
Telefon: 040 – 41354133
Telefax: 040 – 41354134

Preisinger, Barbara
Zehdenicker Str. 14
10119 Berlin
Telefon: 030 – 44054106
Telefax: 030 – 44054107

Pro Team
Allersberger Str. 185
90461 Nürnberg
Telefon: 0911 – 9464490
Telefax: 0911 – 9464492

PR Rauch & Schmitt
Wittmannstr.2
64285 Darmstadt
Telefon: 06151 – 63679
Telefax: 06151 – 64627

Rotosonique
Dominique Hütten
Schliemannstr. 4
10437 Berlin
Telefon: 030 – 44049467
Telefax: 030 – 44049468

Starkult Promotion
Jörg Timp
Merowingerstr. 57
40225 Düsseldorf
Telefon: 0211 – 3119566
Telefax: 0211 – 3119568

uk-Promotion
Uwe Kerkau
Habichtweg 34
51491 Overath
Telefon: 02206 – 80007
Telefax: 02206 – 80776

Volume 11
Plankgasse 42
50668 Köln
Telefon: 0221 – 2226371
Telefax: 0221 – 2226375

Zuständige Agentur
Violetta Cyrol
Haydnallee 49
14612 Falkensee
Telefon: 03322 – 236258

2 x Zwei Promotion
Ulf Zick
Lübecker Str. 44
10559 Berlin
Telefon: 030 – 3946970
Telefax: 030 – 3942128

III. »DAS ZIEL« – DER PLATTENVERTRAG

Zwar wurden von mir die einzelnen Bereiche fein säuberlich getrennt, damit eine sogenannte Lesefreundlichkeit entsteht, aber wer eben nicht erst hier anfängt zu lesen, sondern schon mal einen Blick auf die Seiten davor wagte, weiß, daß die eben genannten Trennungen so nicht funktionieren. Was mir meine Interviewpartner von den einzelnen Labels, von den Promotionfirmen oder auch von MTV und ME/Sounds erzählt haben, hat auch hier seine Gültigkeit. Denn, wie schon an anderer Stelle erwähnt, existieren draußen am Markt die gleichen Spielregeln. Es ist völlig egal, ob allerkleinste Independentfirma oder größte Majorcompany, im CD-Regal schreien beide Produktionen hilferingend »Kauf mich«, und der Kunde läuft an beiden taub vorbei... Doch das nur am Rande, mit anderen Worten: wenn Ihr diese Zeilen wirken laßt, dann vergeßt die Seiten davor nicht.

Okay, angenommen Eure derzeitige Bandsituation ist eine ganz besondere: Ihr habt getourt wie die blöden, Eure CD-Eigenproduktion ist beinahe ausverkauft, im Radio wurdet Ihr schon gespielt und eine nicht zu kleine Zeitung schrieb, Ihr hättet den Pop fürs neue Jahrtausend kreiert. Na bitte. Also habt Ihr frohen Mutes Eure neuen Aufnahmen wieder an jede auffindbare Labeladresse geschickt und siehe da, es kommen nicht nur Absagen in Formbriefen formuliert... Es ist sogar so ein merkwürdiges Gefühl, daß Ihr glaubt, einigen Firmen Absagen schicken zu müssen. In Interviews von anderen Bands hattet Ihr ja immer gelesen: »Wir sind bei Firma Sowieso und die hatten einfach das bessere Angebot.« So wird es auch Euch ergehen, denkt Ihr, und wahrscheinlich kann es tatsächlich so passieren. Aber Ihr kennt auch genauso viele Interviews, in denen die Bands mit einem weinenden Auge erzählen, was beim so hoffnungsvoll begonnenen Deal plötzlich nicht mehr klappte. Ihr seht diese Zitate als fette Schlagzeilen vor Euch: »Wir brauchten Jahre, um aus dem Vertrag wieder rauszukommen!« Ihr lest etwas von teuren Anwälten... Und eigentlich ist Euch richtig schlecht. Welches Label ist nun das richtige für Euch?

Aber wieder der Reihe nach! Und fangen wir mal ruhig im Urschleim an.

DIE TYPEN DER PLATTENFIRMEN

In vorangegangenen Kapiteln wurden die einzelnen Typen ja bereits erwähnt und die Kenntnisse der Unterschiede bei Euch einfach vorausgesetzt. Wer immer noch achselzuckend dasteht, wird an dieser Stelle aufgeklärt: es handelt sich um zwei grundlegende Plattenfirmentypen, auf der einen Seite gibt es die Majorcompanies, in Kurzform »Majors«, das sind die großen Konzerne, die Musikindustrie – und auf der anderen Seite stehen die Independentfirmen. Independent heißt unabhängig, und das sind nun mal die kleineren Firmen. Das klingt einleuchtend, da die Großen, und da die Kleinen. Doch diese scheinbar glasklare Trennung zwischen den beiden funktioniert schon lange nicht mehr, und das ist in vielen Fällen auch gut so. Kleinen geschichtlichen Rückblick gefällig? Bitte schön! Um es kurz zu machen: Musik gab es ja immer schon und eine etwaige Genre-Trennung sah höchstens so aus: Musik für junge Leute und Musik für alte Leute. Der Geschmack war ein Generationsproblem. So hatten dann die Plattenfirmen auch kein Problem damit, »up to date« zu sein. Selbst als sich die Musik dann weiterentwickelte, machte sie das so langsam, daß das kein Major dieser Welt verschlafen konnte. Zwar gab es dann auch schon immer die eine oder andere Firma, die etwas Neues entdeckte und förderte, die wurde jedoch, wenn es wirklich losging, von einer großen Company geschluckt, und das in einem so frühen Stadium, daß wir von einer Independententwicklung noch gar nicht sprechen können. Die Varianten der Popmusik kamen peu a peu: Rock'n'Roll, Soul, Beat, später dann »Flower Power Musik« und in den 70ern Progressive, Disco und Hardrock. Die Majors waren sich im Laufe der Jahre ihrer Sache absolut sicher, so daß sie dann doch ein wenig müde wurden. Was sollte schon passieren? Und sollte doch etwas Neues Unerwartetes entstehen, dann konnte man schließlich immer noch seinen prall gefüllten Geldbeutel zücken. Doch es kam alles anders! Es entstanden nicht nur neue Musikrichtungen wie z.B. Punk sondern auch ganz neue Verhaltensweisen der Schallplattenherausgeber: die hatten nämlich gar keine Lust, sich von der Industrie kaufen zu lassen. Die wollten unabhängig bleiben, nämlich independent! Das blieb natürlich nicht so und die Geschichte nahm ihren Lauf: Independentfirmen transportierten geniale Kellercombos ans Tageslicht, machten mit ihnen eine Platte, und sobald sich ein etwas größerer Erfolg einstellte (alles war möglich!) schlugen die Majors zu und lockten die Bands mit Kohle und Kaviar... Das war jedoch nicht der Anfang eines Krieges der beiden Lager Indie und Major, sondern der Beginn einer zuerst nicht denkbaren Zusammenarbeit. Kurz: die Independentfirmen wurden Trendlieferer, und falls Erfolg drohte, schlugen die Majors wieder zu, während die Indies mit diesem Geld wieder nach neuen Trends spähten. Viele Labels bezeichnen sich heute als Zwitter, schwärmen von ihrer Arbeitsweise: »Wie beim Indie: familär, genauer Überblick, durch bewußt klein gehaltenen Apparat flexible Entscheidungsmöglichkeiten« mit der Schlagkraft des Majors: »Marketinggelder, Vertriebs-KnowHow usw.« Um die Verwirrung perfekt zu machen, begannen Majors auch im eigenem Hause »Indie« zu spielen. Zum Beispiel hat die POLYDOR ein Label namens BONANZA, das ist keine Independentfirma, die mit einem Major kooperiert, sondern eine hausinterne Abteilung. Ein anderes Beispiel: Das Berliner Label TURBO BEAT gründete sich als etwas eigenständiges, kam dann später mit ganz konkreten Konzepten zum Major BMG Berlin, hat sich eine Unabhängigkeit bewahrt und gilt trotzdem als Kreativzelle der BMG, als eine tragende Säule des Erfolgs. Doch zurück zur Ausgangssituation: ca. 80% des Tonträgerumsatzes sind in »Majorhand«, so kommt's, daß die meisten fetten Erfolge auf das Konto von BMG, EMI Electrola, Universal, Sony und Warner gehen, und nur in den allerseltensten Fällen auf das Konto der Kleinen. Das dazu, und zum Zauberwort »Label« noch soviel: Label kann eigentlich mit Plattenfirma gleichgesetzt werden, aber nur bedingt, denn oftmals besteht eine einzige Firma aus mehreren Labels, z.B., wenn diese Firma verschiedene Musikrichtungen veröffentlicht. Denn Labelbezeichnungen sind unter Umständen auch Verkaufsargumente: der Klassikfreund weiß die Qualität der »Deutschen Grammophon« zu schätzen, der Jazzer »Blue Note« (der modernere ECM), der New Age-Fan Sattva Music, und so kaufen Fans dieser Labels auch mal eine Platte, von der sie vorher noch nichts gehört haben, dennoch aber überzeugt sind, mit dem Kauf das richtige zu tun, weil sie eben das Label mögen. Das funktioniert ja auch in anderen Bereichen: in der Bekleidungsindustrie zum Beispiel. Es ließen sich noch weitere Beispiele anfügen, zig weitere Varianten von Kooperationen zwischen Indies und Majors auflisten, das könnten wir alles machen, aber schließlich soll ja auch noch die eine oder andere Begebenheit auf der Dealsuche beschrieben werden. Zum Beispiel:

WELCHE IST DIE RICHTIGE PLATTENFIRMA?

Ganz genau und vollständig läßt sich dieser Punkt leider nicht beantworten. Außerdem meine ich die Frage in der Überschrift in musikalischer Hinsicht, denn in Hinsicht des Vertrages gibt es soviel unterschiedliche Verträge wie es verschiedene Bands gibt. Zumal ja vieles auch eine Mentalitätsfrage ist: Vielleicht seid Ihr ja froh, wenn statt der eigenen Band Gastmusiker Eure Platte einspielen, Ihr Euch keinen Kopf um Cover und Titelreihenfolge machen müßt. Deshalb läßt es sich aus meiner Rolle heraus gar nicht sagen, was für Euch das beste ist. Das müßt Ihr trotz der Investition von DM 29,80 für dieses Buch immer noch selbst tun! Die Thematik der Überschrift soll Euch einfach dazu bringen, zu überlegen, wem Ihr Euer Tape schickt und wem nicht. Denn es gibt soviele Labels, daß es Euch sicher gar nicht möglich ist, alle zu bestücken. Und selbst wenn doch, müßt Ihr zugeben, daß es wenig Sinn macht, ein Synthiepopstück einem Blueslabel anzubieten. Erinnert Euch an das Bookingthema, da wollten wir als Heavyband auch nicht im Wiener Caféhaus spielen – oder so ähnlich. Bei den Majors läßt sich das meistens nicht so gut auseinander klamüsern, welche Richtungen man bevorzugt. Das ist auch nicht weiter schlimm, denn trotz 80% Marktanteil gibt es unterm Strich gar nicht soviel Majorlabels (es sind natürlich immer noch genug, um die Portokasse arm zu machen). Außerdem ändern die ja oftmals auch den Kurs, so daß da Eure Tapes immer richtig sind, nur vielleicht in dem Augenblick nicht, wenn sie ankommen. Bestücken solltet Ihr deshalb auch sehr umfangreich die mittleren und kleinen Firmen, nicht unbedingt, damit Ihr bei einer kleinen Firma landet, sondern weil eine kleine Firma sich wieder eine große sucht usw....

Wie kriegt man nun raus, welche Firma für das eigene Material potentiell in Frage kommt? Ganz klar und wahrscheinlich der simpelste Hinweis dieses Buches: Anrufen! »Guten Tag, wir möchten Ihnen unser Demo schicken. Besteht denn grundsätzlich überhaupt Interesse an Blues (z.B.)-Bands?« Solltet Ihr ein Faible für Labels entwickelt haben, so reicht oftmals auch ein Gang in den nächsten CD-Shop, um sich dort mal ein bißchen umzugucken, was denn da auf den CDs für Labelnamen prangen. Wer allerdings nicht den Unterschied zwischen beispielsweise BMG Ariola München und BMG Berlin erkennt, sollte auf die Variante mit dem telefonischen Nachfragen setzen. Manchmal müßt Ihr den Blick auf so ein CD-Cover aber genauer schärfen. Nehmen wir zum Beispiel CDs von den INCHTABOKATABLES, BELL BOOK & CANDLE, den PUHDYS und meinetwegen noch LOU BEGA, dann sehen wir zuallererst bei allen vieren: BMG Berlin Musik GmbH. Dennoch kommen alle vier von einem jeweils anderen Label, welches auch seine eigenen Ansprechpartner hat. Denn vielleicht erst mit dem zweiten Blick erkennbar, gehören die INCHTABOKATABLES zu K & P, BELL BOOK & CANDLE zu Turbo Beat, die PUHDYS zu Amiga und LOU BEGA zu Lautstark... Alles klar?

DER A&R – MANAGER

Da ist er nun also, das geliebte Haßobjekt. Bands in ihren feuchten Kellern haben da ja ganz konkrete Vorstellungen: arrogante Schnösel, die in einem mit Goldenen Schallplatten tapezierten Büro hocken, naserümpfend jeden Morgen ein weiteres großes Paket mit unzähligen Demos in Empfang nehmen (müssen), notfalls in das eine oder andere Stück reinhören (nur kurz und natürlich gar nicht richtig hinhörend), um dann dem nervendem Anrufer (wenn der überhaupt durchgekommen ist) mit einem Grinsen auf den Lippen zu sagen: »Ich höre keine Single!«. Den restlichen 999 Bewerbern schickt er einen Brief: »Drück mal die Serienbrieftaste«, sagt er seiner Sekretärin, und so kommen die Ablehnungsschreiben wie vom Fließband daher: »Leider müssen wir Ihnen mitteilen, daß uns Ihr Produkt nicht restlos überzeugen konnte.« oder »Wir bedauern, Ihnen mitteilen zu müssen, daß wir zum gegenwärtigen Zeitpunkt keine Möglichkeit einer Veröffentlichung sehen.« oder, oder, oder... Dann geht der A&R-Manager (steht natürlich auch für A&R-Managerin, davon gibt es nämlich auch eine Menge) zum Meeting, dann zum Mittag, dann wieder zum Meeting – und das alles nur, damit der A&R nicht noch weitere Demos hören oder gar lästige Anrufe von Musikern entgegen nehmen muß. Der A&R-Manager ist nämlich die Spitze der bösen, bösen Musikindustrie...

Das klingt alles sehr stark übertrieben und glücklicherweise ist es das auch, doch landesweit kursieren tatsächlich solche verschrobenen Ansichten. Sicher gibt es in jeder Branche schwarze Schafe, und vielleicht gibt es einige, die ihren totalen Spaß daran haben, eine semi-professionelle Band runterzuputzen. Aber das sind sicher die, die eh nicht lange auf ihren Bürostühlen sitzen. Und um nochmal bei der beschriebenen Situation zu bleiben: selbst wenn der A&R sein Büro mit Goldenen Schallplatten tapeziert hat, die müssen ja irgendwo herkommen, die hatte man ihm ja nicht nur reingehangen, weil zufällig ein bißchen Platz an den Wänden war. Um so einen A&R-Manager mal aus einem anderen Blickwinkel zu sehen, solltet Ihr Euch vielleicht einfach mal in die Rolle eines solchen versetzen.

Das A&R steht übrigens, wer es noch nicht weiß, für Artist & Repertoire und bildet das Herzstück einer Plattenfirma, weil – logische Schlußfolgerung – eine Plattenfirma ohne Künstler und ohne Songs gar keine wäre. Also muß dieses Herzstück auch richtig schlagen, macht es das nicht, muß es ausgewechselt werden, und hört es auf zu schlagen, dann ist es tot, und mit dem Herz die ganze Plattenfirma. Also lastet auf diesen A&R-Teams (es sind pro Firma meistens immer mehrere) eine verdammt hohe Verantwortung. Wenn die ihren Job nicht verstehen, kann es das gewesen sein, nicht nur für den einzelnen, sondern mitunter für das ganze Label. Dabei muß der A&R nicht nur nach dem Hit fürs nächste Halbjahr suchen, sondern auch Künstlerpersönlichkeiten finden, mit denen man an einer jahrelangen Karriere basteln kann. Denn den Plattenfirmen geht es nicht nur darum, den schnellen Hit zu machen, sondern auch das sogenannte Backprogramm zu pflegen und zu ergänzen. Erst neulich hast Du Dir eine alte Grönemeyer-Scheibe gekauft, denkst Du, und hast genau jenes damit getan, was sich die Tonträgerindustrie so sehnlichst wünscht, aber wiederum hat die Industrie genau das in den letzten Jahren stark vernachlässigt. Konnte man früher von befragten Künstlern hören, daß sie einen Deal für drei Platten haben und auch erst die dritte ein bißchen Gewinn einfahren muß, dann hört sich das heute wie ein Märchen aus einer anderen Zeit, wenn nicht gar wie eins aus einer anderen Welt an. Das Anliegen der Industrie ist jedoch nachvollziehbar, sie müssen Umsätze machen, um überhaupt am Markt bestehen zu können. Selbst ein Branchenriese braucht Einnahmequellen. Hinzu kommt, daß die Situation der Tonträgerbranche noch nie so schlecht wie jetzt war, so daß zwar auch Komplettlösungen gefragt sind, aber um wenigstens noch ein gutes Stück von der immer kleiner werdenden Torte abzubekommen, muß der A&R -Manager schneller denn je sein, und auch die richtige Spürnase haben...

Aber macht das mal, die A&Rs sind schließlich auch nur Musikjunkies wie Ihr vielleicht, sie konnten natürlich schon zahlreiche Erfahrungen allein durch die Demo-Menge auf ihrem Tisch sammeln, aber ansonsten sind das ganz normale Menschen. Und Menschen irren nun mal, denn irren ist menschlich. Damit will ich sagen, daß auch der Hit von morgen versehentlich von einer Firma abgelehnt werden kann. Der A&R-Manager sitzt also auf einem Stuhl, an dem längst gesägt wird. Deshalb brauchen die »Herzstücke« umgehend Erfolg, damit sie den angesägten Stuhl gegen einen (Chef)sessel eintauschen können, klappt das nicht, bleiben sie auf ihren Stühlen, der schon im nächsten Moment ein ganzes Stück kürzer ist... Die Situation ist sogar so schizophren, daß selbst mich (Schlußlicht der Branche) A&Rs fragen, ob ich nicht einen heißen Tip hätte, und das, obwohl sie Demos kistenweise in ihren Büros zu stehen haben. Das hatte ich auch mal in meinem Musikmagazin gaffa ausprobiert, zum einen schrieben wir über eine kleine Kapelle in der ostdeutschen Provinz und fragten fast beiläufig, warum denn SCYCS aus Magdeburg und nicht... aus.... Prompt stand in der Redaktion das Telefon nicht mehr still. Zum anderen hatten wir bei einer ebenso talentierten Combo in Überschriftnähe »Pennen die A&Rs?« formuliert, was noch mehr Anrufe, Faxe und E-Mails der A&R-Manager (auch die der großen Firmen) in unserer Redaktion einbrachte. Was ich damit sagen will, daß die A&R-Manager ganz bestimmt nicht pennen, daß sie verdammt gut aufpassen, was läuft, daß sie Konzerte besuchen, in Probekellern gucken, sich umhören, Fanzines lesen usw.

Und wenn man das weiß, solltet Ihr als Musiker auch mal ganz ehrlich zu Euch selbst sein. Ihr kennt das ja, Ihr hattet mal ein Demo aufgenommen, das Nonplusultra – versteht sich – , und nur ein halbes Jahr später wolltet Ihr genau dieses Demo niemandem mehr geben. Ist nun Euer neues Demo wirklich das Megading? Klingt es nicht doch wieder nur nach Jim Morrison, Eurem Vorbild? Wenn Ihr Euch natürlich immer noch ganz sicher seid, etwas wirklich tolles fabriziert zu haben, dann solltet Ihr es den A&Rs auch wissen lassen und ganz massiv dranbleiben. Es macht mit Sicherheit keinen Spaß, zu hören, daß der A&R bei Mittag und Meeting ist (einer sagte mir mal, er könne mir noch nichts sagen, weil er seine Jacke noch nicht ausgezogen hat, ernsthaft!), aber das gehört scheinbar dazu, der Weg ist steinig und wird nach der Unterzeichnung eines Plattenvertrages noch steiniger, warum sollte da ausgerechnet der Weg in die A&R-Abteilung sauber asphaltiert sein?

NACHGEFRAGT BEI JÜRGEN OXENKNECHT, FREELANCE A&R BEI DER EMI

Was geht bei den A&R-Managern wirklich ab? Wie sind sie drauf, was tun sie? Ich fragte JÜRGEN OXENKNECHT, Jahrgang 1965, der seit 1993 im Musikbusiness in den verschiedensten Bereichen tätig war, erst als Radio/Presse-Promoter, dann als Product Manager und nun als A&R-Manager für die Kölner EMI Electrola (u.a. sind hier BAP, Grönemeyer usw.). Mein Gesprächspartner konnte bereits TANZWUT und Ex-MESSER BANZANI für die EMI signen, außerdem ist er Manager der zumindest in Berlin bekannten »Nepper, Schlepper...«.

Du bist Freelance A&R-Manager für die EMI in Berlin. Was heißt das konkret, was muß man in diesem Job genau tun?
JÜRGEN OXENKNECHT: Im weitesten Sinne neue Trends aufspüren (im Monat lese ich z.B. ca.50 Magazine), Konzerte besuchen, Produzenten kennenlernen und letztendlich Musiker unter Vertrag nehmen. Danach betreut man die Musikproduktion bis zum Mastering. Ab diesem Punkt arbeitet man dann gemeinsam mit dem Product Manager am Marketing...

Viele Bands heulen immer rum, daß die A&Rs in den Plattenfirmen nicht wirklich etwas tun. Wie würdest Du diese Situation beschreiben?
JÜRGEN OXENKNECHT: Das stimmt auf keinen Fall. Es gibt nur viel zuviele Bands, so daß der einzelne A&R nicht auf jedes Thema 100%ig eingehen kann.

Wie nimmt eine Band am besten Kontakt mit einem A&R auf?
JÜRGEN OXENKNECHT: Zuerst ein Demo produzieren und dann ran an den A&R, egal wie !

Wie muß eine Band klingen, die Du gleich morgen signen wirst?
JÜRGEN OXENKNECHT: Die Band muß einen eigenständigen Stil haben.

Was muß so eine Band – außer den Songs – noch so an Voraussetzungen und Selbstverständlichkeiten mitbringen?
JÜRGEN OXENKNECHT: Sie sollte Liveerfahrung haben und ein gewisses Fanfundament mitbringen. Außerdem sollte die Band kompromißbereit sein, an sich glauben und natürlich alles geben, auch wenn der Weg steinig ist.

Ist es wirklich wichtig, daß eine Band schon hunderte von Konzerten absolviert hat, daß sie vielleicht 500 mal eine Eigenproduktion verkauft hat und einige Pressereviews vorweisen kann?
JÜRGEN OXENKNECHT: Ja und Nein! Sollte die Band mögliche Radiosingles haben, dann kann der Aufbau einer Karriere auch mit wenigen Konzerten funktionieren. Sollte die Band keine Topsingle haben, ist es ohne Fundament an Presse und Livererfahrung nur wenig möglich, etwas durchzusetzen.

Wie sollten die Aufnahmen sein? Reicht ein Proberaummitschnitt, um das Songpotential zu erkennen oder ist eine amtliche Studioproduktion doch hilfreicher?
JÜRGEN OXENKNECHT: In den seltensten Fällen reicht ein Proberaummitschnitt – es sollte schon eine Studioproduktion sein, die nicht teuer sein muß. Die gibt es so ab DM 300,– am Tag, und es müssen ja nicht viele Songs sein.

Was machen Deiner Meinung nach die meisten Bands falsch?
JÜRGEN OXENKNECHT: Viele haben einen zu hohen künstlerischen Anspruch, es wird viel zuviel diskutiert. Und viele wissen nicht, daß man

ausschließlich an seinem Traum arbeiten muß – Taxi fahren, studieren und nur »nebenbei« Musik machen, funktioniert in den seltensten Fällen. Außerdem machen sich viele Bands keine Gedanken über sogenannte »Originalität«.

Bei den Nepper's bist Du auch Manager, wäre es nicht praktisch, sie gleich an die EMI zu verdealen?
JÜRGEN OXENKNECHT: Praktisch ja, aber inhaltlich wäre das falsch. Die NEPPER sind ein regionaler Radioact, der zuerst in Berlin aufgebaut werden muß, und dies kann kein bundesweit agierender Major, sondern nur ein Indielabel in Berlin. Bei Erfolg könnte es in der Zukunft irgendwann anders aussehen.

EMI-Freelance A&R Jürgen Oxenknecht nahm TANZWUT unter Vertrag.

Mit TANZWUT hast Du bereits bewiesen, daß Du einen richtigen Riecher hast. Wodurch ist Dir die Band aufgefallen? Was mußte sich alles ändern, bis Du sie signen konntest?
JÜRGEN OXENKNECHT: TANZWUT sind mir zuerst aufgrund ihres Bandnamens aufgefallen. Nachdem sie gesignt wurden, mußte die Band hart an neuen Songs und an ihrer Bühnenperformance arbeiten. Insgesamt aber hat die Band das Konzept schon aufgrund ihrer Eigenständigkeit vorgegeben...

Welche allgemeinen Tips würdest Du jungen Bands noch geben wollen?
JÜRGEN OXENKNECHT: Niemals aufgeben – wenn jemand wirklich an sich glaubt und Talent hat, dann schafft er es über kurz oder lang, wenn er beständig und hart an sich arbeitet. Außerdem sollte sich eine junge Band nach einem Manager umsehen, der mehr als nur ein »guter Freund« der Band ist.

Welche Trends dürfen wir Deiner Meinung nach in Kürze erwarten?
JÜRGEN OXENKNECHT: HipHop wird mit Reggae »vercrosst«, die Gothicnische wird wachsen, Worldmusic wird immer populärer, deutschsprachige Musik und deutsche Klischees werden im Ausland eine größere Akzeptanz finden. Und Techno »zerfleddert« immer mehr und wird immer weniger gekauft werden, obwohl er als Partymusik Bestand haben wird. Unsere Ohren öffnen sich mehr und mehr für Latinomusik und die spanische Sprache.

NACHGEFRAGT BEI FRANK MAASS, GESCHÄFTSFÜHRER VON TURBO BEAT

Turbo Beat ist eine noch relativ junge Produktions- und Plattenfirma in Berlin, die sich aber zweifellos durchsetzen konnte. Turbo Beat hatten Acts wie X-Perience produziert, und mit BELL BOOK & CANDLE sowie MALADMENT haben sie auf ihrem eigenem von der BMG vertriebenen Label erfolgreiche Bands am Start. Ich besuchte den Labelmanager (gleichzeitig einer der drei Geschäftsführer) FRANK MAASS und wollte von ihm wissen, was er jungen Bands raten kann.

Was sollte eine Band tun, die sich bei einer Plattenfirma bewerben will. Wie sollte sie vorgehen?
FRANK MAASS: Es gibt meiner Meinung nach zwei Wege. Der eine ist,

daß man eine sehr gute Präsentationsmappe vorlegt, an der man einfach erkennt, daß die Band einen Plan hat, daß sie eben nicht nur Musik macht. Daß die Band nicht nur im Studio sitzt und von da aus den Labels was auf den Tisch schmeißt: »Hier habt ihr, könnt ihr verkaufen!« Eine Präsentation, an der man erkennt, die Band hat ein Ziel, daß sie nicht nur Platten verkaufen will, sondern auch live gut unterwegs und über eine lange Zeit erfolgreich sein will. Daß man merkt, daß die Künstler ständig an sich arbeiten, die sich ständig weiterentwickeln wollen. Und nicht nur immer geschubst werden muß, daß eben nicht nur die Plattenfirma sagt: Jetzt machen wir mal das und dann machen wir mal jenes. Das sind dann die Acts, die man erst jahrelang aufbauen muß, die erst mit der zweiten oder dritten Produktion Erfolge feiern. Der andere Weg ist, daß Du ein Demo auf dem Tisch hast, und beim Hören klasse findest. Daß Du sagst: das ist so markant, so einzigartig im Moment, da muß man gar nicht viel erklären, da funktioniert der Song an sich. Da gibt es ja genug Beispiele mit den One Hit-Wonders.

Können sich denn die Plattenfirmen das überhaupt noch leisten, zwei oder drei nicht so erfolgreiche Alben einer Band...
FRANK MAASS: Eigentlich ja. Das ist an sich auch das Ziel. Denn Du hast ja bei diesen One Shots immense Ausgaben, Du investierst im Prinzip nämlich das gleiche wie in so einen Aufbau eines längerfristigen Acts. Doch wenn so ein Act über zehn Jahre lebt und Dir Produkte liefert, dann nimmt das Investment mit den Jahren ab und der Profit nimmt zu. Bei dem One Hit-Wonder schießt Du in den Sternenhimmel, und der verglüht da oben. Wenn Du dieses Konzept fährst, bist Du darauf angewiesen, daß Du regelmäßig diese One Hit-Wonder hast. Du brauchst immer Nachschub.

Was ist also besser?
FRANK MAASS: Am besten aus Sicht einer Plattenfirma ist natürlich der Mix, daß Du sagst, diese One Shots, die nun einfach mal da sind, die lassen ein bißchen Geld übrig, um eben in andere Bands, die sich langfristig entwickeln, zu investieren. Das ist eigentlich auch in Ordnung. Schlimm wird es halt nur, wenn die Verhältnismäßigkeit nicht mehr stimmt. Wenn also versucht wird, fließbandmäßig One Shots zu produzieren, Motto: zehn an die Wand geklatscht, einer bleibt schon kleben. Andersrum ist es natürlich als Label risikovoll, wenn Du nur Newcomer hast und versuchst, nur diese langfristig zu entwickeln. Wir bemühen uns halt so eine Mittelvariante zu finden. Wir nehmen uns schon viel Zeit in der Vorbereitung. Es geht eigentlich schon beim Signing los, daß man guckt, was sitzt mir für

ein Mensch gegenüber? Hat der nur seine Musik im Kopf oder ist der offen, um zu verstehen, daß – sobald er sein Studio verläßt – andere Gesetze gelten, daß er sich in einen Markt begibt, wo eben bestimmte Bedingungen herrschen. Und diesen Bedingungen muß ich mich gewisser Weise anpassen oder muß versuchen, sie wenigstens zu berücksichtigen. Wenn da jemand ist, der bereit ist, Kompromisse einzugehen, der auch ein Verständnis entwickelt, das Label zu verstehen, dann hat man eine gute Basis, wo man sagt, man arbeitet wirklich miteinander. Der zweite Punkt ist halt der, wenn wir uns für einen Künstler entscheiden, daß wir auch an den Künstler gewisse Anforderungen stellen, daß wir sagen: paß auf, letztendlich arbeiten wir ja auch für Dich und erwarten natürlich, daß uns ein gewisses Engagement entgegen gebracht wird. Der Künstler muß sich disziplinieren. Er muß sich auch selbst einen Kopf machen um Dinge wie Outfit, Image, Styling, was sage ich im Interview usw..

Wie sollte denn die Musik sein, die Du morgen schon signen wirst?
FRANK MAASS: In der Musik sollte eine Wiedererkennung sein, eine Einzigartigkeit, das kann manchmal nur ein Ton sein. Wir haben oft auch Bänder auf dem Tisch, wo wir sofort sehen, die Leute haben in die Charts geguckt und denken, das können wir auch. Wir arbeiten eher antizyklisch. In einer Zeit, wo Synthiesounds überhaupt nicht angesagt waren, haben wir X-Perience produziert – eben mit diesen Synthiesounds, wo alle gesagt haben, ihr habt 'ne Macke, weil kein Schwein in den 90ern 80er-Jahre-Synthie-Musik hören möchte. Aber es hat funktioniert, weil es eigenständig war, es war keine Konkurrenz da, nicht ein einziger Mitbewerber, und damit hob sich das aus dieser breiten Masse irgendwie heraus. Mit Bell, Book & Candle war es ähnlich, da fragten auch alle, was das soll. Aber plötzlich ging es los, weil es eben auch sehr auffällig war. Entweder ist die Idee interessant, die Musik, die Stimme oder der Künstler hat irgendwie eine Ausstrahlung, die einen fesselt. Es muß irgendwo etwas sein, wo Du sagst, das ist so auffällig, daß es möglicherweise auch von anderen Menschen wahrgenommen wird.

Sollte eine Band Ihr ganzes Geld in eine Produktion stecken, damit es einigermaßen amtlich klingt?
FRANK MAASS: Es reicht nach wie vor eine ordentliche Kassette, obwohl CD ja heute dank der Brenner kein Thema mehr ist. Entscheidend ist eben wirklich nur, daß Du irgendwas wiedererkennst. Da reicht ein Motiv. Wenn wir das hören, baut sich sofort eine Vision auf. Und soviel Fantasie haben wir hier, daß wir uns sagen, wenn wir das so und so machen, dann kann

das was werden. Es muß wirklich nicht ausproduziert sein, man sollte aber schon erkennen, da ist ein Baß, ein Schlagzeug, ein Sänger usw. mit dabei... Und wenn uns was gefällt, machen wir sowieso einen Termin, besuchen ein Konzert oder gehen in den Proberaum... Und wie gesagt, das Drumherum ist wichtig, daß eben eine Biografie beiliegt, oder ein paar Fotos oder vielleicht gab es ja schon mal einen TV-Auftitt, was dann als Video mitgeschickt werden kann. Um so mehr Material, um so eher kann man sich da einen Überblick schaffen und eine Meinung bilden. Fakt ist auch, daß wir uns alles anhören, was wir bekommen.

Was hältst Du von Gimmicks bei den Bewerbungen, ist das sinnvoll?
FRANK MAASS: Nein, überhaupt nicht. Bei uns geht es wirklich nur um die Musik.

Würdest Du Bands empfehlen, daß sie ihren Einsendungen hinterher telefonieren?
FRANK MAASS: Ich denke schon. Vielleicht nicht gleich nach drei Tagen, aber so nach zwei Wochen halte ich das für angebracht. Da haben wir überhaupt kein Problem mit. Es ist ja auch so, daß wir aufgrund der Fülle, die da ist, auch mal den Überblick verlieren. Und man kommt ja auch nicht

Mit MALADMENT hat TURBO BEAT-Kopf Frank Maass nach BELL BOOK & CANDLE das nächste große Ding im (Label-)Stall.

dazu, sofort immer alles abzuhören. Wenn dann aber jemand anruft, ich hatte euch das und das geschickt, dann kriegst Du so einen Reminder. Dann leg ich es auch – wenn's gerade geht – gleich ein und meld mich dann nochmal. Also warten würde ich nicht. Man geht zwar das Risiko ein, daß die Labels sagen, das ist nichts, aber man weiß dann wenigstens, woran man ist.

Ist es denn für Bands hilfreich, vorher die Songs in einen Musikverlag zu geben?
FRANK MAASS: Es ist nicht zwingend notwendig. Ein Verlag ist ja inzwischen sozusagen eine Säule für einen möglichen Erfolg, da muß Arbeit geleistet werden. Und das sollte man vorher überprüfen, was die genau tun, außer dem Vorschuß, den man da bekommt. Was machen die genau für meine Musik? Wenn sich der Verlag um eine Veröffentlichung kümmert, dann ist es in Ordnung. Aber wenn man seine Songs nur in einen Verlag gibt, um einen Vorschuß zu kassieren, dann würde ich das nicht machen. Man muß sich immer vor Augen halten, daß alle Entscheidungen mindestens ein Jahr gelten, wenn's gut geht, aber meistens sogar über viele Jahre. Da sollte man sich vorher eben dreimal überlegen, ob man unterschreibt.

Kannst Du Künstlern Tips geben, die sie bei einer Plattenvertragsunterzeichnung beachten sollten?
FRANK MAASS: Ich würde auf jeden Fall jeden Vertrag von einem Anwalt prüfen lassen. Das kostet zwar, aber dieses Geld ist wirklich gut angelegt, weil man einfach Fehler vermeidet, die über einen längeren Zeitraum Konsequenzen haben könnten. Auf der anderen Seite würde ich aber Anwälten auch nicht blind vertrauen, sondern ich würde mich da in gewisser Weise auf meinen Bauch verlassen.

DIE ADRESSEN DER PLATTENFIRMEN:

ABFAHRT RECORDS GmbH
Schleiermacherstr. 2
64283 Darmstadt
Telefon: 0 61 51/ 1 76 80
Telefax: 0 61 51/ 1 26 14
E-mail: abfahrt@t-online.de
Internet: www.culture-beat.com

ABSOLUT RECORDS
Gaußstraße 128-138
22765 Hamburg
Telefon: 0 40/ 39 50 16
Telefax: 0 40/ 39 50 69
E-mail: 101512.3704@compuserve.com

ALEX MERCK MUSIC
Trajanstr. 18
50678 Köln
Telefon: 0221/93195-03
Telefax: 0221/93195-07
E-Mail: 73233.557@compuserve.com
Internet: www.move.de/amm
A&R-Management: Alex Merck, Guido Altmann

A.M. MUSIC TONTRÄGER-VERTRIEBS- und PRODUKTIONS-GmbH
Robert-Bosch-Str. 3
71088 Holzgerlingen
Telefon: 0 70 31/ 7 46 50
Telefax: 0 70 31/ 60 55 03

AMÖBENKLANG
St. Petersburger Str. 4
18107 Rostock
Telefon: 0381/7954412
Telefax: 0381/7954412
E Mail: amoebenklang@visor.de
Internet: www.bildpunkt.de/amoebenklang
A&R Management: Holger Roloff

ARTELIER
Aachener Str. 68
50674 Köln
Telefon: 02 21/ 56 98 20
Telefax: 02 21/ 56 98 219

AUSFAHRT MUSIKVERLAG
Spitzenkamp 21
33790 Halle
Telefon: 05201/878750
Telefax: 05201/878751
E-Mail: info@ausfahrt.de
Internet: www.ausfahrt.de
A&R Management: Ulrich Hornberg (Geschäftsführer)

AUTOGRAM & COSTBAR RECORDS
Burgstr. 9
48301 Nottuln
Telefon: 02502/6151
Telefax: 02502/1825
A&R Management: Willy Schwenken

AW MUSIC PRODUCTIONS
Forststr. 47
01689 Weinböhla
Telefon: 035243/51682
Telefax: 035243/51683
E-Mail: awmusic@-online.de
Internet: www.musictrust.com/Awmusic
A&R Management: Andreas Weihs

B. A. RECORDS
Mundsburger Damm 53
22087 Hamburg
Telefon: 0 40/ 22 94 48 46
Telefax: 0 40/ 22 94 48 46
E-mail: Marcus_Wiebusch@public.uni-hamburg.de

BELL MUSIK GmbH
Raiffeisenstraße 35
72631 Aichtal
Telefon: 0 71 27/ 9 56 60
Telefax: 0 71 27/ 5 91 90
E-mail: bellmusik@msn.com

BELLAPHON RECORDS
Mainzer Landstr. 87 – 89
60329 Frankfurt/Main
Telefon: 069/2712 – 0
Telefax: 069/2712 – 117
E-Mail: bellaphon@bellaphon.de
Internet: www.bellaphon.de
A&R Management: Claudia Peter

BIG NOISE RECORDS
Hospeltstr. 66
50825 Köln
Telefon: 0221 – 542830
Telefax: 0221 – 542830
A&R Management: Wolfgang Schreck

BITE YOUR EAR RECORDS GmbH
Langemarckstr. 9
86156 Augsburg
Telefon: 08 21/ 4 44 58 35
Telefax: 08 21/ 4 44 58 37
E-mail: BYE@records.de
Internet: www.records.de

BLANKO MUSIK GmbH
Schongauer Str. 13
81377 München
Telefon: 0 89/ 74 14 16 10
Telefax: 0 89/ 74 14 16 11
E-mail: blanko.musik@t-online.de
Internet: www.blankomusik.de
A&R Management: Hage Hein

BLU NOISE
Landgrafstr. 37-39
53842 Troisdorf
Telefon: 02241/44462
Telefax: 02241/42812

BLUE FLAME RECORDS
Parlerstr. 6
70192 Stuttgart
Telefon: 07 11/ 2 56 76 71
Telefax: 07 11/ 2 56 76 74
E-mail: blueflame@bluefllame.com
Internet: www.blueflame.com
A&R Management: Ilona Ortner

BLUE ROSE RECORDS
Rauheckstr. 10
74232 Abstatt
Telefon: 0 70 62/ 95 54 44
Telefax: 0 70 62/ 6 43 75
E-mail: bluerose@t-online.de
Internet: www.bluerose-records.com
A&R Management: Edgar Heckmann

BMG ARIOLA HAMBURG
Osterstr. 116
20243 Hamburg
Telefon: 040/49069-0
Telefax: 040/912060
Internet: www.bmg.de
www.bmgentertainment.de
A&R Management: Axel Alexander

BMG ARIOLA MÜNCHEN
Steinhauser Str. 1-3
81677 München
Telefon: 089/4136-0
Telefax: 089/4136-144
Internet: www.bmg.de
www.bmgentertainment.de
A&R Management: A.B. Sporer

BMG BERLIN MUSIK
Wittelsbacherstr. 18
10707 Berlin
Telefon: 030/88456-0
Telefax: 030/250-65
Internet: www.bmgentertainment.de
A&R Management: André Selleneit,
Volker Neumüller, Jörg Stempel
(Amiga)

BOOMBA RECORDS
Max-Brauer-Allee 163
22765 Hamburg
Telefon: 0 40/ 4 31 34 00
Telefax: 0 40/ 4 31 34 010

BSC MUSIC
Hauserweg 25
82541 Münsing/Starnberger See
Telefon: 08177/93166-0
Telefax: 08177/93166-6
E-Mail: info@bscmusic.de

christoph@bscmusic.de
Internet: www.bscmusic.com
www.bscmusic.de/traumwelt
A&R Management: Christoph
Bühring-Uhle

BUBACK TONTRÄGER
Kampstr. 22
20357 Hamburg
Telefon: 0 40/ 43 13 86 – 61
Telefax: 0 40/ 43 13 68 – 63

BÜRO LÄRM
Glashüttenstr. 79
20357 Hamburg
Telefon: 0 40/ 43 13 08 00
Telefax: 0 40/ 4 30 67 42

BUNGALOW MUSIKPRODUKTIONS GMBH
Skalitzer Str. 68
10997 Berlin
Telefon: 030/61798740
Telefax: 030/6182781
E-Mail: bungalow@bungalow.de
Internet: www.bungalow.de
A&R Management: Holger Beier

CARGO RECORDS GmbH
Gräfrather Str. 124
42329 Wuppertal
Telefon: 02 02/ 73 94 90
Telefax: 02 02/ 73 65 70
E-mail: cargo@punkrawk.de

CARLTON MUSIKVERTRIEB
Frankenforsterstr. 40
51427 Bergisch Gladbach
Telefon: 02204/2003-0
Telefax: 02204/2003-33
E-Mail: 100676.75@compuserve.com
A&R Management: Sandra Pfeiffer

CENTURY MEDIA RECORDS
Schäferstr. 33a
44147 Dortmund
Telefon: 0231/8397-0
Telefax: 0231/8297-101
E-Mail:
dortmund@centurymedia.com
Internet: www.centurymedia.com

CHLODWIG MUSIK GmbH
Hansaring 68-70
50670 Köln
Telefon: 02 21/ 91 26 93 – 0
Telefax: 02 21/ 91 26 93 – 33
E-mail: ChlodwigMusik@t-online.de
A&R Management: Walter Puetz

CHROM RECORDS
Westermühlstr. 26
80469 München
Telefon: 089/202394-50
Telefax: 089/202394-99
E-Mail: chrom_records@compuserve.com
Internet: www.chrom.de

CITY SLANG
Skalitzer Str. 68
10997 Berlin
Telefon: 0 30/ 6 17 98 70
Telefax: 0 30/ 6 18 27 81
E-Mail: info@cityslang.com
Internet: www.cityslang.com
A&R Management: Christof Ellinghaus (Geschäftsführer)

COLUMBIA (SONY)
Stephanstr. 15
60313 Frankfurt am Main
Telefon: 069/13888-0
Telefax: 069/13888-440
Internet: www.sonymusic.de/columbia
A&R Management: Tom Nevermann

CONTRÄR-MUSIK
Rolf Limbach
Am Dreworp 24
23554 Lübeck
Telefon: 04 51/40 41 58
Telefax: 04 51/ 40 41 58
E-mail:
rolf.limbach@contraermusik.de
Internet:www.contraermusik.de

COOKING Vinyl/JVC
c/o Public Propaganda
Bramfelder Chaussee 238 c
22177 Hamburg
Telefon: 0 40/ 64 21 43 – 0
Telefax: 0 40/ 64 21 43 – 43
E-mail: volker@public-propaganda.de
Internet:www.cookingvinyl.com

DAVID VOLKSMUND PROD.
Palzstr. 44
58730 Fröndenberg
Telefon: 0 23 77/ 92 84 49
Telefax: 0 23 77/ 92 82 29

DESHIMA MUSIC
Friedrich List Str.9
71364 Winnenden
Telefon: 07195/1033-0
Telefax: 07195/1033-30
E-Mail: info@deshima.de
Internet: htto://www.deshima.de
A&R Management: Lars Besa

DISKO GRÖNLAND
Nincoper Deich 3
21129 Hamburg
Telefon: 0 40/ 74 52 71 17
Telefax: 0 40/ 74 52 71 70
E-mail: tobiflo@aol.com

DOGO BROS.
Erlanger Str. 9
91083 Baiersdorf
Telefon: 0 91 33/ 77 75 55
Telefax: 0 91 33/ 66 99

DOUBLE T MUSIC GERMANY
Strahlenbergerstr. 125 a
63067 Offenbach
Telefon: 0 69/ 82 37 25 20
Telefax: 0 69/ 82 36 47 38
E-mail: dtmgermany@aol.com
A&R Management: Jens Maurer

DRAKKAR PROMOTION MUSIK-
VERLAG GmbH
Bergerstr. 6
58452 Witten
Telefon: 0 23 02/ 2 48 50
Telefax: 0 23 02/ 2 72 50
E-mail: drakkar@t-online.de

EAGLE ROCK ENTERTAINMENT
Armgartstr. 2
22087 Hamburg
Telefon: 0 40/ 22 94 37 – 0
Telefax: 0 40/ 2 29 16 54
E-mail: eagle3rock@aol.com

EAMS ELEKTRONIK-AUDIO
MUSIK-SERVICE
Graflinger Str. 192
94469 Deggendorf
Telefon: 0991/29026-0
Telefax: 0991/29026/30
E-Mail: hoswald@eams.de
Internet: www.eams.de
A&R Management: Helmut Oswald

EASTWEST RECORDS
Heußweg 25
20255 Hamburg
Telefon: 040/49062-0
Telefax: 040/49062-267
E-Mail:
Internet: www.eastwest.de
A&R Management: Rita Flügge-
Timm; Ingo Heinzmann; Markus
Hartmann; Frank Strömer

ECHO BEACH/FKK/BLOOD & FIRE
Nicolai Beverungen
Kl. Schäferkamp 32
20357 Hamburg
Telefax: 0 40/ 41 35 07 52
E-mail: echo.beach@on-line.de

EDEL RECORDS
Wichmannstr. 4,Haus 2
22607 Hamburg
Postfach 520151
22591 Hamburg
Telefon: 040/89085-0
Telefax: 040/896521
E-Mail:firstname_lastname@edel.com
Internet: www.edel.de

A&R Management: Martin Schuhmacher (A&R Leitung); Michel Petré (Pop); Stefan Grünwald (Dance)

ELBTONAL/STUMBLE/STRING
Pastorenstr. 12
20459 Hamburg
Telefon: 040/375001-84
Telefax: 040/375001-85
E-Mail: ritter.elbtonal@-online.de
A&R Management: Thomas Ritter

EMI ELECTROLA
Maarweg 149
50825 Köln
Postfach 300329
50773 Köln
Telefon: 0221/4902-0
Telefax: 0221/4902-2308
Internet: www.emimusic.de
A&R Management: Evelyn Junker (Leitung National); Jörg Beutner; Michael Grund

ENOLA
Fridastr. 18
30161 Hannover
Telefon: 05 11/ 3 88 49 – 55
Telefax: 05 11/ 3 88 49 – 60
E-mail: lotharimmer@enola.de
Internet: www.enola.de

EPIC
Stephanstr. 15
60313 Frankfurt am Main
Telefon: 069/13888-0
Telefax: 069/13888-440
Internet: www.sonymusic.de/epic
A&R Management: Henrik Kersten, Dirk Dreyer, Kai Dehning

EURO RALPH
Cremon 32
20457 Hamburg
Telefon: 0 40/ 37 50 06 – 43
Telefax: 0 40/ 37 45 50

EXIL/BLUE JACKEL/PUTUMAYO/ALULA
Äußere Bahnhofstr. 1
91593 Burgbernheim
Telefon: 0 98 43/ 9 59 59
Telefax: 0 98 43/ 9 59 00
E-mail: dissidenten@exil.de
Internet: www.exil.de

FOUR MUSIC PRODUCTIONS
Mörikestr. 67
70199 Stuttgart
Telefon: 0711 – 96666400
Telefax: 0711 – 96666401
E-mail: FourMail@compuserve.com
Internet: www.fourmusic.com
A&R Management: Michi Beck und Smudo

FLYING DOLPHIN PROMOTION
Lichtstr. 38
50825 Köln
Telefon: 02 21/ 9 54 54 – 70
Telefax: 02 21/ 9 54 54 – 75
E-mail: flying-dolphin@netcologne.de

FOTOFON
Aachener Str. 1381
50859 Köln
Telefon: 0 22 34/ 94 37 50
Telefax: 0 22 34/94 37 51
E-mail: reggae@fotofon.com
Internet: www.fotofon.com

FÜNFUNDVIERZIG
Schmiedetwiete 6
23898 Labenz
Telefon: 0 45 36/ 6 19
Telefax: 0 45 36/ 87 99

GOLDRUSH ENTERTAINMENT
Nobbenburger Str.13
49076 Osnabrück
Telefon: 0541/61046
Telefax: 0541/67483
E-Mail: goldrush@-online.de
Internet: www.goldrush.dc
A&R Management: Arnd Landwehr

GOODLIFE RECORDS
St. German-Str.7
67346 Speyer
Telefon: 06232/29 06 81
Telefax: 06232/29 06 82
E-Mail: info@goodlife-records.de
Internet: www.goodlife-records.de
A&R Management: Bernd Wohlleben

HOLYHEAD RECORDS
Schubertstr. 4
64832 Babenhausen
Telefon: 0 60 73/ 8 88 19
Telefax: 0 60 73/ 8 89 19

IGEL RECORDS/AKTIVE MUSIK
Poststraße 9
44137 Dortmund
Telefon: 02 31/ 9 14 24 97
Telefax: 02 31/ 9 14 32 13

INSIDE OUT MUSIC
Kleiner Markt 10
47533 Kleve
Telefon: 02821/26237
Telefax: 02821/26920
E-Mail: info@insideout.de
Internet: www.insideout.de

INTERCORD TONTRÄGER
Aixheimer str. 26
70619 Stuttgart
Telefon: 0711/4763-0
Telefax: 0711/4763-324
E-Mail: webmaster@intercord.de
Internet: http:www.intercord.de
A&R Management: Karl-Heinz Rothenburg, Jürgen Kramar, Kai Kirchhoff, Arno Müller

INTERPOOL RECORDS
Sechzigstr. 129
50733 Köln
Telefon: 02 21/ 9 73 17 00
Telefax: 02 21/ 9 73 17 90
E-mail: info@interpool-online.de
Internet: www.interpool-online.de

JIVE RECORDS
Mediapark 6 (Block 3)
50670 Köln
Telefon: 0221/912668-0
Telefax: 0221/912668-67
Internet: www.jive.de
A&R Management: Philipp Jung

K & P MUSIC
Defreggerstr. 19
12435 berlin
Telefon: 030/536392-0
Telefax: 030/536392-85
E-Mail: platinsong@startplus.de
Internet: www.bmg.de
A&R Management: Fritz Puppel & Toni Krahl

LADOMAT 2000
Max-Brauer-Allee 163
22765 Hamburg
Telefon: 0 40/ 43 16 64 – 20
Telefax: 0 40/ 43 16 64 – 44
E-mail: lado@on-line.de
Internet: www.lado.de

LAUGHING HORSE MUSIC GmbH
Alexander-Zinn-Str. 4
22607 Hamburg
Telefon: 0 40/ 8 22 72 10
Telefax: 0 40/ 82 27 21 20

LOUDSPRECHER
Voss-Str. 53
30163 Hannover
Telefon: 05 11/ 66 20 91
Telefax: 05 11/ 66 20 93
E-mail: loudsprecher@hotmail.com

MARINA
Lindenallee 21
20259 Hamburg
Telefon: 0 40/ 4 39 98 02
Telefax: 0 40/ 4 39 98 22
Internet: www.marina.com

MARLBORO MUSIC
Flößergasse 7
81369 München

Telefon: 089/742814-30
Telefax: 089/742814-14
A&R Management: Markus Müller

MASSACRE RECORDS
Rauheckstr. 10
74232 Abstatt
Telefon: 07062/95540
Telefax: 07062/64375
E-Mail: massacre.hertinho@-online.de
Internet: www.massacre-records.com
A&R Management: Torsten Hartmann (Geschäftsführer)

MEGA RECORDS GmbH
Glashüttenstr. 79
20357 Hamburg
Telefon: 0 40/ 43 18 52 – 0
Telefax: 0 40/ 43 18 52 – 11

MERCURY RECORDS
Glockengießerwall 3
20095 Hamburg
Postfach 104909
20097 Hamburg
Telefon: 040/3087-03
Telefax: 040/3087-2683
E-Mail:
Internet: www.mercurybeat.de
www.mercuryrecords.de
A&R Management: Sina Farschid (Head of A&R), Clemens Fachinger, Ralf Kotowski

METAL BLADE RECORDS
Postfach 13 32
73054 Eislingen
Telefon: 0 71 62/ 40 06 – 0
Telefax: 0 71 62/ 40 06 – 26

MOLL TONTRÄGER
Mittelweg 114b
20149 Hamburg
Telefon: 040/451955
Telefax: 040/458654
E-Mail: szlovak@metronet.de
Internet: www.spontan.de/moll

MOTOR MUSIC
Holzdamm 57
20099 Hamburg
Telefon: 040/3087-05
Telefax: 040/3087-2596
Internet: www.motor.de
A&R Management: Simone Mernke, Verena Vehling

NOISEWORKS RECORDS
P.O. Box 310
09028 Chemnitz
Telefon (0371) 42 98 66
A&R Management: Karsten Zinsik

NORMAL/ Q.D.K.
Postfach 15 01 17
53040 Bonn
Telefon: 02 28/ 21 30 41
Telefax: 02 28/ 21 30 43
E-mail: normalrec@aol.com
Internet: www.normal-records.com

NOVA TEKK MEDIA ENTERTAINMENT
Hochkampstr. 68/c4
45881 Gelsenkirchen
Telefon: 0209/9383-400
Telefax: 0209/9383-433
E-Mail: ntekk@aol.com
Internet: www.novatekk.de
A&R Management: Charly Rinne (Geschäftsführer)

NRW RECORDS & DISTRIBUTION
Dorstener Str. 468
44623 Herne
Telefon: 0 23 25/ 79 81 46
Telefax: 0 23 25/ 79 78 72
A&R Management: Jürgen Czisch

NTT MEDIEN GmbH
Borker Str. 4
45731 Waltrop
Telefon: 0 23 09/ 9 12 71
Telefax: 0 23 09/ 7 93 55
E-mail: ntt@free.de

NUCLEAR BLAST
Hauptstr. 109
73072 Donzdorf
Telefon: 07162/9280-0
Telefax: 07162/24554
E-Mail: death@nuclearblast.de
Internet: www.nuclearblast.de

PELHAM POWER PRODUCTIONS
3P
Fuchstanzstr. 33-35
60489 Frankfurt am Main
Telefon: 069/978270-0
Telefax: 069/978270-40
E-Mail:
Internet: www.3-p.de
A&R Management: Moses Pelham (Geschäftsführer); Thomas Hofmann (Geschäftsführer)

PLATTENMEISTER / Der Verlag
Hochmoor 9
24887 Silberstedt
Telefon: 0 46 25/ 18 12 22
Telefax: 0 46 25/ 18 12 23
E-mail: blumentrt@aol.com
Internet: www.indigo.de/der-verlag
A&R Management: Klaus Gebauer

POLYDOR
Glockengießerwall 3
20095 Hamburg
Telefon: 040/3087-02
Telefax: 040/3087-2604
Internet: www.polydor.de
A&R Management: Jochen Schuster (MOR & Com); Joachim Harbich (Pop/Rock,Int.); Tom Bohne (Label Zeitgeist)

RED-ROCK PRODUCTION
Klenzerstr. 1a
82327 Tutzing
Telefon: 08158/9955-0
Telefax: 08158/9955-99
E-Mail: redrock@online.de
A&R Management: Leslie Mandoki (Geschäftsführer)

RODREC
Schlüterstr. 75
20146 Hamburg
Telefon: 0 40/ 45 03 83 88
Telefax: 0 40/ 45 03 83 87

ROOF MUSIC GmbH
Prinz-Regent-Str. 50-60
44795 Bochum
Telefon: 02 34/ 7 20 68
Telefax: 02 34/ 77 00 49
E-mail: roofmusic@cww.de

SATTVA MUSIC
P.O. Box 20 03 08
83724 Schliersee
Telefon: 0 80 28/ 90 68 – 0
Telefax: 0 80 28/ 90 68 – 10
E-mail: sattva.music@t-online.de
A&R Management: Peter Gerasch

SCHNEEBALL
Leonrodstr. 7
80634 München
Telefon: 0 89/ 13 41 07
Telefax: 0 89/ 16 15 68
E-mail: Schreckeneder@brd.de
Internet: www.Schneeball.brd.de

SPV
Brüsseler Str. 14
30539 Hannover
Postfach 721147
30531 Hannover
Telefon: 0511/9709-0
Telefax: 0511/8709-181
E-Mail: info@spv.de
Internet: www.spv.de
A&R Management: Gero Herrde, Andreas Voith, Jay Lansford

STICKMAN/STICKSISTER/HOME-BASE/BIRDNEST
Wentorfer Str. 47 c
21029 Hamburg
Telefon: 0 40/ 72 69 85 10
Telefax: 0 40/ 72 69 85 81

STILLE MUSIC
Klaus Hoffmann
Schorlemerallee 16
14195 berlin
Telefon: 0 30/ 3 13 18 79
Telefax: 0 30/ 3 12 91 33

STRANGE WAYS RECORDS
Eifflerstr. 8
22769 Hamburg
Telefon: 040/4307666
Telefax: 040/4307696
E-Mail:
strangeways@compuserve.com

SUBWAY RECORDS
Postfach 11 05 62
42305 Wuppertal
Telefon: 02 02/ 73 66 06
Telefax: 02 02/ 73 65 70
E-mail: subway@theoffice.net
Internet: www.system42.de/subway

TCM MUSIKPRODUKTIONSGE-
SELLSCHAFT
Alt Metelener weg 1
48607 Ochtrup
Telefon: 02553/98056
Telefax: 02553/98002
E-Mail: tcm.musikproduktionen@t-online.de

TOLLSHOCK
Postfach 35 01 26
10210 Berlin
Telefon: 0 30/ 2 91 51 60
Telefax: 0 30/ 2 92 95 77

TRAUMTON RECORDS
Grunewaldstr. 9
13597 Berlin
Telefon: 030/3319350
Telefax: 030/3319370
E-Mail: traumton@traumton.de
Internet: www.traumton.de

TRIKONT
Kistlerstr. 1
81539 Münnchen
Telefon: 0 89/ 6 92 89 07
Telefax: 0 89/ 6 92 72 04
E-mail: trikont@compuserve.com
Internet: www.trikont.de

TROCADERO RECORDS
Merowingerstr. 57
40225 Düsseldorf
Telefon: 0211/343395
Telefax: 0211/343357
E-Mail: westworld@compuserve.com

TUG RECORDS
Schiffstr. 10
91054 Erlangen
Telefon: 0 91 31/ 20 93 84
Telefax: 0 91 31/ 20 94 53

TURBO BEAT MUSIC
Orankestr. 11
13053 Berlin
Telefon: 030/986013-0
Telefax: 030/986013-13
E-Mail: frank.maass@turbobeat.de
Internet: www.turbobeat.de
A&R Management: Frank Maass
(Geschäftsführer)

UNIVERSAL RECORDS
Holzdamm 57-61
20099 Hamburg
Telefon: 040/3087-05
Telefax: 040/3087-2798
A&R Management: Neffi Temur
(Head of A&R)

V2 RECORDS
Leuschnerdamm 31
10999 Berlin
Telefon: 030/61502-0
Telefax: 030/61502-111
E-Mail: info.berlin@v2music.com
Internet: www.v2music.com
A&R: Alexander Hettler

VIELKLANG MUSIKPRODUKTION GmbH
Forster Str. 4/5
10999 Berlin
Telefon: 0 30/ 6 12 60 68
Telefax: 0 30/ 6 18 93 82
E-mail: info@vielklang.de
Internet: www.vielklang.de
A&R Management: Jörg Fukking (Geschäftsführer)

VIRGIN SCHALLPLATTEN
Herzogstr. 64
80803 München
Telefon: 089/38195-0
Telefax: 089/38195-118
E-Mail: webcrew@virgin.de
Internet: www.virgin.de
A&R Management: Michael Wolf; Anja Neuschwander

WE BITE DISTRIBUTION
Gönninger Str. 3
72793 Pfullingen
Telefon: 0 71 21/ 99 11 11
Telefax: 0 71 21/ 99 11 50
E-mail: webite@t-online.de
Internet: www.webite.de

WEA RECORDS
Arndtstr. 16
22085 Hamburg
Telefon: 040/22805-0
Telefax: 040/22805-297
Internet: www.wea.de
A&R Management: Markus Bruns (A&R Director); Oliver Richter (Senior A&R Manager); Stefan Mattner (Senior A&R Manager); Heinz-Gerd Lütticke (Strategic A&R/Marketing); Achim Karstens (Product Manager Rock/A&R)

WESER LABEL
Grohner Str. 43
28217 Bremen
Telefon: 04 21/ 38 63 70
Telefax: 04 21/ 38 08 596

WESTPARK MUSIC
Postfach 26 02 27
50515 Köln
Telefon: 02 21/ 24 76 44
Telefax: 02 21/ 23 18 19
E-mail: westparc@aol.com
Internet: www.westparkmusik.com

WHAT'S SO FUNNY ABOUT...
Schanzenstr. 75
20357 Hamburg
Telefon: 0 40/ 4 39 55 18
Telefax: 0 40/ 4 30 25 65

X-CELL RECORDS
Wittelsbacherstr. 18
10707 Berlin
Telefon: 030/88414-127
Telefon 2: 030/88414-174
Telefax: 030/8852828
E-Mail: georgegluckmusik@-online.de
Internet: www.x-cell.de
A&R Management: George Glück

YO MAMA RECORDS
Große Johannisstr. 13
20457 Hamburg
Telefon: 0 40/ 37 41 28 – 0
Telefax: 0 40/ 37 41 28 – 28

ZOMBA RECORDS
Eickeler Str. 25
44651 Herne
Postfach 230243
44639 Herne Telefon: 02325/697-0
Telefon: 02325/697-222
E-Mail: mail@roughtrade.de
Internet: www.roughtrade.de A&R Management: Michael K. Grusche (Rock/Pop); Thomas Peckruhn (

ZYX MUSIC
Benzstr./Industriegebiet
35799 Merenburg
Telefon: 06471/505-0
Telefax: 06471/505-199
E-Mail: zyxinfo@zyx.de
Internet: www.zyx.de
A&R Management: Stefan Ströer

DIE BEWERBUNG BEI DEN PLATTENFIRMEN

Was jetzt folgt, ist praktisch eine Zusammenfassung von dem, was Ihr bereits gelesen habt. Der Vollständigkeit halber nochmal ein Schnelldurchlauf. Also, grundsätzlich wurde uns erzählt, daß immer mehrere Wege nach Rom, in diesem Falle in die A&R-Büros, führen. Das ist gut zu wissen, denn um so mehr Möglichkeiten es unterm Strich gibt, um so mehr Fehler lassen sich vermeiden. Es reicht also, wenn Ihr nur einige Songs schickt (natürlich nur die besten und den vermeintlichen Hit gleich am Anfang!) und zwar am besten in CD-Form, viel Info, aber in Kürze vermittelt sowie ein paar Fotos (es reicht natürlich auch ein Foto). In einem kurzen Anschreiben klärt Ihr die Plattenfirma auf, was sie da gerade bekommen – das reicht. Auf den vorangegangenen Seiten findet Ihr einige Kontaktadressen von Plattenfirmen.

Natürlich kann so eine Liste nie vollständig sein, weshalb sie bitte auch nur als Auswahl anzusehen ist. Dennoch habe ich mir Mühe gegeben, die bekannten unter den Großen und Kleinen zu berücksichtigen. Grundsätzlich solltet Ihr auch nochmal die Angaben der A&Rs überprüfen. Bei Drucklegung waren sie alle noch aktuell, aber das kann sich, wie Ihr aus dem A&R-Manager-Kapitel wißt, ganz schnell ändern.

Wenn dann einige Wochen nach dem Verschicken die ersten formellen Absagen kommen, nehmt es nicht zu persönlich, das hat mit Eurer Musik wirklich sehr wenig zu tun. Es ist zwar sehr traurig, aber kein Todesurteil. Auch ich hatte mich bei einigen vielversprechenden Projekten in Gedanken schon in diversen Plattenfirmen verhandeln sehen, aber letztlich konnte ich wieder mal nur Ablehnungsschreiben abheften. Einer der schönsten Formbriefe erreichte mich Anfang 1995 von der Berliner Firma VIELKLANG, und den möchte ich Euch nicht vorenthalten:

Danke für das Demo und Euer Interesse, mit uns zusammen arbeiten zu wollen. Wir sitzen hier gerade auf einem Stapel Tapes, CDs, Platten, DATs, Videos, Fotos, Infos, ...kurz: es kann es mit einer Antwort immer etwas dauern. Ist leider nicht anders zu machen, da wir immer noch den Anspruch haben, jedes Demo anzuhören, auch wenn das nicht immer leicht ist.

Mit diesem Brief hat Euer Demo erstmal den Schritt in unsere unerbittlichen Anhör-Session geschafft. Erwachsene Menschen sitzen im Kreis vor großen Lautsprechern. Wenn die Musik erschallt, werden je nach Gefallen Daumen nach oben oder unten gehalten. Es wird mitgesungen (Ihr seht, Textblätter sind sehr wichtig), über Fotos gelacht, über Coverartwork gelästert und Texte analysiert. Sollte die 1-Minuten-Grenze überschritten werden, sieht es gut aus. Sollten wir vor Entzücken schreien, hört ihr von uns, sobald die Erregung sich wieder gelegt hat.

Ein vornehmes Schweigen, also keine weitere Reaktion, kann mehrere Gründe haben. Soll nicht heißen, daß Ihr »schlechte« Musik macht. Musik beurteilen ist eine rein subjektive Sache, und man kann sich immer irren. Aber wir sehen uns bei vielen Bands einfach nicht in der Lage, deren Musik richtig zu vermarkten. Wir kennen uns nicht in allen Musikstilen aus, haben oft keine Kapazitäten frei oder einfach zu wenig Geld, um all die Bands zu nehmen, die wir gut finden.

Wenn wir uns also nicht nochmal melden, wünschen wir Euch viel Glück bei weiteren Bewerbungen, vielleicht ergibt sich ja doch irgendwann noch etwas.

BRAUCHE ICH EINEN MUSIKVERLAG?

Diese Frage hatte ich bereits an den TURBO BEAT-Manager Frank Maaß gestellt, und was der geantwortet hatte, deckt sich auch mit meiner Meinung: Kann, muß aber nicht! Erläutern wir erstmal die Funktion des Musikverlages. Die Erklärung ist simpel: Der Musikverlag verlegt Musik. Immer noch nicht schlauer? Dann vielleicht noch soviel: Die Plattenfirma produziert eine Platte mit Euch, und der Verlag verwertet Eure genialen Einfälle von Musik und Text kommerziell. Das heißt, der Verlag kümmert sich um die Tantiemen der Songs. Das mag im Anfangsstadium für eine kleine Band noch selbst überschaubar sein, aber wehe jemand droht mit Erfolg! Das regelt dann eben der Verlag, aber nicht nur, er kümmert sich auch (oder viel mehr er sollte sich kümmern) um Veröffentlichungen (wenn es noch keine gibt) und um die Promotion (damit die Veröffentlichungen bekannt werden). Dafür will der Verlag dann auch 40% Deiner GEMA-Einnahmen. Das ist allerhand, denkst Du, aber man sollte einfach abchecken, was der Verlag alles leistet. Der Verlag finanziert Dir vielleicht eine Aufnahme, die Du Dir allein gar nicht leisten könntest. Und er kümmert sich darum, daß es überhaupt zu einer Veröffentlichung kommt. Und kommt es dazu, paßt der Verlag auf, daß die Plattenfirma alles richtig macht (insofern ist es vielleicht praktisch, daß Plattenfirma und Verlag nicht zusammen gehören). Daß der Verlag Euch nicht auf kleiner Flamme köcheln wird, liegt in der

Sache an sich: denn 40% der GEMA-Kohle lohnt sich erst, wenn Ihr viel spielt, oft im Radio zu hören seid usw. – erst dann werden die GEMA-Tantiemen attraktiv und für den Verlag zu einer finanziellen Bedeutung. Dennoch aufpassen: der Verlag sollte absolut fit sein und eine Menge für Euch tun, denn unter Umständen kann es passieren, daß Ihr für die eine oder andere Plattenfirma (nur bei den kleinen, die großen können großzügig darüber hinweg sehen) keine Chance mehr habt, denn gerade Independentlabels brauchen oftmals auch noch die paar Mark Verlagseinnahmen, um mit Euch eine Veröffentlichung überhaupt zu realisieren. Habt Ihr natürlich den Macher-Verlag überhaupt, wird sich auch jedes kleine Label freuen. Solltet Ihr Euch also mit einem Verlag vertraglich binden, so wird dieser sämtliche oder zumindest alle in Zukunft entstehenden (also innerhalb der Vertragsdauer) Songs »haben« wollen und den Vertrag mit Sicherheit auf mindestens drei Jahre (und einigen Optionen) festlegen (bis auf wenige Ausnahmen). Das ist alles gut und schön, doch Ihr solltet Euch schriftlich formulieren lassen, was der Verlag alles machen soll, z.B., daß er sich tatsächlich um einen Plattenvertrag kümmern soll, Promotion macht usw. Ein Vertragsformular lasse ich hier absichtlich nicht abdrucken, weil es sehr unterschiedliche Vertragsvarianten gibt. Das gilt übrigens für fast alle Verträge. Einen Standardvertrag für Musikverlage gibt es übrigens über die GEMA.

DER PLATTENVERTRAG

Na endlich, denkst Du Dir. Du hast es geschafft, eine entsprechende Company zu finden und jetzt soll es endlich losgehen. Das solltest Du Dir übrigens auf der Zunge zergehen lassen: Es geht los! Ich kenne unzählige Musiker, die haben jahrelang für ihren Deal gekämpft, und als sie ihn dann endlich hatten, waren sie aufgrund des vielen Kämpfens und immer Durchhaltevermögenzeigens ziemlich müde, so daß sie sich gleich nach Dealunterzeichnung zurücklehnten und lächelnd sagten »Hurra, wir haben es geschafft!« Dabei war eigentlich gar nichts geschafft, denn die mühevollen Jahre waren nur Vorgeplänkle, denn in dem Moment, in dem man den Vertrag unterzeichnet, steigt man in die nächste Liga, die wiederum weit unter Null beginnt. Das Leben davor waren die Kindereien, Du mußt nicht mehr mit der Heavyband im Nachbardorf konkurrieren, sondern mit Oasis und Herbert Grönemeyer.

DIE VERTRAGSARTEN

Plattenvertrag ist nicht gleich Plattenvertrag. Ganz klar, aber damit meine ich nicht nur die verschiedensten Vorschüsse oder sonstigen Extras, sondern die im wörtlichen Sinne verschiedene Vertragsart. Da wären der Bandübernahmevertrag, manchmal auch Lizenzvertrag genannt, der Künstlervertrag sowie der Produzentenvertrag.

DER BANDÜBERNAHME- ODER LIZENZVERTRAG

Der Bandübernahmevertrag kommt dann zum Tragen, wenn es praktisch schon eine fertige Aufnahme gibt. Das ist meistens dann so, wenn ein amtlicher Produzent mit einem Künstler eine Platte eingespielt hat, an der es nichts mehr zu rütteln gibt bzw. nichts mehr zu rütteln geben sollte. Hier kann auch der A&R nichts mehr ändern, es sei denn, er hat sich das in den Vertrag schreiben lassen, daß er nochmal auf Nachbesserungen bestehen darf. Der Bandübernahmevertrag gilt übrigens nur für das jeweilige Projekt und nicht für die sonstigen Geschichten der Künstler. Beispielsweise könnten die WILDECKER HERZBUBEN, wenn sie wollten und selbstverständlich einen Bandübernahmevertrag haben, unter dem Namen »The Real Dick & Doof« woanders Platten veröffentlichen. Das mag zwar lustig klingen, aber das hat man inzwischen wohl sehr oft, gerade im Dancebereich tauchen diverse Künstler in den verschiedensten Rollen zur gleichen Zeit auf. Allerdings läßt sich hier auch locker eine Klausel unterbringen, daß – um beim Beispiel der WILDECKER HERZBUBEN zu bleiben – es kein »The Real Dick & Doof« geben darf und auch nichts ähnliches – und schon gar nicht bei einer anderen Plattenfirma.

Musterverträge sollen eigentlich auch an dieser Stelle nicht berücksichtigt werden, es gibt zwar verschiedene Literatur mit Musterverträgen, doch glaubt mir, den Plattenvertrag, den Ihr eines Tages haben werdet (hoffentlich!) sieht sowieso ganz anders aus. Ähnliches hatte ich ja schon beim Musikverlag gesagt. Und wenn Euch ein Label mit einem Vierzeiler kommt, den sie von der örtlichen Musikerinitiative haben, sollte Euch das auch zu denken geben und die Unterzeichnung nochmals überlegen.

Aber damit Ihr zumindest mal ein Gefühl bekommt, wie so ein Vertrag in etwa aussehen könnte, bat ich Labelchef Wolfgang Schreck von BIG NOISE RECORDS in Köln mir mal einen seiner Verträge zur Verfügung zu stellen, was er dann auch prompt getan hat (besten Dank, Wolfgang!):

BANDÜBERNAHMEVERTRAG

zwischen:

der Interpretationsgruppe
Name der Band

vertreten durch:
Vertreter der Band
(nachstehend Lizenzgeber genannt)

und Label:
(nachstehend Lizenznehmer genannt)

1. VERTRAGSGEGENSTAND
(1) Der Lizenzgeber räumt dem Lizenznehmer das exklusive Recht ein, Schallaufnahmen und unter den Voraussetzungen dieses Vertrages ggf. Bildtonaufnahmen mit den unter 1. Abs.2 fallenden Darbietungen des Lizenzgebers auszuwerten.

(2) Unter diesen Vertrag fallen alle Titel des Lizenzgebers, die sich auf dem von Lizengeber final gemasterten Album-Aufnahme befinden. Die einzelnen Titel sind nach Übergabe der Aufnahmen in einem Zusatzvertrag, der als Anhang zu diesem Vertrag anzusehen ist, einzeln und im Detail aufzuführen.

(3) Der Lizenzgeber erklärt mit der Unterzeichnung dieses Vertrages, nicht durch einen anderen Vertrag am Abschluß dieses Vertrages gehindert zu sein, und das Recht am persönlichen Vortrag der unter diesen Vertrag fallenden Aufnahmen niemanden übertragen zu haben.

(4) Die Auswertung erfolgt unter angemessenem Hinweis auf den Lizenzgeber.

2. RECHTSÜBERTRAGUNG
(1) Der Lizenzgeber überträgt dem Lizenznehmer das ausschließliche und übertragbare Recht, seine im Rahmen dieses Vertrages fallenden Darbietungen auf Ton- bzw. Bildtonträger aller Art aufzunehmen. Der Lizenzgeber ist berechtigt, diese im Vertragsgebiet in jeder beliebigen Weise auf-

zuwerten und auswerten zu lassen. Dies gilt auch nach Beendigung des Vertrages unter Maßgabe von 3., Abs. 2.

(2) Die Rechtsübertragung schließt insbesondere das Recht zur öffentlichen Aufführung und Sendung, sowie das Recht zur Verwertung durch Film, Funk und Fernsehen ein.

(3) Der Lizenzgeber ist jedoch berechtigt, Aufnahmen, der unter diesen Vertrag fallenden Titel, die lediglich für Rundfunk- und Fernsehübertragungen dienen, durchführen zu lassen. Er verpflichtet sich aber, während der Vertragsdauer und während 3. bestimmten Zeit stets zu verbieten, daß seine Vorträge bei einer Rundfunk- oder Fernsehübertragung von dem Rundfunk- oder Fernsehsender oder von Dritten zwecks Weiterverbreitung auf Filmen, Schallplatten oder sonstigen Wiedergabemitteln irgendwie festgehalten werden. Die Wiedergabe einer Aufnahme durch den aufnehmenden Rundfunk- oder Fernsehsender ist von dem Verbot der unzulässigen Weiterverbreitung ausgenommen. Der Lizenzgeber darf zu diesem Zweck gültige Rundfunkverträge unterzeichnen.

3. AUSSCHLIESSLICHKEIT

(1) Der Lizenzgeber wird während der Vertragsdauer keinen anderen als dem Lizenznehmer erlauben, seine Darbietungen auf Tonträger aufzunehmen und auszuwerten (persönliche Exklusivität). Er wird ferner keine Bindung eingehen, weder unter einem anderen Namen noch ohne Namensnennung, welche die persönliche Exklusivität beeinträchtigen. Hiervon ausgeschlossen sind Projekte der einzelnen Musiker des Lizenzgebers, die sich stilistisch nicht dem Lizenzgeber zuordnen lassen. Gemeinsame Aufnahmen der Musiker des Lizenzgebers, die sich stilistisch nicht dem Lizenzgeber zuordnen lassen, sind jedoch dem Lizenznehmer anzubieten, der mit diesem Vertrag auf Aufnahmen eine Option im Sinne von 11. erwirkt, die er binnen vier Wochen nach Bekanntgabe der Aufnahmen schriftlich annehmen oder ablehnen muß.

(2) Eine Titelexklusivität besteht für alle unter diesem Vertrag aufgenommenen Titel für die Dauer von fünf Jahren ab Veröffentlichung. Der Lizenzgeber wird während dieser fünf Jahre die unter die Titelexklusivität stehenden Darbietungen durch Dritte nicht aufnehmen lassen.

4. VERÖFFENTLICHUNG
(1) Art, Zeitpunkt und Ort der Veröffentlichung der Aufnahmen legt der Lizenznehmer fest, die Erstveröffentlichung muß jedoch spätestens zum ..... (Datum) erfolgt sein. Die Auswertung der Aufnahme erfolgt unter dem Etikett »Label«.

(2) Der Lizenznehmer oder ein Sub-Lizenznehmer des Lizenznehmer sind jederzeit berechtigt, die Aufnahmen aus dem jeweiligen Katalog zu streichen bzw. gestrichene Aufnahmen wieder zu veröffentlichen.

5. NAME UND ABBILDUNG DES LIZENZGEBERS
Solange die Vertragsaufnahmen ausgewertet werden, gestattet der Lizenzgeber dem Lizenznehmer, seinen Namen, Lizenzgebernamen, Abbildungen des Lizenzgebers oder sonstiges biographisches Material in branchenüblicher Weise zur Werbung für Tonträger mit seinen Aufnahmen zu verwenden. Auf Wunsch des Lizenznehmers wird der Lizenzgeber entsprechend Material frei von Rechten Dritter zur Verfügung stellen und sich für Fotoaufnahmen die der Lizenznehmer durchführen läßt, bereitzuhalten.

6. ÖFFENTLICHES AUFTRETEN
Der Lizenzgeber wird öffentliche Auftritte, z.B. Tourneen oder Film- und Fernsehauftritte, soweit möglich, in Abstimmung mit dem Lizenznehmer durchführen. Bei Auftritten, die im Rahmen der Promotion durch den Lizenznehmer durchgeführt werden, werden dem Lizenzgeber nach Absprache und der firmeninternen, üblichen Handhabe Reisespesen erstattet.

7. ENTGELT / LIZENZEN
(1) Als Entgelt für die Übertragung aller in diesem Vertrag enthaltenen Rechte, erhält der Lizenzgeber für jeden Tonträger mit Vertragsaufnahmen des Lizenzgebers eine Umsatzbeteiligung, berechnet auf der jeweiligen Preisbasis des entsprechenden Verkaufslandes. Diese Umsatzbeteiligung beträgt: (ausgehend von einem durchschnittlichen Produktabgabepreis von ca. .... DM)
a) für Deutschland:
pro tatsächlich verkauften, nicht retournierten Tonträger bis .... Einheiten: % oder DM...... pro tatsächlich verkauften, nicht retournierten Tonträger ab .....Einheiten: % oder DM

b) Export:
(ausgehend von einem durchschnittlichen Produktabgabepreis von ....
DM) pro tatsächlich verkauften, nicht retournierten Tonträger bis .... Einheiten: % oder DM pro tatsächlich verkauften, nicht retournierten Tonträger ab ....Einheiten: % oder DM
c) Drittlizensierungen im Kopplungsgeschäft:
Lizenzgeber erhält ... % vom jeweiligen Lizenzerlös abzüglich evtl. Kosten
d) Drittlizensierungen im Ausland:
Lizenzgeber erhält ... % vom Erlös der tatsächlich verkauften, nicht retournierten Tonträger.
(2) Enthalten nicht alle Titel eines Tonträgers Darbietungen des Lizenzgebers, wird die Umsatzbeteiligung nach den marktüblichen Bedingungen nach der Spielzeit anteilig oder titelanteilig errechnet.

(3) Für Tonträger, die zum Zwecke der Promotion oder nach Streichung aus dem Vertriebsrepertoire des Lizenznehmers zu Ausverkaufszwecken und unter Beachtung der marktüblichen Ausverkaufspreisen, die höchstens die Höhe der Herstellungskosten betragen, abgegeben werden, sowie für Vertragsaufnahmen für Werbezwecke, entfällt die Umsatzbeteiligung.

(4) Der Lizenznehmer zahlt an den Lizenzgeber einen verrechenbaren Vorschuss in Form von vorher vereinbarten Kostenübernahmen. (z.B. Drucksonderwünsche, Fotograf, Tonstudio)

(5) Es wird jeweils eine Retourenrücklage von .... % eingerichtet, die im siebenten Monat ausgezahlt, oder bei entsprechenden Retouren oder Gegenforderungen aufgerechnet wird.

(6) Sollte der Verkaufserlös pro Tonträger um mehr als .... % sinken, so ist der Lizenznehmer berechtigt, ab dem Tag des Eintretens des geringeren Lizenzsatzes den entsprechenden Prozentsatz senken.

8. ABRECHNUNG
(1) Die Abrechnung der an die Lizenzgeber zu zahlenden Beträge (Verkaufslizenzen, Einnahmen aus Drittlizensierungen, Samplerbeiträge etc.) erfolgt halbjährlich und zwar für den Zeitraum zum 30. Juni und 31. Dezember eines jeden Jahres, innerhalb einer Frist von 90 Tagen ab Abrechnungshalbjahr.

(2) Bei Zahlungen innerhalb der vertraglichen 90 Tage Zahlungsfrist werden ... % Skonto dem Lizenznehmer vom Endbetrag gutgeschrieben. Evtl. ausstehende Forderungen Dritter, Retourenrückforderungen oder projektbezogen angefallene Kosten werden entsprechend von der auszuzahlenden Lizenz verrechnet.

(3) Aus der Lizenzvergabe abgerechnete Umsatzbeteilungen werden zum nächsten Termin nach Eingang beim Lizenznehmer ggf. unter Abzug hierauf erhobener Steuern, abgerechnet und gezahlt.

(4) Der Lizenzgeber hat das Recht, auf seine Kosten die Abrechnung zugrunde liegenden Unterlagen durch einen neutralen, vereidigten Buchprüfer oder einen neutralen Wirtschaftsprüfer während der Geschäftszeit einsehen zu lassen.

(5) Die Abrechnung gilt als rechnerisch und sachlich genehmigt, wenn der Lizenzgeber nicht innerhalb von zwei Monaten nach Zustellung schriftlich Einspruch erhebt.

9. ZAHLUNGEN

(1) Die Zahlungen erfolgen in Deutscher Mark der Deutschen Bundesbank, Lizenzeinnahmen, die von Lizenznehmern in ausländischer Währung beim Lizenznehmer eingehen, werden am Tag des Zahlungseingangs in Deutsche Mark umgerechnet. Die Zahlung der Umsatzbeteiligung erfolgt zuzüglich Mehrwertsteuer nach dem geltenden Satz.

(2) Spätestens ab dem gesetzlichen Termin erfolgt die Auszahlung entsprechend in Euro. Auf Wunsch kann, sofern die technischen Voraussetzungen bestehen, der Betrag ab dem 01.01.1999 in Euro auf ein Girokonto überwiesen werden.

(3) Empfangsberechtigt für alle Zahlungen und Mitteilungen ist der Lizenzgeber selbst, die Zahlungen werden auf das vom Lizenzgeber angegebene Konto überwiesen.

(4) Bei der Auszahlung der abgerechneten Umsatzbeteiligungen werden auf den Lizenzgeber entfallende Steuerabzüge vom Lizenznehmer einbehalten und an das zuständige Finanzamt abgeführt, es sei denn, der Lizenzgeber erlangt eine Freistellungsbescheinigung der zuständigen, deutschen Finanzbehörde.

(5) Für den Lizenzgeber bestimmte Zahlungen und schriftliche Mitteilungen gelten als ordnungsgemäß erstellt, wenn sie an die oben angegebene Adresse des Lizenzgebers abgesandt und angekommen sind. Änderungen der Adresse und Bankverbindung des Lizenzgebers sind dem Lizenznehmer unverzüglich mitzuteilen.

10. BILDTONTRÄGER

Die Parteien sind sich darüber einig, daß der Lizenzgeber ebenfalls im Bereich der Videoauswertung mit dem Lizenznehmer zusammenarbeitet. Aus diesem Grunde räumt der Lizenzgeber dem Lizenznehmer das Recht ein, im Rahmen dieses Vertrages erfolgten Darbietungen während der Vertragsdauer auch auf Bildtonträger jeglicher Art (beispielsweise Videotapes) aufzunehmen, zu vervielfältigen und in jeder sonstigen Form zu verwerten, wobei hinsichtlich der Vergütung zu dem gegebenen Zeitpunkt eine besondere Vereinbarung zwischen dem Lizenzgeber und dem Lizenznehmer getroffen wird, die im Rahmen der üblichen Bedingungen basierend auch auf den Bedingungen dieses Vertrages in angemessener Weise die beiderseitigen Belange zu berücksichtigen.

11. OPTION

Dem Lizenznehmer wird das feste Optionsrecht auf das Nachfolgeveröffentlichung resp. -projekt eingeräumt. Das Optionsrecht ist binnen vier Wochen nach Bekanntgabe der Aufnahmen schriftlich durch den Lizenznehmer anzunehmen oder abzulehnen. Die einzelnen Vertragsbedingungen sind bei Wahrnehmung einer Option ggf. neu auszuhandeln.

12. NEBENBESTIMMUNGEN

Der Lizenzgeber erhält von jeder durch den Lizenznehmer direkt ausgewerteten Aufnahme ... Freiexemplare einer jeden Tonträgerkategorie. Ausnahme ist hier eine limitierte Auflage, von denen dem Lizenzgeber jeweils 1 (ein) Expemlar je .... Stück zusteht. Bei der Auswertung durch Dritte (z.B. Kopplungen) erhält der Lizenzgeber die Hälfte der in der jeweiligen Verträgen festgelegten Freiexemplare.

(2) Der Lizenznehmer stellt darüber hinausgehend unbegrenzt Tonträger für einen Nettobetrag von je .... DM zuzüglich der ges. gültigen MWSt. zur Verfügung.

(3) Für Bookingzwecke stellt Lizenznehmer dem Lizenznehmer maximal ...Tonträger für einen Nettobetrag von .... DM zuzüglich der ges. gültigen MWSt. zur Verfügung. Darüber hinausgehende Werbeexemplare können zu den in Punkt 12.2. geregelten Bedingungen abzüglich .... % Rabatt angefordert werden.

13. SCHLUSSBESTIMMUNG

(1) Für das Vertragsverhältnis gilt deutsches Recht, Änderungen und Ergänzungen bedürfen zu ihrer Gültigkeit der Schriftform. Erfüllungsort ist der Sitz des Lizenznehmers.

(2) Sollten einzelne Bestimmungen dieses Vertrages unwirksam sein, so soll der Vetrag im übrigen dennoch gültig bleiben. Die Parteien werden in diesem Fall die unwirksame Bestimmung durch eine dem Gesamtzweck dieses Vertrages entsprechende, gültige Bestimmung ersetzen.

(3) Der Lizenzgeber erteilt hiermit dem Lizenznehmer die unwiderrufliche Vollmacht, gegen jede unzulässige Verwendung seiner unter diesem Vertrag fallenden Darbietungen vorzugehen. Diese Vollmacht bleibt auch nach Beendigung des Vertrages wirksam.

(4) Änderungen und Ergänzungen dieses Vertrages bedürfen der Schriftform.

(5) Beide Vertragspartner erklären mit der Unterzeichnung sich mit dem vorliegenden Vertrag einverstanden, den sie in all seinen Punkten gelesen und verstanden haben.

_____ _____
Unterschrift Lizenzgeber   Unterschrift Lizenznehmer

DER KÜNSTLERVERTRAG

Während es beim Bandübernahmevertrag eben nur um eine bestimmte Aufnahme geht, geht es beim Künstlervertrag – na? genau! – um den Künstler. Die Plattenfirma hat beispielsweise ein Demo von Euch erhalten, und sagt sich, die Jungs und Mädels haben ja dermaßen Potential, die werden wir jetzt richtig aufbauen. Das heißt auch, daß der A&R-Manager nicht nur anrufen muß »Wo bleibt das Band zum Übernehmen?«, sondern sich in frühester Phase kümmern muß: wo aufnehmen, mit wem aufnehmen usw. Sozusagen ist das ganze Umfeld des Künstlers jetzt Job der Plattenfirma. Und der Künstler macht »nur« noch Kunst.

DER PRODUZENTENVERTRAG

Den Produzentenvertrag bekommen – ebenso logisch – Produzenten. Wenn Ihr Euren Deal in Form eines Künstlervertrages bekommen habt, und Ihr sucht Euch nun für die ins Haus stehenden Aufnahmen einen Produzenten, dann bekommt dieser von der Plattenfirma einen Produzentenvertrag. Entweder fürs ganze Album oder nur für ein oder mehrere Songs. Je nachdem! Und unter Umständen bekommt Ihr auch mal einen Produzentenvertrag (bzw. einige von Euch), wenn Ihr z.B. ein Album einer anderen Band produziert. Oder wenn Ihr Euer eigenes Album produziert.

WEITERE DEAL-VARIANTEN

Hier gibt es Labeldeals und Vertriebsdeals. Und beide heißen schon so, was sie auch sind: Beim Labeldeal übernimmt eine größere Plattenfirma eine kleinere, das muß jedoch nicht für alle Produkte gelten. Meist sehen solche Deals so aus, daß der größere die Option hat, die neuen Sachen des kleinen zuerst zu hören, um dann zu entscheiden, ob er das auch nimmt. Und nur wenn nicht, kann sich das kleine Label nach anderen Partnern umsehen. Vom Vertriebsdeal spricht man dann, wenn ein Label jemand gefunden hat, der eine bestimmte Produktion vertreibt. Das bezieht sich dann tatsächlich erst einmal auf die eine Platte. Bei kleinen Labels hat man das öfter, daß sie eine Produktion in dem einen, eine weitere in einen anderen Vertrieb haben.

WAS IM PLATTENVERTRAG NOCH STEHEN SOLLTE

Wie schon mehrmals gesagt, es gibt soviele Verträge wie es Firmen gibt, aber die folgenden Punkte dürfen (sollten) nicht fehlen:

1. Vertragsgebiet
Meistens werden weltweit geltende Verträge angeboten, und da ist im Grunde auch nichts gegen einzuwenden, aber wehe die Produktion wird nicht mal im eigenem Lande ein Hit, dann hat die jeweilige Firma kaum noch Lust, dieses den Partnerfirmen im Ausland anzubieten. Das ist besonders dann bitter, wenn Ihr selbst oder Euer Management bzw. Euer Verlag Kontakte zu ausländischen Labels habt, deshalb einfach mal schauen, ob bei Eurer Plattenfirma nicht ein Vertrag mit GAS-Reichweite zu kriegen ist. GAS steht für Germany, Austria, Schweiz.

2. Vertragsdauer
Die Dauer eines Vertrages drückt sich entweder durch einen zeitlichen Rahmen aus oder aber auf eine Anzahl von Produktionen. Bei der Zeitvariante solltet Ihr aufpassen: angenommen Ihr unterschreibt einen Drei-Jahres-Deal, dann möchte die Plattenfirma sicher nicht nur eine Single in dieser langen Zeit, und das steht dann sicher auch irgendwo klein geschrieben, wieviel Material Ihr denn in dieser Zeit abliefern müßt. Das ist natürlich nicht gerade kreativitätsfördernd, wenn Ihr wißt, bis morgen soll die Single fertig sein, aber die Einfälle bleiben aus. Marianne Rosenberg erzählte mir mal, daß sie in den 80ern kaum noch Plattenverträge unterschrieb, weil sie es eben nicht mehr einsah, in drei Jahren drei Langspielplatten einzuspielen. Und sie war bestimmt nicht die einzige. Inzwischen bieten Firmen eher die zweite Variante an. Zum Beispiel: Vertrag über ein Album mit der Option auf zwei weitere Alben. Das heißt, wenn die Firma nach der ersten Produktion immer noch an Euch glaubt, dann bestehen sie auf ihre Option, ein weiteres zu veröffentlichen, wollen sie dann nochmal usw. (je nach den ausgehandelten Optionen). Möchte die Firma nach Album Nummer 1 nicht mehr, aber Ihr möchtet noch, dann könnt Ihr möchten wie Ihr wollt, das Optionsrecht ist einseitig und liegt zugunsten der Plattenfirma. Insofern solltet Ihr vielleicht versuchen, so wenig Optionen wie möglich zu unterschreiben. Andererseits seid Ihr No Names, und es wäre schade, deswegen einen lukrativen Vertrag sausen zu lassen, außerdem ist ja wohl klar, daß eine Firma nicht allzuviel in Euch investiert, wenn sie weiß, daß Ihr nach dem ersten Album sowieso wieder abhaut. Die letztgenannte Variante wird manchmal trotzdem, wenn auch in einen lockeren Zeitrahmen gesteckt.

Nicht, daß Ihr einen Deal für drei Alben habt und Euch nur alle fünf Jahre aus Eurem Versteck blicken laßt.

3. Der Vorschuß

Ein kleiner, aber feiner Abschnitt: denn hier geht's um Geld, und Bargeld lacht! Unter Umständen habt Ihr jetzt das erste Mal Geld für Eure Musik bekommen (die Gagen in den Clubs gingen immer für Bandbusmieten drauf...). Der Grundgedanke eines Vorschußes ist der, daß die oftmals lange Zeit bis zur ersten Lizenzabrechnung (normalerweise wird nach jedem Quartal abgerechnet) gut überbrückt werden kann. Und der Vorschuß hat noch einen Vorteil: selbst, wenn Ihr nicht eine Platte verkauft und somit auch keine Lizenz bekommt, könnt Ihr den Vorschuß behalten.

4. Die Lizenz

Und nochmal ein wunderschöner kleiner Abschnitt zum Thema »Geld für Euch«. Falls sich nämlich Eure Platten wie warme Semmeln verkaufen, könnt Ihr auf Euren Konten schon mal Platz machen: denn so um die 15% (je nachdem was ausgehandelt wurde, und was bei der jeweiligen Firma üblich ist) des Handelsabgabepreises sind Eure. Das ist Euer Verdienst und den nennt man Lizenz. Der Vorschuß wird jedoch aber erstmal wieder verrechnet. Auch wichtig zu wissen: angenommen Album Nr.1 spielt keine Lizenzen ein, dann wird der Vorschuß des ersten Albums mit den Lizenzen der zweiten Platte verrechnet (auch wenn es hier wieder neuen Vorschuß gab und der ebenfalls verrechnet werden muß).

5. Der Taschenabzug

Nachdem Du unter 3 und 4 gelesen hast, daß es Geld gibt, soll Dich Punkt 5 wieder auf den Teppich bringen. Und zwar gibt es eine Regel über den sogenannten Hüllen- und Taschenabzug. Der Künstler wird nämlich an den Kosten für das CD-Cover (daher Hülle oder Tasche), für Fotosessions, für Grafikkosten u.ä. beteiligt, in dem die auszuzahlende Lizenz nochmal um 20% gekürzt wird! So merkwürdig diese Regelung klingen mag, sie ist international üblich... (nur einige wenige Firmen verzichten darauf)

DER PRODUKTMANAGER

So, der Deal ist im Kasten, dann wird Euch der A&R-Manager jetzt an den Produktmanager (kurz PM) »weiterreichen« (das hängt allerdings von der jeweiligen Firma ab, es gibt Plattenfirmen, da sind A&R und PM einunddieselbe Person, bei anderen sind das völlig getrennte Bereiche). Der Produktmanager managt also das Produkt, das heißt, er kümmert sich um sämtliche Belange, die mit Eurem Produkt, also Eurer CD, nur ansatzweise zu tun hat. Der PM wird genauso Marketingpläne entwickeln (»Ich probier mal, ob das mit dem WOM-Titelblatt klappt«), die »Record Release Party« organisieren (»Ich hab's, wir machen die in einem Techno-Keller«), das Cover/Booklet kontrollieren (»Hier steht ja Täxte immer noch mit Ä!«) wie das Verschicken des Masters mit Produktpaß und Coverlithos an den CD-Hersteller. Wenn der Künstler oder sein Manager von der Plattenfirma etwas wissen will, dann ruft er zumeist den Produktmanager an. Um es zusammenzufassen: Der PM steht genau in der Mitte zwischen Plattenfirma und Künstler, ist Berater, Mentor und Freund. Und in aller Freundschaft: trotz alledem sollte der Künstler einen wachen Blick für alle Vorgänge haben, ein freundliches Nachfragen wird wohl keinem PM die Laune verderben.

DIE ANDEREN HELFER

Im großen Abschnitt der CD-Eigenproduktion wurden Bereiche wie Promotion, Verkaufsargumente usw. schon ausreichend beschrieben, diese setzen natürlich genau hier wieder ein. Und für all diese Bereiche gilt für Euch: habt auch Ihr einen ungetrübten kritischen Blick, klopft ab, was gemacht wird und wie der Stand der Dinge ist. Speziell bei den labeleigenen Promotionabteilungen solltet Ihr aufpassen. Es kommt vor, daß diese zehn verschiedene »Acts oder Künstler« zeitgleich betreuen müssen, was enorme Schwierigkeiten mit sich bringt. Fiktives Beispiel: Der Redakteur zum Promoter: »Du hast mir ja viele neue CDs geschickt, und so super Sachen dabei, von Band Sowieso sogar ein T-Shirt, da mach ich auf jeden Fall ein Interview... Aber alle Themen krieg ich nicht unter...« Promoter zum Redakteur: »Nicht so schlimm, Hauptsache, Du hast Sowieso dabei und unsere Schwerpunktthemen X und Y.« Wetten, daß Ihr nicht dabei wart? Bei manchen Plattenfirmen läuft es auch so, daß Du die »Top«-Teile automatisch auf den Tisch bekommst, von einer Newcomerband aber nur beiläufig erfährst. Einige Promoter arbeiten auch schlampig, schicken das Bildmaterial nicht pünktlich raus usw. Noch vor zwei Jahren hätte ich Euch den Tip gegeben, daß Ihr darauf bestehen solltet, daß eine externe Promo-Agentur für Euch arbeitet. Das möchte ich Euch auch immer noch empfehlen, allerdings mit der Einschränkung, hier ebenfalls genau zu beobachten. Die Werbebudgets der Plattenfirma werden immer knapper, was einige Promo-Agenturen dazu veranlaßt hat, mit ihren Tarifen in die Knie zu gehen. Aber natürlich wollen die ja nicht weniger verdienen und versuchen über die Menge an Themen die »Verluste« wieder wett zu machen. Und spätestens hier gleichen die Agenturen wieder den internen Abteilungen und Ihr seid somit unterm Strich dann eigentlich doch besser bei der eigenen Plattenfirma aufgehoben. Ansonsten gilt, freie Promoter müssen noch mehr Gas geben, schließlich wollen sie von der Firma immer wieder mal einen lukrativen Auftrag bekommen. Der festangestellte Promoter hat zwar auch einen gewissen Druck, aber auf keinen Fall so einen verschärften wie die Freelancer. Also: externe Promo-Agentur ja und nicht so billig, wenn die denn garantiert, daß sich die Anzahl der zu bearbeitenden Themen im Rahmen der Möglichkeiten bewegen. Aber ich will keine Panik verbreiten oder gar behaupten, daß festangestellte Promoter ihren Job nicht richtig machen (99% aller PromoterInnen geben ihr bestes) und so passiert's, daß sich der eine oder andere von Euch plötzlich in den Charts wiederfindet.

NIE MEHR SCHUMMELCHARTS?!

Jetzt könnt Ihr zurecht in die Luft springen. Ihr seid in den Charts! Natürlich macht Ihr Euch als ernstzunehmende Band gar nichts daraus, da auf irgend so einer Liste geführt zu werden, aber so eine Plazierung hat immense Folgen. Erstmal ist das ein absolutes Promotionargument: Radiostationen, die Eure Songs vorher nicht wollten, spielen sie plötzlich, VIVA fragt aufgeregt nach einem Clip, und einige Printmedien räumen für Euch Platz ein. Auch der Handel reagiert prompt: viele Händler, allem voran Kaufhäuser, stellen sich Euer Werk erst in die Regale, wenn es Top 50 ist usw. Gleichzeitig setzt eine sogenannte Zweitverwertung ein, selbst die BRAVO HITS-Compilation-Macher wollen Euren Top 100-Song.

Noch bis 1996 bekamen die CD-Händler per Post Fragebögen von Media Control, in denen sie die Titel der meistverkauften CDs ihres Geschäfts eintragen sollten. So weit, so gut. Nur konnten die Händler dort eigentlich auch sonstwas eintragen. An die 500 Händler zählten zu den sogenannten »Tippern«, die eben bereits genannte Listen erhielten, wöchentlich ausfüllten und an die Media Control-Zentrale schickten. Und das hatte

Vor- und Nachteile. Vorteil war eindeutig der, daß man einer neuen Band, die eben nicht mit einem Riesenwerbebudget ausgestattet war und somit kaum Beachtung in den Medien fand, aus Sympathie entsprechend tippte. Und siehe da, als so ein Chartentry vorlag, zogen alle Medien von VIVA bis ROLLING STONE nach. Der Nachteil funktionierte natürlich genauso, so eine Nummer Eins mußte nicht unbedingt die bestverkaufte Platte sein, sondern das Album mit den attraktivsten Tipper-Geschenken. Seit 1997 ist das anders, die Verkaufszahlen werden durch computergestützte Kassensysteme in ca. 1.500 Geschäften ermittelt. Media Control unterstützte schon seit 1993 diverse Händler mit 5000 Märker, damit diese auf Computerkassen umrüsten. Betrügereien sollen also keine Chance mehr haben...

Wahrscheinlich wurden durch diese eingreifende Veränderung einige Leute arbeitslos: die Tipper wurden nämlich beinahe täglich angerufen oder angefaxt mit der Bitte, dieses oder jenes Produkt in der Tipliste zu berücksichtigen. Außerdem gab es auch sogenannte Chartpromoter, die die Händler freundlich kontaktierten und auch mal den einen oder anderen Gimmick zu den Promo-CDs packten. Aber der tatsächliche Einfluß der Chartpromoter auf das Tippen der Händler war eher minimal. Dennoch bekamen diese in der Zeitschrift »ROLLING STONE« in einem Feature über die neue Chartsermittlung ihr Fett weg: »Das dreckige Dutzend, damit sich die Plattenfirmen nicht selbst die Hände schmutzig machen...« Selten so gelacht. Auch sonst weiß der »ROLLING STONE« einiges über den Handel. Und das ist erstaunlich, denn die Redakteure brauchen keinen Plattendealer mehr, die neuen CDs flattern automatisch auf ihre Schreibtische. Das soll hier selbstverständlich gar nicht verurteilt werden, auch ich freue mich über jeden Tonträger, der in die Redaktion kommt. Nur war es eben vom ROLLING STONE ein bißchen vermessen, sensationsstorymäßig zu berichten, daß es für den Händler einen Chartpromoter gibt. Und für den (ROLLING STONE)-Redakteur gibt es einen Printpromoter. Und der macht das selbe in grün: Während der Chartpromoter den Händler über Neuheiten informiert und ihn bittet, das Produkt Sowieso entsprechend zu präsentieren, informiert der Printpromoter den Redakteur und bittet ihn, mit der Band von Produkt Sowieso ein Interview zu machen oder zumindest eine Rezension zu schreiben. Skandal! Und damit die Freundschaft zwischen Musikindustrie und Handel bzw. Musikindustrie und Presse gut funktioniert, gibt es im Handel Gelder für die Belegung von Hörstationen oder für die Anmietung von Verkaufsregalen, nämlich WKZ, das Kürzel für Werbekostenzuschüsse, und bei der Presse gibt es Gelder für Anzeigenschaltungen. Auweia! Um nochmal auf den ROLLING STONE zu kommen: Die wußten im gleichen Artikel auch, daß es verkaufstechnisch besser ist, für ein Produkt ein Platz im Schaufenster zu haben. Und wir wissen, daß auch ein entsprechender Platz im ROLLING STONE sehr verkaufsfördernd sein kann. Und wo man leichter reinkommt, Schaufenster oder ROLLING STONE, werdet Ihr wahrscheinlich noch selbst erleben können.

Zurück zu den Charts: Im Großen und Ganzen sind hier eigentlich nach wie vor die selben Acts wie vor der Lösung mit den Computerkassen zu finden. Nur das Auf- und Absteigen passiert wesentlich rasanter. Wenn Gruppe X ein neues, längst erwartetes Album veröffentlicht, greifen die Fans sofort zu, und somit hat Gruppe X einen hohen Chartsplatz in petto. Nur eine Woche später, wenn die beinharten Fans das edle Scheibchen bereits zu Hause im Player haben und die CD nur noch vereinzelt über die Ladentische gereicht wird, fällt Gruppe X auf hintere Ränge. War man früher erstmal hoch gechartet, hielt man sich an der Spitze etwas länger auf. Vielleicht hatte der Tipper das Gefühl, was vorn ist, kann sich nicht schlecht verkaufen.

Wie gesagt, diese Zeiten sind endgültig vorbei. Nach neuen Manipulationsmöglichkeiten muß erst gesucht werden, auch wenn der ROLLING STONE da schon einen »Insidertip« hatte: den EAN-Code (Strichcode auf der Rückseite der CD) einer für die Plattenfirma »wichtigen« CD auch auf die unwichtigen machen, so daß alle Verkäufe nur für die »wichtige« zählen. Toller Trick, doch bevor die Ware ins Verkaufsregal kommt, wird sie ja erstmal in das Warenwirtschaftssystem der Tonträgergeschäfte eingebucht. Das heißt, spätestens hier merkt der Händler, daß etwas nicht stimmen kann. Und nun kann's passieren, daß die CDs gar nicht in den Laden kommen, weil der Händler weder mit seiner Buchhaltung noch mit seinen Retour-Möglichkeiten Probleme haben möchte. Und noch ein unangenehmer Nebeneffekt: zehn CDs sind eingebucht, 20 aber verkauft, so zeigt das System: minus 10 verkaufte CDs. Media Control würde sich freuen... Aber das kann man an den Schreibtischen, wo die CDs so mit und ohne Barcode kommen, nicht wissen.

Wenn Ihr also endlich eine CD in den Läden zu stehen habt, müßt Ihr auch noch hoffen, daß sie in den richtigen Läden verkauft wird. Es gibt da immer Extrembeispiele: Nehmen wir zum Beispiel den New Age-Künstler Oliver Shanti, der wahrhaftig kiloweise Platten verkauft, aber eben nicht nur in den chartsrelevanten Shops, sondern vor allem auch in Esoterikerläden und Buchhandlungen, dann findet das in den Charts keine Beachtung. Viele Top 100-Künstler träumen von den Verkäufen eines Oliver Shantis – verkehrte Welt!

IV. DIE INSTITUTIONEN

Beinahe genauso wichtig wie der Umgang mit der Musik: die Verwertungsgesellschaften, Versicherungen und Steuern. Obwohl das mitunter sehr trockene Thematiken sind, ist es mir (hoffe ich) gelungen, mich auf das wesentliche zu konzentrieren. Deshalb schreckt nicht ab, hier weiter zu lesen, mehr oder weniger sind das alles Sachen, die ans Eingemachte gehen bzw. wie man es vermeidet. Und GEMA und GVL bringen sogar etwas.

DIE GEMA

Die GEMA, die ausgeschrieben »Gesellschaft für musikalische Aufführungs- und mechanische Vervielfältigungsrechte« heißt, wurde ja bereits im Abschnitt zur CD-Eigenproduktion erwähnt, allerdings eher beiläufig und beinahe im negativen Zusammenhang. Dabei darf man als Musiker erst einmal grundsätzlich froh darüber sein, daß es sie gibt, ist sie doch schließlich eine Verwertungsgesellschaft, die Eure »persönlichen geistigen Schöpfungen« schützt. Nicht gleich einen Schreck bekommen, mit diesen Schöpfungen sind nichts weiter als Eure kompositorischen und textlichen Einfälle gemeint. Ihr seid also der Urheber Eurer Songs, und die GEMA kümmert sich darum, daß die, die Euer Material bei tantiemenpflichtigen Aufführungen, Sendungen und Ton- bzw. Bildtonträgerveröffentlichungen nutzen, Lizenzgebühren zahlen, und die GEMA schüttet diese Einnahmen nach den Bestimmungen ihres Verteilungsplanes an die jeweiligen Bezugsberechtigten aus. Nach dem Urheberrechtswahrnehmungsgesetz ist die GEMA verpflichtet, jeder Nutzung urheberrechtlich geschützter Musik nachzugehen und zu prüfen, ob Vergütungsansprüche zu stellen sind. Im Vergütungsanspruchstellen ist die GEMA recht fit, sie beschäftigt gar Außendienstler, die draußen beim Volk schauen, wo weitere Einnahmen herzuholen sind. Also jede Discothek, jeder Supermarkt, jede Plattenfirma, jeder Konzertveranstalter usw., also jeder, der Musik in irgend einer Art und Weise benutzt (und wenn es zur Berieselung beim Bäcker ist) muß GEMA-Gebühren bezahlen. Für den Musiker ist das okay, denn wie gesagt: Die GEMA schüttet die gesamten Einnahmen nach Deckung der notwendigen Verwaltungskosten an die bezugsberechtigten Mitglieder und die in- und ausländischen Verwertungsgesellschaften aus. Derzeit beträgt der durchschnittliche Kostensatz für die Verwaltung 13,8 %, den Rest gibt's zurück. Zwar gibt es immer wieder Streß, weil die E-Musik (e wie ernst, Klassik usw.) immer noch mehr Ausschüttung bekommt als Ihr mit Eurer simplen U-Musik (das U steht für Unterhaltung: ja, ja, Ihr Entertainer...), aber das nur am Rande.

DIE GEMA-MITGLIEDSCHAFT

»Eine Aufnahme in die GEMA ist zu empfehlen, sobald Werke des zukünftigen GEMA-Mitglieds bereits öffentlich aufgeführt, gesendet, vervielfältigt oder verbreitet worden sind«, heißt es in den Informationen der GEMA. Also sobald Du irgendwo ein Konzert gegeben hast, und es wurden auch Songs von Dir gespielt, solltest Du Dir Gedanken machen, ob Du nicht GEMA-Mitglied werden willst.

Als komplette Band könnt Ihr übrigens nicht der GEMA beitreten, jeder muß das einzeln tun und logischerweise auch nur die, die komponieren und/oder texten. Die Mitgliedschaft kostet z.Z. DM 50,–, dem voran gegangen ist eine Aufnahmegebühr von ca. DM 100,–. Bitte nehmt die Summenangaben nicht zu sehr als bare Münze, Änderungen können jederzeit in Kraft treten, aber mit Sicherheit keine schwerwiegenden. Im übrigen sind diese Gelder eine durchaus lohnende Investition. Die GEMA-Mitgliedschaft beginnt übrigens nicht mit dem Eintritt, sondern rückwirkend schon das komplette Jahr vorher. Kleines Beispiel: Du trittst Dezember 1999 in die GEMA ein und bist praktisch schon ab Januar 1998 Mitglied.

DIE MITGLIEDSARTEN DER GEMA

Die Satzung der GEMA unterscheidet zwischen angeschlossenen, außerordentlichen und ordentlichen Mitgliedern.

Voraussetzung für die angeschlossene Mitgliedschaft ist zunächst das Ausfüllen und Zurücksenden des Aufnahmeantrags, der bei der Direktion Mitglieder der GEMA (GEMA, Generaldirektion München, Direktion Mitglieder, Rosenheimer Straße 11, 81667 München, Tel. 089/48003-00) zu erhalten ist.

Um außerordentliches Mitglied zu werden, haben Komponisten fünf Originalmanuskripte oder deren Ablichtungen von bereits öffentlich aufgeführten, gesendeten oder auf Ton- oder Bildtonträger vervielfältigten und verbreiteten Werken in Form von Partituren, Klavierauszügen oder anderen geeigneten Unterlagen einzureichen, Textdichter fünf ausschließlich selbst verfaßte Texte. Musikverleger haben den Umfang ihrer verlegerischen Tätigkeit durch Vorlage von Belegexemplaren nachzuweisen. Ebenso sind Kopien der mit den Urhebern geschlossenen Verlagsverträge vorzulegen. Des weiteren ist ein Handelsregisterauszug nach dem neuesten Stand vorzulegen.

Die ordentliche Mitgliedschaft kann nach fünfjähriger außerordentlicher Mitgliedschaft erworben werden. Komponisten und Textdichter müssen in fünf aufeinanderfolgenden Jahren sowohl ein (durch die GEMA erwirtschaftetes) Mindestaufkommen von 60.000,– DM als auch jährlich in vier aufeinanderfolgenden Jahren mindestens 3.600,– DM erreicht haben. Der Aufsichtsrat kann zudem aus kulturellen Erwägungen Komponisten, Textdichter und Musikverleger als ordentliche Mitglieder kooptieren. Für die Wahrnehmung der Rechte des Urhebers spielt die Art der Mitgliedschaft keine Rolle. Jedes Mitglied wird an den Erträgen in dem Umfang beteiligt, in dem seine Werke aufgeführt, gesendet, vervielfältigt und verbreitet werden.

DIE ANMELDUNG EURER SONGS

Ihr liebt Formulare? Nun, der Anmeldebogen bei der GEMA ist grün (Grün beruhigt!). Dort tragt Ihr alles ein von Songname über Komponist bis Musikstil (alle einzelnen Punkte liste ich jetzt nicht auf), schickt das grüne Ding ein, und Monate später (manchmal auch schneller) erhaltet Ihr dafür eine Registrierung (mit der sogenannten Datenbankwerknummer).

Seid Euch aber auch über eins klar: nur die Komponisten und Texter Eurer Songs sind an den GEMA-Ausschüttungen beteiligt. Dadurch gibt es bandintern oftmals Streit, weil die anderen Mitglieder vielleicht am Arrangement beteiligt waren und dadurch aus dem Song erstmal einen gemacht haben, nur findet das bei der GEMA keine Berücksichtigung. Viele Bands formulieren dann einen Solidaritätsgedanken, geben bei der GEMA einen Künstlernamen an (z.B. den Bandnamen) und teilen dann die Ausschüttungen in der Band ganz gerecht auf. Aber Vorsicht: was passiert, wenn ein Musiker aussteigt?

KOHLE VON DER GEMA

Jeder Veranstalter, der ein Konzert durchführt, muß das bei der GEMA anmelden und dafür zahlen. Damit die GEMA überhaupt weiß, welche Konzerte Ihr gespielt habt, gibt es den Musikfolgebogen, den Ihr ausfüllen (welches Konzert, welche Songs usw.) und dem Veranstalter geben müßt, dieser wiederum sollte ihn an die GEMA schicken. Da Veranstalter immer gestreßte Menschen sind, vergessen sie das manchmal auch, deshalb solltet Ihr darauf achten, daß er's tut (ziemlich schwierig, der Veranstalter wird sicher nicht zum Konzertabend mit Euch zum Briefkasten rennen) oder aber Ihr schickt den Bogen selbst an die GEMA. Pro live gespielten Song (natürlich nur für die eigenen) gibt es in etwa 4,– DM (wenn Ihr »Born In The USA« covert, bekommt Bruce die Kohle), also mal rechnen: Euer Programm besteht aus 25 Stücken und Ihr spielt 30 mal: 4 x 25 x 30 = DM 3.000,– Super, die Kohle fürs neue Plakat ist da! Doch damit nicht genug, es gibt noch einen so genannten M-Zuschlag, im Jargon gern auch »Kneipen-GEMA« genannt. Der M-Zuschlag ist der Zuschlag für die mechanische Wiedergabe, wenn z.B. in der Kneipe (um bei diesem Beispiel zu bleiben) eine CD läuft. Grundlage hierfür sind aber wiederum die Liveauftritte. Motto: wer viel live spielt, wird auch oft von CD gespielt! Die armen Studioprojekte...

Nun ja, die werden dafür wahrscheinlich öfter im Radio gespielt. Die Radioredakteure müssen der GEMA eine Programmfolge zuschicken, woraus die GEMA dann erkennen kann... Übrigens: um so größer der Sender, um so fetter die Ausschüttung. Für Eure Tonträgerverkäufe gibt es selbstverständlich auch eine GEMA-Ausschüttung. Das Problem daran: bringt Ihr Eure CD allein heraus, müßt Ihr Euch selbst GEMA-Gebühren zahlen! Die Höhe ergibt sich so: der HAP (Handelsabgabepreis, das ist praktisch der Kurs, den ein Händler berappen muß, wenn er Eure CD zum Weiterverkaufen haben möchte) mal 11, ein paar zerquetschte % (die Majors haben einen Deal mit der GEMA, statt 11 nur 9, ein paar zerquetschte %). Auf jeden Fall gibt es den Mindestsatz um die DM 1,20 – selbst wenn es sich um Promoexemplare handelt... Das sollte zum Thema GEMA reichen, die Generaldirektionen München (Adresse wenige Seiten zuvor) und Berlin (Bayreuther Str. 37-38, 10787 Berlin, Telefon 030 – 2124500) sind sehr auskunftsfreudig, unter www.gema.de erfahrt Ihr ebenfalls eine Menge.

DIE GVL

Eine weitere Verwertungsgesellschaft, die für Euch Musiker interessant sein dürfte, ist die GVL. GVL steht für »Gesellschaft zur Verwertung von Leistungsschutzrechten« und kümmert sich im Gegensatz zur GEMA um ausübende Künstler... Ein Beispiel: Du hast bei der Aufnahme eines tollen Songs die Gitarre gespielt (unter uns: ohne Deine Gitarre ist der ganze Song Müll!) und während der Komponist und der Texter der GEMA ihre Bankverbindung ansagen, stehst Du da mit Deinem Talent... Und hier greift die GVL für Dich ein. Denn die GVL ist die urheberrechtliche Vertretung der ausübenden Künstler (und der Tonträgerhersteller). Ausübende Künstler sind beispielsweise Musiker, Sänger, Tänzer und Schauspieler. Unter den Begriff Tonträgerhersteller fallen Schallplatten- bzw. CD-Firmen und sonstige Tonträger-Produzenten mit eigenem Label. Die GVL nimmt die sogenannte Zweitverwertungsrechte für die Künstler und die Hersteller war. Es handelt sich dabei um die gesetzlich geklärte Vergütungsansprüche gegen Hörfunk- und Fernsehsender für die Verwendung erschienener Tonträger in ihren Programmen, gegen die Deutsche Bundespost, Telekom und andere Kabelbetreiber für die Einspeisung von Fernseh- und Hörfunkprogrammen ins Kabelnetz, gegen Diskotheken, Gaststätten, Hotels usw. für die öffentliche Wiedergabe von Tonträgern und von Radio- und Fernsehsendungen, gegen die Recorder/CD-Brenner- und Leerkassetten/Rohlinge-Industrie für die private Überspielung von Tonträgern und Videokassetten sowie von Radio- und Fernsehsendungen, gegen die Videotheken für die Vermietung von Videokassetten und CDs (Vermieterlaubnis durch den Hersteller vorausgesetzt), gegen die öffentliche Hand für den Verleih von Videokassetten und CDs in Bibliotheken, gegen die Schulbuchverleger für die Aufnahme von Titeln aus erschienenen Tonträgern in Sammlungen für den Schul- und Unterrichtsgebrauch und in anderen Fällen der sogenannten Zweitverwertung von künstlerischen Darbietungen und erschienenen Tonträgern. Bei der öffentlichen Wiedergabe führt die GEMA das Inkasso für die GVL mit durch, das heißt, wenn die GEMA Discotheken, Läden usw. zur Kasse bittet, sind in den Tarifen schon 20% für die GVL enthalten. Bei der privaten Überspielung tritt gegenüber der Industrie die ZPÜ (Zentrale für private Überspielungsrechte) als Zusammenschluß aller urheberrechtlichen Verwertungsgesellschaften auf. Um Kabelrechte, Vermietung und Verleih kümmert sich die GVL im Verbund mit anderen Verwertungsgesellschaften.

WANN GIBT ES GELD VON DER GVL?

Zuallerst muß man Mitglied werden, klar. Die Mitgliedschaft ist kostenlos und ist auch recht einfach zu bewerkstelligen: Ihr fordert formlos bei der GVL (Heimhuder Straße 5 – 20148 Hamburg – Telefon (040) 4117070, Telefax (040) 4103866 – eMail: kontakt@gvl.de) einen sogenannten »Wahrnehmungsvertrag« an (Anm.: Das könnt Ihr auch telefonisch machen, die haben sich da nicht so), und schickt diesen ausgefüllt und unterschrieben zurück. Die Mitgliedschaft beginnt dann rückwirkend zum 1. Januar des Jahres. Damit die GVL nun herauskriegt, ob und was sie Dir zahlen kann, mußt Du alle Honorarrechnungen von Tonträgeraufnahmen (auch Lizenzvorauszahlungen, aber nur die, die nicht zur Zahlung der Produktionskosten dienen, notfalls von der Plattenfirma bestätigen lassen), TV-Auftritten sowie von Konzerten, die für Radio, TV oder CD aufgenommen wurden (wichtig: sie müssen auch gesendet worden sein) der GVL vorlegen. Die CDs, an denen Ihr als Musiker beteiligt wart, solltet Ihr auch mitschicken. Natürlich solltet Ihr dabei die zeitlichen Abläufe der GVL berücksichtigen: im Frühjahr bekommt Ihr einen Nachweisbogen für das vergangene Jahr und im Herbst gibt es die Ausschüttung (die Quittungen und CDs gibt es auch zurück). Daß die von Dir gespielte Musik wirklich im Radio oder TV kam, mußt Du nicht beweisen, wohl aber solltest Du darauf achten, daß die CDs einen Labelcode haben, den es wiederum auch von der GVL gibt (siehe auch unter CD-Eigenproduktion: der Labelcode).

DIE KÜNSTLERSOZIALKASSE (KSK)

Beim Sprung in die Selbständigkeit (»Ab jetzt wird nur gemuckt, das muß zum Leben reichen!«) beschleicht einen oftmals ein ungutes Gefühl: trotz aller Coolness, die man so an den Tag legt, meldet sich sporadisch Dein ängstlich-spießiges Gewissen: »Willst Du wirklich Deinen Job aufgeben?« Dabei geht es Dir gar nicht mal um die paar Scheine, die Dir Dein letzter Arbeitgeber sowieso nie regelmäßig und termingerecht rausgerückt hatte, sondern um das »soziale Umfeld«. Das hatte man Dir einfach anerzogen, dieses Sicherheitsdenken. Und nun schreckst Du zurück, denn die Selbständigen, die Du kennst, erzählen immer was von Wahnsinnssummen, was Krankenkasse, Vorsorge usw. betrifft. Dabei solltest Du wissen, daß es für Typen wie Dich die Künstlersozialkasse gibt. Du würdest Deine Musik zwar nicht unbedingt Kunst nennen, doch dem Verständnis der Künstlersozialkasse nach bist Du ein Künstler, einer, der seine Einnahmen zum Lebensunterhalt durch eine selbständige künstlerische Tätigkeit bezieht, und sei es auch nur durch Dein lausiges Gitarrenspiel. Da ist den Politikern direkt mal was gutes eingefallen, als am 01.01. 1983 das Künstlersozialversicherungsgesetz (KSVG) in Kraft getreten ist. Dieses bietet nämlich selbständigen Künstlern und Publizisten sozialen Schutz in der Renten-, Kranken- und Pflegeversicherung, und zwar in der Form, daß benannte Zielgruppe wie ein Arbeitnehmer behandelt wird, das heißt, die selbständigen Künstler zahlen nur die Hälfte der Versicherungsbeiträge, die andere Hälfte trägt die Künstlersozialkasse (Vergleich zum Arbeitnehmer: hier zahlt er 50% selbst, die anderen 50% der Arbeitgeber).

Die dazu benötigten Mittel setzen sich zu gleichen Teilen aus einem Zuschuß des Bundes und aus einer Abgabe der Unternehmen, die künstlerische und publzistische Leistungen verwerten. Für die Durchführung der Renten-, Kranken- und Pflegeversicherung ist die KSK aber nicht zuständig, sie meldet die versicherten Künstler bei den Kranken- und Pflegekassen sowie beim Rentenversicherungsträger nur an. In der Praxis funktioniert das so, daß die KSK schaut, ob Du wirklich selbständiger Künstler bist und nicht doch irgendwie noch einen anderen Job hast (Du kannst zwar auch noch etwas nichtkünstlerisches tun – allerdings auch nur selbständig – aber die meisten Deiner Einnahmen sollten durch Deine Kunst kommen...), zieht von Dir die Beitragsanteile ein und leitet sie entsprechend weiter (Du bist also trotzdem Mitglied der AOK, DAK – je nachdem, wo Du Dich angemeldet hast). Die KSK ist keine Krankenkasse (manche denken das), sondern sie übernimmt (u.a.) die Rolle des Arbeitgebers (mal ganz theoretisch gesehen).

WAS MUSS ICH DER KSK ZAHLEN?

Als Arbeitnehmer weißt Du ja praktisch schon beim Unterzeichnen des Arbeitsvertrages, was Du ab jetzt immer am 15. des Monats finanziell erwarten darfst. Entsprechend ist das auch den Krankenkassen usw. gemeldet. Als selbständiger Musiker ist das schon weitaus schwieriger, woher sollst Du im Januar wissen, ob die Septembertour klappt und ob Ihr im Oktober tatsächlich ein Album für die SONY einspielt?

Also kannst Du Dein Jahreseinkommen, welches Du der KSK zur Berechnungsgrundlage melden mußt, nur schätzen. Bleib mit Deiner Schätzung auf dem Teppich: sollten Septembertour und Oktobersonyplatte wirklich klappen, kannst Du immer noch erhöhen, platzen die fetten Jobs, wäre es

doch ärgerlich, wenn Du zuviel gezahlt hättest (eine Rückzahlung gibt es verständlicherweise nicht).
Deine Beiträge möchte ich Dir an einem Beispiel erläutern. Angenommen Du gibt als Jahresarbeitseinkommen DM 15.000,- an, dann müßtest Du folgendes zahlen:

Monatlicher Krankenversicherungsbeitrag:
Das hängt von der Höhe des Beitragssatzes der jeweiligen Krankenkasse ab. Als Beispiel nehmen wir mal 14% (ich weiß, es gibt günstigere)
Dein Anteil: 7% (logisch: die Hälfte) von DM 15.000 = DM 1.050,- jährlich, geteilt durch 12 (Monate)= DM 87,50 monatlich.

Monatlicher Rentenversicherungsbeitrag:
Der Beitragssatz in der Rentenversicherung liegt bei 19,5%.
Dein Anteil: 9,75% (wieder die Hälfte) von DM 15.000 = 1.462,50 jährlich, geteilt durch 12 (Monate)= DM 121,87 monatlich.

Monatlicher Pflegeversicherungsbeitrag:
Der Beitragssatz beträgt 1,7%.
Dein Anteil: 0,85% (nochmal die Hälfte) von DM 15.000 = 127,50 jährlich, geteilt durch 12 (Monate)= DM 10,62 monatlich.

Zusammengefaßt zahlst Du im Monat DM 219,99, davon DM 87,50 Krankenversicherung, DM 121,87 Rentenversicherung und DM 10,62 Pflegeversicherung.

Die Adresse:
KÜNSTLERSOZIALKASSE
Landesversicherungsanstalt Oldenburg-Bremen
Langeoogstr. 12
26384 Wilhelmshaven
Telefon: 04421 – 3080
Telefax: 04421 – 308206
Internet: http://www.kuenstlersozialkasse.de

DIE VERSICHERUNGEN

Ein leidiges Thema. Ihr als flippige Musiker, und dann sollt Ihr Euch mit einem schleimigen Vertretertypen von der ARROGANZ an einen Tisch setzen, der in seinen Augen Dollarzeichen trägt; der bunte Prospekte zückt, auf denen glückliche – also glücklich versicherte – Familien zu sehen sind; der sein ganzes Repertoire an gelernten Sprüchen runterrasselt, aber dann keine wirklichen Antworten weiß auf Deine tatsächlichen Belange. Aber auch das ist inzwischen ein Klischee, es gibt sogar Musiker, die mit der Materie allerbestens von der Pieke auf vertraut sind, und ihren Musikerkollegen extra auf sie gemünzte Versicherungen anbieten können. Einer von ihnen ist TORSTEN DECHERT, Jahrgang 66, Schlagzeuger (mehrere CDs, unzählige Gigs) und Versicherungsmakler, spezialisiert auf die Veranstaltungsbranche. Neben Musikern versichert er auch Veranstaltungsfirmen und Techniker, Tourneen usw.... Bereitwillig gab er mir Auskunft über Dinge, die zwar nicht in bunten Versicherungsprospekten vorkommen, dafür aber für den einen oder anderen unter Euch von großem Interesse sein könnte (auch wenn TORSTEN DECHERT teilweise sehr ausführlich antwortete, aber um der Thematik halbwegs gerecht zu werden, ließ sich das nicht vermeiden). Wichtig ist für Euch vielleicht noch, daß ich mir konkrete Beispiele erläutern lassen habe und nicht eine bestimmte Versicherung mit ihren Werbeangeboten powere.

Nicht nur Musiker vermuten beim Stichwort Versicherung Abzockerei, wie könnte man diesen Klischees entgegen wirken?
TORSTEN DECHERT: Das Versicherungsgeschäft ist dann Abzockerei, wenn Verträge am Kundenbedarf vorbei vermittelt werden oder gar falsch beraten wird. Dies ist meist bei den sogenannten Strukturvertrieben der Fall, wo meist schlecht ausgebildete Heerscharen von Hobbyvermittlern unter großem Abschlußdruck Finanzprodukte verkaufen. Für den Verbraucher gilt: Bedarf analysieren und dann Angebote vergleichen. Soll man etwas unter Druck abschließen: Finger weg.

Ab welchem Stadium sollte ein Musiker sich und sein Equipment versichern, und welche Möglichkeiten hat ein Musiker überhaupt?
TORSTEN DECHERT: Das wichtigste Kriterium bei Abschluß einer Versicherung ist die Prüfung des Bedarfs. Grundsätzlich sollte man, also auch jeder Musiker, eine Versicherung nur dann abschließen, wenn der mögliche Schaden die eigene Finanzkraft übersteigt. Bei Musikern hat man es

immer mit ideellen Werten zu tun – die geliebte Gitarre, das mit viel Fleiß und Selbstaufgabe erworbene Können usw. Den Verlust dieser Ideale kann keine Versicherung der Welt ersetzen. Oft birgt dieser Idealismus eine Gefahr; nämlich eine Sache zu versichern, deren Untergang den Musiker nicht wirklich aus der Bahn werfen würde – und dabei wichtigere Absicherungen außer Acht zu lassen. Die wichtigste Versicherung ist und bleibt die Haftpflichtversicherung. Die Haftpflicht ergibt sich aus dem Bürgerlichen Gesetzbuch. Sinngemäß muß jeder, der einen Schaden verursacht, diesen ersetzen. Für den normalen Angestellten gibt es die Private Haftpflichtversicherung (PHV). Für den Musiker gilt aber: Sobald er Geld mit der Musik verdient (z.B. durch Konzerte) ist er nicht mehr privat, sondern berufsausübend – als Amateur dann eben zweitberuflich. Stolpert jemand über ein von ihm verlegtes Kabel, haftet er. Die Private Haftpflichtversicherung zahlt dann nichts! Und die Berufshaftpflicht ist nicht teuer und beinhaltet schon die private. Für alle, die mit der Musik ihren Lebensunterhalt bestreiten, ist die nächst wichtige Versicherung die Berufsunfähigkeitsversicherung (BU). Sie zahlt eine BU-Rente, wenn der Versicherungsnehmer durch Krankheit, Körperverletzung oder Kräfteverfall voraussichtlich dauernd nicht mehr in der Lage ist, seinen Beruf auszuüben. Oft werden Unfallversicherungen – sie zahlt nur bei einem Unfall – und BU verwechselt. Bei der BU unterscheiden sich Semi-Profis und Vollprofis wesentlich. Während die erste Gruppe für ihren bürgerlichen Hauptberuf (wir nehmen einmal an, die Person ist nicht gerade beim Kampfmittel-Räumkommando beschäftigt) bei fast allen Gesellschaften eine Versicherungsmöglichkeit findet, stößt die Gruppe der Profi-Musiker auf erhebliche Schwierigkeiten. Aus Platzgründen sei hier nur erwähnt, daß die Versicherer den Vollprofis in der Regel die äußerst ungünstige Erwerbsunfähigkeitsklausel einbauen. Dann ist bei gleicher Prämie nicht mehr der Beruf, sondern nur noch eine Erwerbsfähigkeit versichert – im Zweifel rausgeschmissenes Geld.

Trotzdem gibt es auch hier mittlerweile faire Vertragskonditionen über spezialisierte Makler. Und für Familienernährer gibt es die Risikolebensversicherung, die zu niedrigen Prämien das Todesfallrisiko absichert. Ach ja – das Equipment. Ganz klar: übersteigt der Verlust einer Anlage die eigene Finanzkraft, muß man es versichern. Der Verlust eines einzelnen Drumsets oder einer Gitarre mit Amp sind aber für die meisten nicht der wirtschaftliche Untergang.

Ich kenne es noch von früher, daß immer einer im Bus bei der PA schlafen mußte, um sicher zu gehen, damit nichts geklaut wird. Gibt es inzwischen Versicherungen, die die Instrumente sowie die PA auch im Bus speziell nachts schützen?
TORSTEN DECHERT: Hier wird ein Bestandteil der Musikinstrumentenversicherung angesprochen: die Nachtzeitklausel. In der Zeit zwischen 22.00 und 6.00 Uhr ist Diebstahl aus dem Kfz nicht versichert. Für einen Trompeter kein Problem. Für eine Rockband mit tonnenschwerer Anlage ist ein Ausladen jedoch nicht möglich. Hier gibt es schon länger Versicherungsmöglichkeiten über Spezialmakler, die sogar weitere Probleme berücksichtigen: Neuwert statt Zeitwert, Überspannungsschäden oder Schäden durch Aufbautechniker. So eine Versicherung ist nicht teurer als eine herkömmliche Musikinstrumentenversicherung, beinhaltet aber eine Selbstbeteiligung im Schadensfall. Das schreckt potentielle Betrüger ab, den Ernsthaften jedoch nicht. Kleinere Schäden übernimmt er selbst.

Das Konzertegeben ist kein Kinderspiel mehr, gibt es eine Versicherung, die die Gage übernimmt, wenn der Veranstalter nicht mehr zahlen kann?
TORSTEN DECHERT: Oft wird nach einer Rechtsschutzversicherung gefragt, die die Gerichtskosten bei Gageneinforderungen trägt. Wenn es eine solche Versicherung gäbe, wäre sie so teuer, daß sie für alle uninteressant wäre. Im Geschäftsleben – ob Malermeister, Unternehmensberater oder eben Musiker – sind Vertragsverletzungen Alltag. Zum unternehmerischen Handwerk gehört es eben, sich nicht auf dubiose Gestalten einzulassen. Da wird auch schon mal Lehrgeld bezahlt.

Was ist mit Übergriffen? Können sich Musiker gegen Angriffe versichern (sowohl Körperschäden als auch Vandalismus)?
TORSTEN DECHERT: In der Equipmentversicherung ist Vandalismus mitversichert, Ausnahme: kriegerische Ereignisse. Den Körperschaden regelt eine Berufsunfähigkeitsversicherung.

Was passiert aber, wenn der Körperschaden nur ein vorübergehender ist, z.B. ist der Arm des Gitarristen gebrochen, es fallen dadurch aber fünf Konzerte aus, regelt das diese BU trotzdem und wenn ja, wie in diesem Fall konkret, übernimmt sie z.B. die ausfallende Gage?
TORSTEN DECHERT: Die BU zahlt dann eine Rente, wenn die Fähigkeit den Beruf auszuüben voraussichtlich dauernd eingeschränkt ist. Voraussichtlich dauernd heißt bei guten Gesellschaften eine Zeitspanne von sechs Monaten. Hier ist eine medizinische Prognose ausschlaggebend. Bei

kürzerer Krankheit spricht man von einer Arbeitsunfähigkeit. Hier hilft ein Krankentagegeld, das über die Krankenversicherung abgeschlossen werden kann. Da die meisten Profis in der Künstlersozialkasse versichert sind, dort aber nach Abzug ihrer Kosten ein sehr niedriges Einkommen angeben, ist das Krankentagegeld dementsprechenden unzureichend. Man kann aber auch über eine Private Krankenversicherung ein Krankentagegeld abschließen. Häufig muß der Musiker einen Zeitraum von 42 Tagen aus eigenen Mitteln überbrücken, da ein kürzeres Einspringen nur bei den Privaten Krankenversicherungen möglich aber je nach Zeitraum sehr teuer ist. Was Unfälle betrifft, können auch über Unfallversicherungen Genesungsgelder oder Krankenhaustagegelder versichert werden. Wichtig ist hier zu wissen, daß der Fall einer Erkrankung im Vergleich zu einer Körperverletzung, z.B. durch Unfälle, sehr viel wahrscheinlicher ist. Statistisch kommen auf zehn BU-Fälle durch Krankheit nur ein BU-Fall durch Unfall. Bei Krankheit leistet die Unfallversicherung nur, wenn sie kausal mit einem Unfall zusammenhängt. Veranstalter haben im übrigen die Möglichkeit, das Risiko des Konzertausfalls zu versichern. Hier gibt es verschiedene Deckungskonzepte, die auch die Erkrankung eines Musikers miteinschließen können. Daß sich der Künstler gegen seinen eigenen Ausfall versichert, birgt jedoch für die Versicherung das Risiko, daß es dann der Versicherungsnehmer selbst in der Hand hat, das Konzert z.B. wegen schlechtem Kartenvorverkauf ausfallenzulassen. Ein Arzt schreibt ein Attest und schon hat der Künstler seine Gage. Trotzdem kann in bestimmten Einzelfällen eine solche Konzeption möglich sein. Sie ist aber sehr teuer.

Was passiert eigentlich bei einem selbst verschuldeten Unfall, bei dem die Instrumente »drauf« gehen?
TORSTEN DECHERT: Solange nicht die Verletzung der Sorgfaltspflicht oder der Vorsatz eine Rolle spielten, leistet der Versicherer.

Das Auge hört mit, Bands müssen ihrem Publikum was bieten. Mittelalterbands haben z.B. Feuerspucker oder arbeiten mit sonstiger Pyrotechnik. Wie können die sich versicherungstechnisch schützen, wenn sie versehentlich ihr Publikum verletzen?
TORSTEN DECHERT: Es gibt Berufs- bzw. Betriebshaftpflicht-Versicherungen für alles und jedes. Schließlich werden ja auch Atomtransporte versichert. Pyrotechnik ist in der Veranstaltungsbranche Standard. Wichtig hierbei: gesetzliche Bestimmungen müssen beachtet werden. Alles andere ist im Extremfall kriminell. Für Straftaten gibt es keine Versicherung.

Neuerdings gibt es auch eine Berufsunfähigkeitsversicherung für freiberufliche Musiker. Kannst Du diese kurz erläutern?
TORSTEN DECHERT: Es gibt seit längerem BU-Versicherungen für Musiker. Bedingung war jedoch, daß der Musiker festangestellt in einem Orchester ist. Das ist im Bereich der Popularmusik eher die Ausnahme. Für diese Gruppe gab es lange Zeit nur die ungünstige Erwerbsunfähigkeitsversicherung. Seit der Musikmesse 1998 biete ich jedoch eine spezielle BU-Versicherung für die Gruppe der Rock-, Pop- und Jazzmusiker und -Sänger an.

Stell Dir folgendes vor: ein Musiker arbeitet halbtags als Pförtner für 1500,– netto, weitere 1500,– bezieht er durch Konzertspielen. Kann der auch die Berufsunfähigkeitsversicherung abschließen?
TORSTEN DECHERT: Die BU-Versicherung leistet, wenn der Versicherungsnehmer seinen Beruf, in dem er Ausbildung und Erfahrung und gleiche soziale Stellung hat, nicht mehr ausüben kann. Für einen Musiker, der nicht 100 prozentig vom Musikmachen lebt, würde ich empfehlen, den bürgerlichen Beruf zu versichern. Die Musiker, die eine BU abschließen, sind in der Regel voll und ganz vom Musizieren abhängig. Da ist es manchmal zwar der Fall, daß eine Ausbildung in einem bürgerlichen Beruf vorhanden ist, Erfahrung in diesem können sie nach der langen Zeit jedoch nicht vorweisen. So muß die BU-Versicherung leisten, wenn der Musiker nicht mehr spielen kann.

Nochmal zum Pförtner/Musiker: durch einen Unfall verliert er z.B. eine Hand, kann zwar weiter halbtags pförtnern, aber nicht mehr Gitarre spielen und hat 50% Einbußen. Wäre nicht eine Musiker-BU besser?
TORSTEN DECHERT: Wie gesagt, versichert ist der ausgeübte Beruf oder ein Beruf, in dem der Versicherungsnehmer Ausbildung und Erfahrung und gleiche soziale Stellung hat. Schließt der Halbtagspförtner/Gitarrist eine BU-Versicherung als Gitarrist ab, so kann die Versicherung verlangen, den Beruf des Pförtners eben ganztags auszuüben, um den Einkommensverlust auszugleichen, da der Entsprechende ja Ausbildung und Erfahrung als Pförtner hätte und es keinen sozialen Abstieg bedeuten würde. Er ist ja schon die ganze Zeit Pförtner, wenn auch nur halbtags. Hier spielt es im übrigen keine Rolle, ob der Arbeitgeber des Pförtners tatsächlich eine Ganztagsstelle anbietet. Mittlerweile gibt es auch einige Gesellschaften, die generell auf diese sogenannte Verweisung verzichten. Von diesen Gesellschaften ist jedoch auf Anfrage keine bereit, freiberufliche Musiker für den Fall der BU zu versichern. In der Praxis sind die Musiker, die eine BU-Versicherung

abschließen, aber immer Vollprofis. Dort kommt aber oft ein anderer Berufsmix vor. Zum Beispiel sind sie Musiker/Musiklehrer, Musiker/Tonstudioinhaber oder Musiker/Manager der eigenen Band mit gesonderter Bezahlung. Auch hier ist klar, daß ein Musiker, dem beispielsweise das Reisen ärztlich untersagt wurde, immer noch unterrichten kann und gezwungenermaßen seinen Schülerstamm ausbauen müßte. Dies erscheint den meisten vernünftigen Menschen aber auch als zumutbar. Schlimm wäre es, den Musiker auf irgendeinen unqualifizierten Beruf zu verweisen, wie es die bereits erwähnte Erwerbsunfähigkeitsklausel vorsieht. Grundsätzlich kann man folgendes sagen: Je qualifizierter und spezialisierter ein Beruf ist, desto weniger hat die Versicherungsgesellschaft die Möglichkeit, eine Verweisung auszusprechen. Im übrigen gibt es eine Menge Erkrankungen, bei denen man weder die eine noch die andere Tätigkeit ausüben kann. Dann kommt beim unversicherten Freiberufler die Sozialhilfe oder die Eltern müssen helfen.

KONTAKT: Torsten Dechert, Versicherungsmakler, Willemerstr. 15a, 60594 Frankfurt/Main, Telefon 069 – 611612, Telefax 069 – 611666, E-Mail: torsten.dechert@okay.net, Internet: www.torsten-dechert.de

DAS FINANZAMT

Wenn das meine zuständigen Finanzamtsachbearbeiter lesen: ich, der ständig vorsprechen darf oder hinschreiben muß, weil etwas fehlt oder wieder etwas falsch ist, äußert sich in einem Ratgeber zum Thema »Finanzamt«. Vielleicht ein allgemeiner Tip: Denkt nicht, daß die pennen! Ihr spielt in Posemuckel für eine ganz nette Gage zuzüglich Mehrwertsteuer, und Ihr denkt, den Vertrag aus Posemuckel sehen die nie... Aber vielleicht wurde ja gerade dieser Veranstalter vom Finanzamt etwas näher unter die Lupe genommen: »Wo ist denn Dein ganzes Geld hin, Konzertemacher aus Posemuckel?« fragt das Finanzamt. Und der Veranstalter zählt alle Ausgaben auf, selbst die 50 Mark für den Türsteher und natürlich auch: »DM 1000,– zzgl. Mehrwertsteuer für die Band XY«. Das seid in unserem Beispiel jetzt Ihr. Ihr werdet berechtigt denken, wir haben soviele Ausgaben, da brauchen wir dem Finanzamt nie etwas zahlen. Das kann gut und gerne sein, aber Ihr müßt es dem Finanzamt auch zeigen. Und zwar von allein. Muß das Finanzamt den Kontakt beginnen, habt Ihr schnell schlechte Karten, denn dann flattert Euch ziemlich schnell eine Schätzung ins Haus. Da steht dann drauf, wir haben keine Unterlagen von Ihnen, also schätzen wir mal, daß sie mindestens DM 6.000,- (Beispiel, ein realistisches) Steuern zahlen müssen und die überweisen Sie uns schon mal... Natürlich läßt sich das mit Ach und Krach stoppen (wenn man schnell genug ist), aber der Schrecken sitzt erstmal.

Die hauptsächliche Steuer, die man gern von Euch haben möchte, ist die Einkommenssteuer. Ihr habt praktisch so und so viel Konzerte für Honorare gespielt und auch ein bißchen Kohle von einer Plattenfirma bekommen. Nun geht das Finanzamt davon aus, daß das Euer Einkommen ist und möchte eben entsprechend Steuern. Ihr könnt jedoch Eure ganzen Ausgaben dagegen halten: vom Demo bis zum Plakat, von den zig Kilometern Autofahrt zu den Gigs bis zur Miete des Proberaums. Das alles müßt Ihr in einer formlosen Einnahme/Überschuß-Rechnung darstellen. Das geht relativ problemlos (man darf den Kollegen im Finanzamt auch mal etwas fragen...). Im Buchhandel gibt es ja diverse Steuerberater für einen Zehner, die reichen erstmal. Was jedoch einigen kleinen Bands schon das Genick (symbolisch!) gebrochen hat, ist die Angelegenheit mit der Mehrwertsteuer, umgangssprachlich auch Märchensteuer genannt. Hier gibt es nämlich drei Varianten: entweder 1) man verzichtet darauf (beste Methode), 2) nimmt 7% Mehrwertsteuer (macht man bei hochwertiger Kunst z.B.) oder 3) 16% (der übliche Satz). Die erste Variante spart vielleicht den Gang zum Steuerberater und ist somit die empfehlenswerteste, es sei denn, Ihr hattet extrem viele Anschaffungen in einem Jahr getätigt. Wenn Eure Einkünfte eine bestimmte Grenze nicht übersteigen (vor kurzem waren es noch DM 25.000,- Umsatz im ersten Geschäftsjahr, 100.000,- im zweiten, mal sehen, was morgen wieder in der Zeitung steht), dann könnt Ihr dem Finanzamt sagen, daß Ihr eine Mehrwertsteuerbefreiung haben wollt (das geht ohne viel Firlefanz). Wichtig zu wissen ist aber, daß Ihr es nicht mehr rückgängig machen könnt, wenn Ihr Euch für die Mehrwertsteuer entschieden habt. Mehr Tips zu den Steuern kann und darf ich Euch auch gar nicht geben. Vielleicht als Schlußsatz: Wenn Euch mal jemand nach Eurer Rechtsform fragt, dann könnt Ihr sagen, daß Ihr eine Gesellschaft bürgerlichen Rechts (GbR) seid. Das braucht Ihr auch nicht schriftlich festzuhalten (es sei denn Ihr wollt noch andere Abmachungen treffen), denn sobald mindestens zwei Leute durch eine Aktivität ein bestimmtes Ziel verfolgen, handelt es sich um eine GbR.

V.
MEINUNGEN & ANSICHTEN

Während die ersten vier Abschnitte mehr oder weniger den Tip für den Musiker an sich favorisierten, kommen auf den folgenden Seiten Musiker, Labelmacher und andere »Businessleute« zu Wort und erzählen selbst, was ihnen bereits in der Branche passiert ist. Das ergibt vielleicht den einen oder anderen Einblick und verschärft eventuell die Sichtweise auf manche Dinge im Musikbusisness.

BELL BOOK & CANDLE

Die Berliner Band konnte gleich mit der ersten Single durchstarten, praktisch über Nacht wurde das unbekannte Trio zu den Shootingstars der Jahre 97/98. Gitarrist ANDY BIRR erzählte mir (u.a.), wie das mit dem plötzlichen Erfolg kam und wie man am besten Kontakte zu A&Rs aufnimmt.

Gleich mit eurer ersten Single »Rescue Me« und dem dazugehörigen Album »Read My Sign« hattet ihr euch praktisch aus dem Nichts in die oberste Erfolgsliga katapultiert. Was war das für ein Gefühl?
ANDY BIRR: Am Anfang war das gar kein Gefühl. Da hatten wir das noch gar nicht so wahr genommen, wir haben zu der Zeit soviel an Promotion gemacht und sind soviel rumgefahren, daß wir das mehr oder weniger gar nicht realisiert haben. Das kam eigentlich erst viel, viel später. Also bestimmt ein halbes Jahr danach, als wir dann mal in einer Musestunde darüber nachdachten, was haben wir jetzt eigentlich erreicht, was haben wir mit dem einen Lied so alles angerichtet. Aber dem Moment, wo das alles passiert ist, war das nicht so klar. Ich weiß noch, wir waren gerade auf Promotour, und plötzlich kam der Anruf, daß »Rescue Me« auf Platz 84 in die Charts eingestiegen ist. Da haben wir natürlich erstmal gefeiert und uns riesig gefreut. Das war dann schon so, oh, jetzt sind wir in den Charts. Aber wie sich das dann alles noch gesteigert hat, das haben wir erst im Nachhinein so richtig realisiert.

Dieser plötzliche Erfolg zog aber sicher sofort einige Änderungen in der bisherigen Bandgeschichte nach sich...

ANDY BIRR: Mit der Nummer konnten wir uns endlich artikulieren. Wir wußten in diesem Moment, daß wir das alles nicht nur für uns selbst machen. Ich glaube, das ist das beste, was einem Musiker passieren kann.

Hatten gleich die erste Single in den Charts: Bell, Book & Candle

War denn Bell, Book & Candle vor dem Plattenvertrag eine richtige Band mit kleinen Auftritten in noch kleineren Clubs, oder eher ein Projekt, das Sachen vorproduzierte und abcheckte, wie die Plattenfirmen reagieren?
ANDY BIRR: Eigentlich war es beides. Wir hatten 1994 angefangen, das erste Mal eigene Songs zu schreiben. Hendrik und ich hatten ja früher schon mal zusammen in einer Band gespielt, da haben wir zwar auch schon mitkomponiert, aber nie wirklich eigene Ideen entwickelt. Jana wollte singen, und so entwickelte sich das eben. Wir haben uns dann zwei weitere Leute gesucht und daraufhin live geprobt. Und auch zwei, drei Gigs gemacht. Die Gigs haben wir dann auch aus eigener Tasche bezahlt, also die Musiker, die ganzen Unkosten. Einfach, um das mal auszuprobieren. Aber die Reaktionen waren damals schon geil. Es war uns immer wichtig, daß wir unser Material auch live umsetzen konnten. Gleichzeitig haben wir in unserem Demo-Studio Songs aufgenommen.

Aber ihr wart zu diesem Zeitpunkt noch nicht richtig auf Tour oder so?
ANDY BIRR: Ein Jahr nach den ersten Konzerten kam ja schon der Deal. Denn wir haben gewußt, daß wir umsonst spielen und spielen können, aber wenn keine Leute dahin kommen, wird man uns wohl auch niemand Geld dafür geben. Es war also klar, daß das nicht der Weg ist, sondern daß wir zusehen müssen, wie wir bekannt werden. Das war auch der eigentliche Grund, warum wir bekannt werden wollten, damit die Leute unsere Konzerte besuchen. Das ist heute die Voraussetzung. Es sei denn, du spielst irgendwo als support act, aber das kostet ja auch alles Geld. Das ist also gar nicht so einfach. Henne und Jana haben ja auch ein Kind, also 'ne Familie, die sie ernähren müssen, und dann kann man nicht einfach sagen, komm, wir binden uns die Zeit einfach ans Bein und fahren durch die Lande, um zu spielen, wie es ja manche jungen Menschen machen. Wir sind aber schon ein bißchen älter. Als wir sechzehn, siebzehn waren, haben wir das ja auch gemacht. Nebenbei sind wir ja auch noch arbeiten gegangen, um Geld zu verdienen, um davon unsere Musik zu finanzieren.

Wenn du so zurückdenkst, was waren die schönsten Momente in der Bell, Book & Candle-Laufbahn?
ANDY BIRR: Einer der schönsten Momente war unser allererster Liveauftritt, als uns noch niemand kannte, aber dennoch relativ erfolgreich verlief. Ansonsten, wenn man merkt, daß es vielen Leuten nicht egal ist, was man da macht... Das sind eine Vielzahl schöner Momente. Da kann man speziell nichts hervorheben. Die ganze Phase ist einfach schön. Mitzuerleben, wie man irgendwie den Lohn kassiert für ein paar Jährchen Arbeit.

Wieso fiel eure Wahl auf das Label TURBO BEAT, waren das die einzigen, die Euch wollten?
ANDY BIRR: Es gab schon einige Labels, die uns wollten, aber keine nach unseren Vorstellungen. Wir hätten uns dann auf Coverversionen als erste Single einlassen müssen, was wir aber auf keinen Fall wollten. Und Turbo Beat haben uns machen lassen. Wir hatten denen ein Demo mit drei Songs gegeben, das gefiel wohl ganz gut, so daß sie mehr hören wollten. Und bei dem Mehr war »Rescue Me« schon dabei. Dann sagten die, okay, die Nummer machen wir als erstes. Mal gucken, ob wir gut zusammen arbeiten können, ob wir klar kommen mit ihrer Art zu produzieren und ob die mit unseren Vorstellungen klar kommen. Das hat wunderbar hingehauen, so daß wir da gleich das Album aufgenommen haben.

Und wie entstand der Kontakt zu TURBO BEAT?
ANDY BIRR: Ich kenne den einen der beiden Produzenten, Ingo Politz. Noch als Schlagzeuger von diversen Bands. Aber nur vom flüchtigen Hallo- und Guten-Tag-Sagen. Als ich hörte, daß er eine Plattenfirma hat, war er praktisch auch eine Anlaufstelle. Inzwischen verbindet uns zu Turbo Beat eine richtige Freundschaft. Und es kommt hinzu, daß die Arbeitsatmosphäre einfach fantastisch ist.

Könnt Ihr bei Eurem Label machen, was Ihr wollt?
ANDY BIRR: Wir haben schon unsere Freiheiten, aber was heißt: machen, was ihr wollt? Das folgt schon nach Absprache. Die Leute vom Label haben auch ihre Erfahrungen, müssen ihre Arbeit machen und damit auch ihr Geld verdienen. Unsere Vorstellungen und die Erfahrungen des Labels versuchen wir unter einen Hut zu kriegen. Und wenn es Unstimmigkeiten gibt, wird sich an einen Tisch gesetzt und ausdiskutiert. Dem Künstler irgendwas aufzuzwängen, wäre sehr ungesund. Der Künstler wäre unzufrieden, macht dann keinen guten Job usw.

In Gesprächen mit diversen A&R-Managern wurden eigentlich sämtliche Varianten favorisiert, die einen sagen, ein Proberaumtape reicht, die nächsten wollen eine Studioproduktion, und andere wiederum wollen, daß die Band schon 200 Konzerte gegeben und 2000 CDs während der Konzerte verkauft hat. Welche Erfahrungen konntest Du machen?
ANDY BIRR: Da gibt es zwei Möglichkeiten. Entweder man spielt und spielt, auch für 'ne Stulle und 'n Bier. Natürlich ist das immer Zufall, ob da jemand ist, der das signen kann. Man kann sich natürlich die Leute auch einladen, aber es ist fraglich, ob die überhaupt kommen. Generell denke

ich, daß man mit einem geilen Song zu den Plattenfirmen gehen sollte und denen das meinetwegen auf der Gitarre vorspielt. Vom Proberaummitschnitt halte ich nicht soviel, das hört sich meistens furchtbar an. Lieber so eine Art Vorproduktion: zwei, drei Songs reichen völlig, mehr hört sich da sowieso keiner an. Wir haben das übrigens genauso gemacht. 3 Songs in einem etwas besseren Studio und damit sind wir dann rumgerannt.

Wie kommt man denn an die A&Rs überhaupt ran? Wie soll sich eine Band, die niemanden kennt, verhalten?
ANDY BIRR: Auch wenn's blöd klingt, einfach hinfahren. Verschicken ist immer schwierig. Es sei denn, Du läßt Dir irgendwas einfallen, daß Du auffällig wirst. Ein Kumpel von mir hatte eine Hand in Gips gegossen und die dann gold angemalt. Die Band hieß auch Gold. Das erregte dann ein bißchen Aufmerksamkeit. So nach dem Motto: man, das sieht ja toll aus, da muß ich mal reinhören. Ansonsten immer versuchen, einen persönlichen Termin zu kriegen, was natürlich sehr schwer ist. Man muß aber auch die A&Rs verstehen, die kriegen den ganzen Tag Musik aus allen Ecken an den Kopf geknallt. Das kann kein Mensch hören. Es ist illusorisch, zu glauben, daß sich das alles einer anhört. Ich habe in diesen Büros Säcke voll mit Demos gesehen.

Würdest Du jungen Bands empfehlen, sich einen Manager zu suchen?
ANDY BIRR: Schwierige Frage! Wenn man einen Kumpel hat, bei dem man merkt, das ist ein Organisationstalent und der ist seit Anfang an dabei und will sich nun um Konzerte sowie andere Dinge, die um die Musik herum passieren, kümmern, dann ist das schon in Ordnung. Das ist schließlich eine sehr umfangreiche Sache. Ansonsten sollte man als junge Band aufpassen, wie die genauen Konditionen sind. Man hört ja immer wieder, daß viele junge Bands von ihren Managern übers Ohr gehauen werden. Um mit Loriots Worten zu sprechen: Bin dafür, muß aber nicht sein!

Viele Bands, die einen Plattenvertrag unterschreiben, lehnen sich erstmal zurück, weil sie »es« geschafft haben. Sollten sie nicht lieber ihrer Plattenfirma auf die Finger schauen und skeptisch bleiben?
ANDY BIRR: Immer skeptisch sein und nie blind vertrauen. Alle Verträge immer ganz genau prüfen, am besten durch einen Anwalt, auch wenn das Geld kostet.

DAS LABEL K & P MUSIC

Die beiden Musiker TONI KRAHL und FRITZ PUPPEL sind nicht nur die Köpfe der erfolgreichen Band CITY, sondern sind auch die Labelchefs von K & P Music, ein feines Label, welches mit der BMG kooperiert und interessante Bands wie Keimzeit und die Inchtabokatables »beherbergt«. Ich befragte sowohl TONI KRAHL als auch FRITZ PUPPEL nach dem Leben als Zwitter zwischen Indie und Major.

Wahrscheinlich die Standardfrage, was war die Idee, ein Label zu gründen?
TONI KRAHL: Wir kommen ja aus der DDR und die Entwicklung war die, daß einige Bands, ich sag's mal in Anführungsstrichen »die es geschafft hatten«, die haben sich dann so Studios eingerichtet. Das war schon sehr suspekt und irgendwie nur geduldet. Die waren nie richtig offiziell. Wir hatten auch so ein Studio, beim Schlagzeuger im Keller. Und der nächste Schritt wäre eigentlich der gewesen, daß wir versucht hatten, unsere eigene Edition oder eigene Verlage zu gründen, um immer mehr Verantwortung für sich selbst zu haben. So ein Traum war schon immer vorhanden, und als wir 1990 im Januar die Gelegenheit hatten, haben wir uns sofort das GmbH-Gesetz und so'n Zeugs besorgt und eine Musikproduktions- und Verlagsgesellschaft gegründet, um die Geschicke von City selber in der Hand zu behalten.

Aber das erste Album bei K&P war von »Herbst in Peking«...
TONI KRAHL: Daß wir dann City gar nicht veröffentlicht hatten, sondern erstmal ein anderes Album, war dem Umstand geschuldet, daß wir plötzlich die Firma hatten... Und dann kam ja auch einer, der meinte, wenn ihr 'ne Plattenfirma habt, könnt ihr doch auch Platten veröffentlichen. Und da kam uns die Idee, daß wir es auch für andere nutzen. Aber das war nicht der Grund.

Damals stand euch aber noch nicht die BMG zur Seite, oder?
FRITZ PUPPEL: Wir hatten in der Firmierung »Erste unabhängige Schallplattenfirma der DDR« zu stehen. Wir waren also auch wirklich autark. Und wir waren nicht nur die einzige unabhängige Plattenfirma in der DDR, sondern auch die einzig funktionierende... Denn die von AMIGA waren geplättet und haben ihre Zeit damit verbracht, aus dem Fenster zu gucken und nach einem reichen Käufer Ausschau zu halten.

TONI KRAHL und FRITZ PUPPEL sind nicht nur Musiker der Band CITY, sondern auch die Macher des Labels K&P

War es vielleicht eine Idee, sich mit den damaligen Amiga-Leuten zusammenzuschließen?
TONI KRAHL: Das war damals so, daß wir mit dem VEB Deutsche Schallplatten zusammengearbeitet haben, insofern, daß wir dort pressen lassen haben. Und anfangs auch versucht haben, ihre bereits völlig desolaten Vertriebsstrukturen zu nutzen. Das war sehr kompliziert, aber wir sind da mit »Herbst in Peking« noch reingegangen und konnten über die einige tausend Platten absetzen. In diesem Zusammenhang haben wir den Betrieb ziemlich schnell und konkret kennengelernt und konnten der Betriebsleitung innerhalb weniger Wochen Strukturfehler sofort aufzeichnen. So daß der damalige Chef von Deutsche Schallplatte das Angebot gemacht hatte, den Laden zu übernehmen. Wir haben's nicht gemacht, im Nachhinein war das vielleicht ein Fehler. Aber das einzige, was wir wollten, waren die Rechte an unseren Songs. Wir haben sie zwar nicht frei, aber in Lizenz bekommen. Das heißt, wir sind Lizenznehmer, und unsere alten Platten sind jetzt alle bei K&P/BMG. Das nun AMIGA inzwischen auch BMG ist, war damals überhaupt nicht vorauszusehen.

Und die BMG hatte euch mit offenen Armen empfangen?
TONI KRAHL: Wir hatten gut ein Jahr so rumgemacht, bis wir dann an unsere Grenzen gestoßen sind, die man als Indie so hat, und uns vor allem mit einem Ballast von Administrationen rumgeschlagen hatten. Wir sind dann rumgefahren und haben Vertriebe und einige Majorcompanies kontaktet, um zu sehen, wie man mit denen zusammenarbeiten kann. Es waren einige interessiert, darunter auch CBS und Teldec (heute Sony und Eastwest, Anm.d.Red.) und eben auch BMG. Die BMG hatte am konsequentesten dran gearbeitet.

Was besagt der konkrete Deal mit der BMG? Nur Vertrieb, oder...?
TONI KRAHL: Wir haben erstmal ein Joint Venture gegründet, und es ist mehr als ein Vertriebsdeal. Das ist ein Vertriebs-, Marketing- und Administrationsdeal, das heißt, die gesamte Abrechnung, die Buchhaltung und der ganze Kram wird von Bertelsmann gemacht.

Praktisch alles, was keinen Spaß macht...
TONI KRAHL: Genau, alles, was keinen Spaß macht. Wir haben natürlich trotzdem noch unspaßige Sachen...
FRITZ PUPPEL: Wir sind eigentlich, wenn man so will, der optimale Zwitter, zum einen Independentlabel, denn wir sind künstlerisch unabhängig und haben auf der anderen Seite aber die Power von einem Major.

Wenn du sagst, künstlerisch unabhängig, könnt ihr praktisch signen, was ihr wollt? Die BMG kann also nicht sagen, um Gottes Willen...
TONI KRAHL: Es ist natürlich so, daß wir abstimmen. Also nicht nur wir, sondern alle Firmen, die im BMG-Verbund sind. Da gibt es zweimal im Jahr Meetings, wo sich alle treffen und vorstellen, woran sie arbeiten. Aber, wenn wir auf irgend ein Thema bestehen, und die BMG sagt, sie wollen das nicht, dann wollen sie nicht... Aber wir machen das trotzdem!

Erwartet die BMG von euch irgendwelche Verkaufszahlen?
FRITZ PUPPEL: Also nicht nur die BMG. In erster Linie auch die Künstler und natürlich auch wir und alle Beteiligten. Nun darf man sich das aber nicht so reduziert vorstellen, daß jede Tätigkeit, die mit einem Künstler gemacht wird, sofort zu positiven Finanzresultaten führen kann oder muß. Sondern das Thema ist es ja gerade, eine Vision in einem Künstler zu entdecken, wo kann man den begleiten auf einen Weg, daß sich nachher auch alle in schwarzen Zahlen wiederfinden. Aber es ist klar, daß es bei den meisten Acts erstmal eine Investitionsphase gibt. Das ist nicht ungewöhnlich. Wir haben als Labelphilosophie, daß wir eigenständige Künstler haben wollen, eben keine Stellvertreter, möglichst deutschsprachig oder wenigstens – sagen wir mal – unser mitteleuropäisches kulturelles Empfinden widerspiegeln. Das klingt ein bißchen kompliziert, kann man im Umkehrschluß allerdings so deuten, daß wir keine Musik haben wollen, die definitiv importiert ist. Also zum Beispiel reine Blues- oder Reggaesachen, wo man gleich hört, das kommt von da und da. Da sind wir nicht kritikfähig, und es ist auch ein Unding, sowas aus Köpenick in die Weltgeschichte zu exportieren. Nun kann man zu jedem Satz, den man so sagt, in der Musikbranche ein Gegenbeispiel finden, aber wir halten uns trotzdem daran.

Was war bisher eure erfolgreichste Produktion?
TONI KRAHL: Von den Neuproduktionen war es KEIMZEIT, da waren wir mit allen drei Studioalben in den Charts, mit dem aktuellem Album sind wir von 0 auf 32. Und der größte Einzelverkauf eines neuen Produkts war »Bunte Scherben«, auch von KEIMZEIT mit 70.000 verkauften Stück. Wir selber haben von unserem CITY-Backkatalog 250.000 Stück verkauft, und die Einzeldarstellung sieht so aus, daß wir vom »Best Of City« bei 160.000 sind.

Auf dem letzten City-Album »Rauchzeichen« stand als Label auch Amiga...
FRITZ PUPPEL: Die ist trotzdem bei K&P. Es ist nur so, daß wir die Marketinghoheit abgegeben haben. Aus folgendem Grunde, wir sind einerseits

Neben Inchtabokatables und Fast Food Cannibals bei K&P unter Vertrag: Keimzeit.

die Künstler, wir sind die Autoren, der Verlag, das Management, die Plattenfirma... Also haben wir das Marketing nach außen gegeben, um jemanden zu haben, der den nötigen Abstand hat. Aber die Platte ist selbstverständlich bei K&P.

Ich seh gerade, hier stapeln sich schon Bewerbungen von Bands. Es kann sich praktisch jede Band bewerben, die eurer Philosophie entspricht...
TONI KRAHL: Bewerben können sich auch andere... Machen auch sehr viele. Wir sortieren das hier nach ganz individuellen und subjektiven Einschätzungen aus. Allen, die wir 'ne Absage geben müssen, können wir immer wieder nur sagen, das ist sehr sehr subjektiv und hat nichts damit zu tun, daß die Sache vielleicht doch Chancen hat, die wir nicht erkannt haben, bzw. wir sind einfach nicht die richtigen.

Die Bands müssen euch also schon gefallen...
TONI KRAHL: Gefallen ist das eine. Wir müssen dafür vor allem eine Vision haben. Wir müssen dort den Weg sehen und sagen, so und so kriegen wir das durchgesetzt – gemeinsam mit dem Künstler. Aber wenn wir diese Vision nicht haben, dann wäre es nur rausgeworfene Energie, und dem Künstler würde das überhaupt nichts nutzen.

Welche Acts veröffentlichen eigentlich bei K&P?
FRITZ PUPPEL: Wir unterscheiden zwischen Bands, mit denen wir Alben produzieren und Bands, mit denen wir im Vorfeld arbeiten. Arbeiten heißt, ein Studio buchen, einen Produzenten suchen, vielleicht eine Single veröffentlichen. Da gibt es eine ganze Reihe von Bands, aber nicht alle schaffen es nachher, ein Album bei uns zu machen. Alben produzieren wir momentan mit KEIMZEIT, INCHTABOKATABLES, CITY, KARAT und FAST FOOD CANNIBALS.

Welche Pläne gibt es bei K&P?
FRITZ PUPPEL: Ich glaube, daß wir momentan ein bißchen zu wenig für unser Label, also für unsere Außenwirkung gemacht haben. Insofern freue ich mich auch über dieses Gespräch. Ich habe da jetzt keinen Slogan, aber sinngemäß müßte es für K&P heißen: klein und fein. Und stark! Die meisten Künstler laufen dem Irrtum hinterher, nur bei einem Major gut aufgehoben zu sein. Um nochmal unseren Vorteil zu schildern, wir sind quasi von der Administration und von der Schlagkraft her ein Major, können uns aber viel mehr mit den einzelnen Bands, Künstlern oder Autoren beschäftigen. Das ist viel intensiver. Und wir müssen jetzt eben mehr in die

Offensive gehen, weil wir eben die Meßlatte für die Künstler, die bei uns unter Vertrag genommen werden, sehr hochschrauben. Momentan haben wir aber zu wenig eigenständige Künstler... Das liegt aber nicht an der Quantität, wir kriegen genug rein, daß wir von früh bis spät Demos hören könnten, aber nach fünf Takten sagen wir in den meisten Fällen, das kennen wir schon.

Inwiefern nehmt ihr eigentlich Einfluß auf die Produktionen? Bei den Inchtabokatables wurde ja z.B. die letzte Single vom Produzententeam Turbo Beat produziert. War das eine Idee von euch?
FRITZ PUPPEL: Das war eine Idee von uns. Wir hatten ja vorhin schon erzählt, daß wir die Künstler begleiten. Das heißt, wir können die Wünsche des Künstlers verstehen, können versuchen, das zu formulieren, also an so einem Thema einfach begleitend zu arbeiten, und das bedeutet auch, daß wir sagen, wir probieren's mal in dem Studio, wir gehen mal dahin... Praktisch diesen Prozeß des Auseinandersetzens in einer vertrauensvollen Atmosphäre zu liefern. Und das können wir meiner Meinung nach besonders gut, weil wir die Probleme und Aufgaben von beiden Seiten des Schreibtisches kennen, wir sitzen ja noch oft genug auf der anderen Seite, weil wir eben selbst noch Künstler sind.

Wollt ihr schließend noch etwas loswerden?
TONI KRAHL: Hm, vielleicht soviel, daß wir wirklich auf der Suche sind, und zwar nach Originalen, also Leute, die entweder schon so eigenständig sind oder zumindest gewillt sind, irgendwie eigenständig zu sein. Und auch den Mut und den Willen dazu haben, in dieser Branche wirklich was zu erreichen. Es ist manchmal sehr schwer mit einigen Leuten, die wollen 'ne Platte machen, aber gar nicht in die Charts. Sie wollen die Anerkennung im Freundes- oder auch größeren Freundeskreis, bloß dafür kann man sich 'n CD-Brenner kaufen und das alles viel einfacher haben.
(Das Interview wurde von mir im Sommer '98 geführt)

LECKER SACHEN

Die Kölner Folkhiphopband LECKER SACHEN ließen aufhorchen, sie touren nicht nur ständig, sondern zwangen die A&Rs, sich mit ihnen zu beschäftigen, und nachdem alle A&Rs meinten, der Band fehle die Single, verkauften sie einen ihrer Songs an die Teeniepopband BASIS, die damit prompt einen Hit hatten. Wie man das alles so auf die Reihe kriegt, vor allem ohne zusätzlichen Manager, erzählten sie mir.

Wer und was sind LECKER SACHEN?
CHRISTOPH STOLL: Lecker Sachen, das sind sechs Musiker und ein Techniker. In einem uralten Bandinfo von uns steht: »... für die einen ist es die Entdeckung der verbotenen Welt des Hip Hop, für die anderen die Erschließung einer lebendigen Tradition.« Wir sind meines Wissens die ersten gewesen, die keltische Folklore und HipHop gemischt haben. Dabei lag das ganz nah: HipHop dominiert die Top-Ten der deutschen Singlecharts, und Folkelemente finden sich überall in der Popmusik wieder, angefangen bei Rod Stewart über Phil Collins bis zum Techno-DJ. Wir haben uns als Band sehr schnell entwickelt und professionalisiert, so kam es auch dazu, daß wir in den ersten beiden Jahren mit sieben Umbesetzungen zu kämpfen hatten. So etwas ist natürlich anstrengender, als ein Projekt durchzuziehen, das mit gekauften Leuten funktioniert, schnell viel Geld einbringt und dann wieder verschwindet. Unsere Vision ist eine andere: »Sachenmacher« stehen nicht nur gerne auf der Bühne, wir sitzen auch gerne am Telefon und arbeiten vom Schreibtisch aus für unsere Musik.

Um Geschichten wie Booking und Management kümmert Ihr Euch also selbst, habt Ihr niemanden gefunden oder macht Ihr das einfach besser?
OTTO SCHNEIDER: Mit »die Sachenmacher« sind wir gleichzeitig mit den ersten Tönen in die Offensive gegangen und haben zu Lecker Sachen die adäquate Agentur gegründet. Der Name ist Motto. Hier werden die Woche über sehr erfolgreich »Sachen« gemacht, und am Wochenende sind wir dann, wie als Belohnung, auf Reisen quer durch Deutschland. Wir drei »Sachenmacher« können deshalb erfolgreicher arbeiten als eine Agentur, weil wir uns selbst als Lecker Sachen nach vorne bringen wollen. Dadurch sind wir sehr glaubwürdig – das merkt der Veranstalter oder der Redakteur, die das im übrigen sehr sympathisch finden.

Ihr seid derzeit auf der Suche nach einem geeignetem Label, welche Erfahrungen konntet Ihr bereits sammeln?

CHRISTOPH STOLL: Jeder A&R wäre gerne ein Entdecker, aber es scheint unglaublich schwierig zu sein, eben diesen A&R dazu zu bringen, sich über die ersten 45 Sekunden Deines Demotracks hinaus mit Dir zu beschäftigen. Wir haben einige Plattenfirmen wirklich penetriert, die waren immer auf dem Laufenden, ob die wollten oder nicht, immer wieder landeten die Neuigkeiten aus dem Sachenland auf ihren Schreibtischen. Wir haben sie quasi dazu gezwungen, sich für uns zu interessieren. Verwundert über unsere Ausdauer, vielleicht sogar ein ganz bißchen angenervt, kamen sie dann irgendwann auf uns zu.

Kurioserweise ist die neue Single der Teeniepopband BASIS eigentlich ein Song von Euch, wie kam es dazu?
OTTO SCHNEIDER: Der Verlagsmann der Teenie-Rapformation Basis, der durch seine Tätigkeit als Vivasion-Produzent bei VIVA oft in Köln zu tun hat, wurde durch einen Wettbewerb auf uns aufmerksam und fuhr mit unserem Album zurück nach Hamburg. Nun hatten wir den Titel »Ich lieb Dich immer noch« ursprünglich einmal als Parodie auf seinerzeit aufkommende Formationen wie TIC TAC TOE oder eben auch BASIS geschrieben. In der Nummer geht es um die Liebe zu einem Lurch, der unter der

Haben keinen Manager und machen alles selbst. Das allerdings erfolgreich: die Kölner LECKER SACHEN

über Nacht angelassenen Infrarotlampe vertrocknet war. Ausgerechnet BASIS kam nun auf uns zu und wollte diesen Titel adoptieren! Der Gedanke daran, die eigene Nummer von jemand anderem gespielt, im Radio zu hören, ist sicherlich nicht ganz einfach gewesen, aber wir konnten es uns einfach nicht nehmen lassen, einzuwilligen. Die immer wieder aufkommenden Argumente von Seiten der A&Rs, sie sähen bei »Lecker Sachen« noch nicht den Hit, war widerlegt. »Lecker Sachen« schreiben sehr wohl charttaugliche Nummern.

Ihr hattet schon einige Bandwettbewerbe gewonnen, was haben Euch die Siege konkret gebracht?
CHRISTOPH STOLL: Vordergründig haben uns Siege bei Wettbewerben Preisgelder, Auftritte vor großem Publikum und das (halbe) Budget für unsere erste CD eingebracht. Immer interessant an Wettbewerben waren für uns die Juroren. Wir haben uns bei ihnen immer sehr konstruktive Kritiken eingeholt. Die typischen Jurymitglieder arbeiten oft in einflußreichen Positionen bei den Plattenfirmen oder Musikzeitschriften, sie kennenzulernen lohnt allemal.

Euer Konzept scheint ziemlich stimmig: von der Aufnahme bis zum Cover, vom Anschreiben bis zum Info, vom Foto bis zum Gimmick – seid Ihr alte Hasen im Geschäft oder wer verrät Euch die Tricks?
OTTO SCHNEIDER: Jede Band braucht den sogenannten »Macher«, der sich mit einem gewissen Sachverstand, bestenfalls sogar mit ein wenig Interesse für die Arbeit nach draußen zuständig fühlt. Bei den »Lecker Sachen« haben wir das Glück, gleich drei solcher Typen dabei zu haben, die mit dieser Arbeit erstens durch ihre früheren Bands und durch Jobs in Promotionagenturen vertraut sind und zweitens sogar Spaß daran haben.
CHRISTOPH STOLL: Wir hatten so zwar gewisse Erfahrungen sammeln dürfen, das nötige Kleingeld für Hochglanzinfos und Fotomaterial aber fehlte uns natürlich. Wir waren aus dieser Not heraus gezwungen die Variante »Aldi-Trash-Konzept« zu wählen, die zwar billig, jedoch informativ und plakativ wirkte. Der entscheidende, alles auf den Punkt bringende Satz über Deine Musik, den Du als Band einfach brauchst, kam im übrigen so einfach deutlicher zur Wirkung und verlor sich nicht irgendwo zwischen aufwendigem Design. Wir haben jedoch darauf geachtet, daß unsere Corporate Identity zu erkennen blieb. Vom Info über den Briefkopf bis hin zu einem kleinen Gimmick (im Falle Lecker Sachen »natürlich« eine süße Beilage) war ein einheitliches Konzept zu wählen. Damit haben wir nur die besten Erfahrungen gemacht. Was das erste Demo anbelangte, so hatten

wir mit unserer Musikrichtung Folk und HipHop zunächst erst einmal eine ganz frische Mischung anzubieten, Design und die Aufnahmequalität wurde dadurch schon fast zweitrangig.

Wenn Ihr Euch bei den Labels bewerbt, wie geht Ihr da genau vor?
CHRISTOPH STOLL: Wir haben schnell damit aufgehört, uns bei Labels zu bewerben, anzubiedern. Die Arbeit einer Plattenfirma haben wir selbst übernommen. Damit waren wir in unserem Rahmen sehr erfolgreich, die gleichen Verkaufszahlen wären für jedes größere Label allerdings unzureichend gewesen.

Viele Bands sind meistens am Rumheulen, habt Ihr für die ein paar Ratschläge parat?
OTTO SCHNEIDER: Fleißig proben und gute Musik machen ist sicherlich die eine Sache, doch reicht dies allein heute nicht mehr aus, um aus dem Keller heraus zu kommen. Telefonieren und Päckchen packen steht mindestens genauso groß auf dem Stundenplan. Für eine Band gilt: viel live spielen und alles mitnehmen, was Du kriegen kannst – ich glaube, der Satz gilt wirklich. Dabei sollten die Gagen gegenüber der möglichen Katalysatorwirkung eines Gigs in den Hintergrund treten. Um böse Überraschungen zu vermeiden, sollten sich die Mitglieder einer Band über gemeinsame Ziele und Richtungen einig werden. Die Gespräche über unseren Bandvertrag bestätigten sich in dieser Hinsicht als überaus klärend.

GLOW

GLOW darf man getrost zu den Senkrechtstartern des Jahres 99 zählen. Das besondere an GLOW: Bandkopf Danny Humphreys arbeitete zuvor als Produktmanager bei der BMG Ariola in München. Ob ihm dieser Background etwas gebracht hatte, erfahrt Ihr in meinem im Frühjahr 99 geschriebenen Feature:

> *Frust? Schlechte Laune? Mies drauf? Das muß nicht sein, denn jetzt kommt GLOW, erhältlich in den Abpackungen »Mr. Brown« (Single), »Superclass« (Album) und live (z.Z. als Support Act von LIQUIDO). GLOW packt das Problem an der Wurzel mit gitarrenlastigen Popperlen, die zum Daueruntermieter in deinen Gehörgängen werden. Popmusik, wie sie sein sollte: eingängig – aber nicht langweilig, lustig – aber nicht dumm, fröhlich – aber nicht oberflächlich und krachig genug, weil GLOW eine echte (Rock)band ist. Wann hat Pop das letzte Mal so glücklich gemacht?*

Das klingt ja wohl alles nach reinster Lobhudelei, und das ist es auch – allerdings aber eine durchaus berechtigte. Denn GLOW, die vier sympathischen Münchner, wagen das Unglaubliche: sie bringen Pop in Reinkultur. Wunderschöne Harmonien, aber mit dem nötigen Drive, um auch im nächsten Jahrtausend bestehen zu können. Vielleicht würden die BEATLES heute so klingen, hätten sie sich jetzt erst gegründet. Sänger Danny Humphreys, Gitarrist Andy Wohlrab, Bassist Volker Falk und Schlagzeugerin Rachel Rep verfügen über den notwendigen Spaß an der Freude, sie nehmen sich und niemanden wirklich ernst. Damit unterscheiden sich die Vier wohltuend von dem, was sonst so in den Charts läuft. Keine klischeebeladene Härte, keine sich reimende Agressionen, keine Rammelsteine auf der Vorbilderliste. Das mag nach Außenseiterrolle klingen, ist es aber nicht: GLOW besinnen sich auf die Stärke eines (gutgemachten) Popsongs. Hookline und Spielfreude sind die Eckpfeiler des GLOW-Popuniversums, dazwischen liegt ein breites Feld mit unzähligen Möglichkeiten, die allerdings eins gemeinsam haben: das fertige Ergebnis ist immer ein Ohrwurm. Damit der immer gleich hörbar wird, setzen die Vier auf einfache (jedoch nicht langweilige) Arrangements, sie wollen niemanden demonstrieren, was man mit Instrumenten alles kann, und auch niemanden zeigen, wie toll sie ihre Instrumente beherrschen. Der eigentliche Song bleibt Mittelpunkt. Frontmann Danny geht sogar so weit und sagt: »Es ist manchmal sogar besser, wenn man auf seinem Instrument nicht zuviel kann. Denn dann macht man nämlich auch nicht zuviel. Man geht viel unbedarfter an manche Dinge ran.« Das ist jedoch keine Entschuldigungserklärung für etwaige Unzulänglichkeiten im Spielniveau, sondern: »Unsere Songs leben nicht von Einzelfragmenten. Also nicht, da kommt jetzt 'n tolles Solo oder ein super Gesangspart. Die Songs leben davon, was sie in ihrer Gesamtheit 'rüberbringen.« Bassist Volker ergänzt: »Manche fangen bei A an und kommen erst über Z zum B, wir sind da eben direkter...« Dennoch sind GLOW nicht die Modern Talking der Rockmusik, sie haben eher was von der britischen Popmusik – aber nicht so jammernd und wehleidig, wie z.Z. die meisten Helden des Britpops. Anleihen des amerikanischen Collegerocks werden ebenfalls hörbar, aber die hier oftmals versuchte gespielte Ernsthaftigkeit bleibt aus. Bassist Volker findet ähnliche Formulierungen: »Grob eingeteilt zwischen amerikanischen Alternativerock sowie neuen und alten britischen Pop. Da irgendwie 'ne Mischung draus, das trifft's ungefähr. Wir sind gitarrenlastig, spielen in der klassischen Besetzung zwei Gitarren, Baß und Schlagzeug – wie bei den Beatles, wir singen alle...« Auch Danny muß nochmal die hier schon viel zitierten Beatles bemühen: »Die Beatles hatten auch sehr viel positive Songs gemacht. Die waren einfach lebensbejahend. Und unsere Grundeinstellung ist nun mal auch positiv.« Soviel Ehrlichkeit verblüfft, welcher Musiker kann schon noch äußern, daß er einen

Glow

ungeheuren Spaß am Leben hat, wenn er ernst genommen werden will. Medien strafen solche »Langweiler« meist mit Ignoranz. In Zeiten, wo es marketingstrategisch einfach schick ist, auch mal kurze Zeit rechtsradikal zu sein (wenn auch nur, um es pünktlich zur neuen Single zu dementieren), setzen GLOW auf gutgemachten Pop. Man möchte meinen, daß man so naiv gar nicht sein kann. Doch bevor man darüber schmunzeln kann, befinden sich GLOW auf der Überholspur (pünktlich zum Redaktionsschluß steigen GLOW in die Charts ein). GLOW haben dabei keinen neuen Musikstil gefunden, sie vermengen keine möglichen mit unmöglichen..., sie erinnern nur an ein Grundanliegen der Musik: sie darf nämlich durchaus unterhaltsam sein! »Eine gewisse Sehnsucht schwingt bei allem Optimismus aber schon mit«, erklärt Andy, und meint damit, daß GLOW-Songs nicht nur an der Oberfläche kratzen. Andy und Danny schreiben die Songs, erstmal jeder für sich. Die Kompositionsanzahl der beiden hält sich ungefähr die Waage, wenn auch Danny eigentlich wesentlich mehr schreibt, aber: »Von mir kommen nicht alle durch die Bandzensur. Und Andy bringt ziemlich selten einen Song mit, aber wenn doch, ist es immer ein Knaller.«

Andy und Danny waren auch die Gründer von GLOW. Danny: »Uns gibt es seit drei Jahren. Andy und ich hatten in der gleichen Firma gearbeitet, und haben Songs ausgetauscht, geguckt, was der andere so macht.« Ein halbes Jahr später war GLOW mit Bassist Volker Falk und Schlagzeugerin Rachel Rep komplett. Volker: »Über den Schlagzeuger der 12 Apostel – Corni Bartels – unserem späteren Produzenten haben Rachel und ich zu GLOW gefunden.« Auch in München ist die Musikszene nämlich ein Dorf: Die 12 Apostel (ungerechterweise vielen immer noch unbekannt) unterschrieben einen Deal bei der BMG Ariola München, und der zugewiesene Produktmanager war kein geringerer als Danny Humphreys. Heute, nachdem Danny »die Seite gewechselt hat«, also der BMG nicht mehr als Produktmanager zur Verfügung steht, um sich vollends auf die Musik zu konzentrieren, kann er die gesammelten Erfahrungen für seine eigene Band prima nutzen. »Für uns ist es halt ein Vorteil, weil er uns viele Sachen erklären kann.« sagt Drummerin Rachel, und so kommt's nicht von ungefähr, daß Danny sich auch um die organisatorischen Dinge kümmert. Aber wirklich geholfen haben die Erfahrungen als Produktmanager nicht, Danny: »Die Schwierigkeiten, die man mit Verträgen hat, hängen ja immer davon ab, welchen Stand man als Band in diesem Moment hat. Und wir sind Newcomer und müssen bei Null anfangen. Das heißt, ich konnte da nicht mehr rausholen, als das, was man so als Newcomer rausholen kann. Als Newcomer hast du da kaum Argumente... Und das Gegenargument, ich kenn mich aus in der Branche, hilft einer Band nicht, die mehr oder weniger gerade am Anfang steht.« In Dannys Biografie schlummert noch so ein weiterer angeblicher Vorteil: denn, wem der Name Humphreys bekannt vorkommt, sollte mal überlegen. Richtig: Les Humphreys Singers. Und Les himself ist der Vater von Danny, und damit's noch dicker kommt: seine Mutter ist Dunja Rajter. »Wir haben's zum Glück ohne diese Geschichte geschafft. Zwar hatten sie anfangs im Radio immer darauf hingewiesen, auch, als ich uns das erste Mal im Radio hörte, war das so und ich dachte, oh Gott, die spielen uns nur, weil das meine Eltern sind. Aber es sind ja nur meine Eltern, und es ist ja nicht nur meine Band, wir sind vier gleichberechtigte Partner.«, erklärt Danny. »Viele kennen meine Eltern zum Glück auch gar nicht. Denn wenn sie jetzt bei den jungen Leuten, die unsere Musik hören, extrem bekannt wären, wäre das schon ein bißchen doof.« Und Volker, der Dunja Rajter erst neulich kennenlernen konnte, ergänzt: »Ich hatte das erst nach anderthalb Jahren Band überhaupt erst erfahren. Es stand nie zur Debatte und eigentlich ist es auch unwichtig.«

Doch zurück zu Corni Bartels: die Begegnung mit den 12 Aposteln sollte für GLOW noch positive Folgen haben. 12 Apostel-Drummer Bartels war nämlich nicht nur der, der Danny und Andy mit Rachel und Volker bekannt machte, sondern der Band auch anderweitig unter die Arme griff, beispielsweise bestritten GLOW ihren allerersten Gig im Vorprogramm der Apostels, und Corni Bartels stellte den Glowern mal sein Studio für Demoaufnahmen kostenlos zur Verfügung. Als der bayerische Vierer später beim Label GUN/Supersonic unterschrieb und das Produzentenbudget nicht das kleinste war, entschied man sich für Bartels. Nicht etwa als nettes Dankeschön, sondern weil die Symbiose Bartels – GLOW ziemlich erfolgsversprechend ist. Nachzuhören auf »Superclass«, dem ersten Album.

Bei »Superclass« macht schon das Booklet Spaß: GLOW sind hier auf dem Frontcover den Wolken ein Stück näher, nämlich in der Superklasse eines Flugzeugs, während sie im Booklet selbst in den verschiedensten (Foto)rollen zu sehen sind: als Stewardess, Pilot oder Passagier der zweiten Klasse. Vielleicht ist's nur eine witzige Idee und soll gar nicht bedeutungsschwanger interpretiert werden, aber es läßt sich auch so suggerieren: so unterschiedlich wie die einzelnen Rollen auf den Fotos, so vielseitig ist das ganze Album. Wer »Mr. Brown«, die erste Single, bereits kennt, sollte nicht darauf schließen, daß das ganze Album so klingt. Auch, wenn GLOW unterm Strich immer Popohrwürmer sind, ist »Mr. Brown« nur eine Facette der Glower.

Als mir GLOW im Februar bei Kaffee, Bier, Spätzle und Zigarre (Rachel) im Berliner Oxymoron gegenüber sitzen, ist bei allen Vieren eine euphorische »Zappeligkeit« zu spüren. Berechtigterweise: »Es ist zur Zeit total verrückt, jeden Tag passiert irgend etwas«, sagt Rachel. Am Tag des Interviews erfuhren die Vier z.B., daß sie mit ihrem ersten Video »Mr. Brown« ständig auf VIVA zu sehen sein werden, im Fachjargon: »N1-Rotation«... Das Label GUN, welches GLOW für das »Unterlabel« Supersonic signte, hat scheinbar wieder die richtige Nase gehabt. »Supersonic« gibt es noch gar nicht so lang, der erste deutsche Act, der hier unter Vertrag genommen wurde, war GUANO APES. So kommt's, daß GLOW gern mit denen verglichen werden, was gewaltig hinkt, denn musikalisch sind das zwei völlig verschiedene Baustellen. Das einzige, was beide Bands verbindet: der Weg zum Ziel auf der Überholspur. Die schnellen Schritte in die oberste Popliga, wie sie die GUANO APES gegangen sind, lassen sich bei GLOW vielleicht wiederholen. Wer »Superclass« kennt, ist überzeugt davon.

MANFRED GILLIG
(CHEFREDAKTEUR MUSIKWOCHE)

Neben den »herkömmlichen« Musikmagazinen gibt es auch welche, die ausschließlich für die Branche und den Handel konzipiert sind. Eine der führenden Branchenmagazine heißt MUSIKWoche, Chefredakteur MANFRED GILLIG gab mir Auskunft über das ideale Infopäckchen einer Band und einigen weiteren Tips.

Wie würdest Du kurz das Konzept der MUSIKWoche beschreiben?
MANFRED GILLIG: MUSIKWoche ist ein Nachrichtenmagazin für die Musikbranche, das aktuelle News und Hintergründe ohne Umschweife auf den Punkt bringt, ohne dabei die komplexeren Zusammenhänge aus dem Blick zu verlieren. Das Geschehen in deutschen und internationalen Unternehmen, im Handel, im E-Commerce, im Radio, in der Szene findet sich in regelmäßigen Rubriken wieder, dazu gibt es jede Menge Hitparaden, Playlists, Reviews, das Charts-Poster und, und, und... MUSIKWoche wird von Entscheidern in den Tonträgerfirmen, von Musikverlagen, vom Handel und vor allem auch von den Medien gelesen. MUSIKWoche ist schnelle, aber auch verläßliche Information; wir treiben keine Hofberichterstattung, sondern versuchen kritisch und unterhaltsam zu bleiben.

Welche Aufgaben hast Du konkret als Chefredakteur zu tun?
MANFRED GILLIG: Deren sind es viele. Es begann mit der Konzeption des Titels, bevor wir im August 1993 an den Start gingen – und konzeptionelle Weiterentwicklung steht immer ganz oben auf der Pflichtenliste.

Denn so wie sich die Branche verändert, verändert sich auch das dazugehörige Magazin – aktuelle Beispiele: Das Internet führte zur Einrichtung einer E-Commerce-Rubrik und zur Entwicklung unserer Web-Plattform musicbiz.de. Zum Tagesgeschäft gehört die Heftplanung und -produktion, die mit der wöchentlichen Themenkonferenz beginnt und meistens mit dem Schreiben des Leitartikels »Apropos« in letzter Minute endet. Dazwischen liegen viele Gespräche mit den Redakteuren und mit den übrigen Abteilungen im Entertainment Media Verlag – Anzeigen, Vertrieb, Online, Schwesterredaktionen. Hinzu kommt die Außenvertretung bei den Firmen und den Branchenereignissen – von der Plattenpräsentation einer Firma

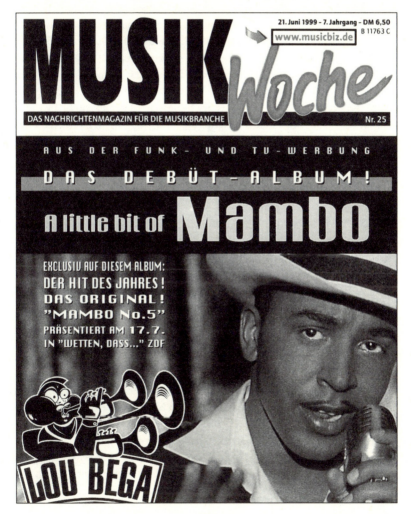

über Interviews und Gespräche mit den Geschäftsführern oder anderen wichtigen Menschen bis hin zur Präsenz bei Echo oder Popkomm. Wenn zwischendurch Zeit bleibt, schreibe ich immer mal wieder gern eine Plattenrezension oder einen anderen Artikel. Und es ist mir stets ein besonderes Vergnügen, meine Fotos selbst zu machen.

Wieviel Tonträger landen pro Woche auf Deinem Schreibtisch und wieviel könnt Ihr davon berücksichtigen?
MANFRED GILLIG: Auf meinem Schreibtisch landen nicht so viele Tonträger, wie auf dem unseres Neuheitenredakteurs Norbert Schiegl. Dessen Büro gleicht einem Warenlager nach dem Wirbelsturm – meins läßt sich noch einigermaßen überblicken. Konkret: Jede Woche melden uns die Plattenfirmen zwischen 400 und 600 (zur Hauptsaison) neue Longplay-Tonträger. Bei Norbert Schiegl landen davon schätzungsweise 200 pro Woche im Zimmer. Bei mir sind es maximal 50. Im Heft besprechen wir jede Woche 13 Titel, und zwar vor Veröffentlichung. Nach der Veröffentlichung greifen wir dann allerdings noch ein paar Themen mehr in Form von Szene-Stories oder Redaktionstips auf. Aber man sieht: Es ist eine Flut. Alle gemeldeten Titel listen wir aber zumindest in unserem Programmplaner und in der Datenbank im Netz auf.

Nach welchen Kriterien sucht Ihr die CDs aus, die Ihr redaktionell bearbeitet?
MANFRED GILLIG: Da wir ein Branchenmagazin sind, treten persönliche Neigungen in den Hintergrund. In erster Linie geht es darum, die wichtigen Schwerpunktveröffentlichungen der Plattenfirmen nicht unter den Tisch fallen zu lassen. Andererseits legen wir aber auch Wert darauf, daß wir jede Woche Titel aus dem Indie-Bereich oder eher unbekannte Sachen berücksichtigen. Und wir versuchen, möglichst viele Genres abzudecken. Eine Jazz-Platte, eine Klassik-CD, eine aus dem World-Music-Bereich – das muß schon sein.

Inwiefern haben Anzeigenschaltungen Einfluß auf die Redaktion?
MANFRED GILLIG: Keinen direkten. Anzeigenabteilung und Redaktion laufen bei uns strikt getrennt. Aber natürlich hat man zu einer Firma intensivere Kontakte als zur anderen, was vielleicht daran liegt, daß wir einen besseren Draht zu deren Repertoire haben. Daraus ergibt sich eventuell, daß wir mit Anzeigen bedacht werden, weil man weiß, daß wir mit dem jeweiligen Thema sowieso was anfangen werden. Andererseits wissen wir als Branchenmagazin relativ früh, welche Schwerpunktthemen kommen,

über die wir sowieso berichten – und solche Schwerpunktthemen bringen naturgemäß auch Anzeigen mit sich. Der Einfluß rührt also eher von der recht engen Beziehung zu den Plattenfirmen her als von deren Anzeigenschaltungen. Die Firmen wiederum schalten bei uns Anzeigen, weil sie meinen, ein Branchenmagazin, das nicht nur Hofberichterstattung bringt, ist vonnöten – sonst hätten wir uns gar nicht etablieren können. Und klar ist: Ohne die Anzeigen könnten wir dicht machen, denn als Branchenmagazin sind wir nur im Abo und nicht am Kiosk erhältlich.

Wie sollte das ideale Infopaket eines noch unbekannten Acts aussehen?
MANFRED GILLIG: Es sollte schon von der äußeren Gestaltung her einen guten Eindruck machen: Die Optik sollte professionell und kreativ wirken; das Foto sollte nicht verwaschen oder gewollt »künstlerisch« sein, sondern die Menschen zeigen, die damit auf sich aufmerksam machen. Der Stil der Optik sollte mit der Musik korrespondieren. Und wenn ich den Text lese, sollte der die wichtigsten Daten und Fakten rüberbringen, mich aber auch irgendwie durch seine Originalität, Kreativität oder was auch immer ansprechen. Ein Anschreiben, das auf den Punkt kommt, hilft zum guten Einstieg. Und dann muß mir nur noch die Musik gefallen... – das ideale Infopaket gibt's aber wahrscheinlich gar nicht. Zumindest läßt es sich nur schwer in konkrete Ratschläge verpacken. Mir ging es jedenfalls schon immer so, daß ich gefühlsmäßig auf optische Signale reagiere, die einen Brief, ein Info, ein Foto, ein Cover – und wenn auch nur ein bißchen – aus der Reihe tanzen lassen. Und wenn dann noch die Musik ein wenig aus der Reihe tanzt...

Sind Gimmicks hilfreich?
MANFRED GILLIG: Kommt drauf an. Wenn sie wirklich originell sind, dann denke ich, wer kommt denn auf so eine schräge Idee? Und sobald meine Neugierde geschürt ist, beschäftige ich mich mit dem Thema. Aber nötig finde ich das nicht, zumal die meisten Promotion-Gimmicks nicht allzu sinnvoll sind. Letztlich ist wichtig, daß ich von der Präsentation den Eindruck vermittelt bekomme, hier ist jemand nicht bloß irgendwie originell, sondern auch professionell, weil er weiß, was er will, und weil er auch künstlerisch etwas zu sagen hat. Dazu können Gimmicks als Angelhaken für mein Interesse dienen, müssen es aber nicht. Das gilt genauso für den Rest der Präsentation. Doch letztlich muß halt immer die Musik überzeugen.

Welche Tips würdest Du jungen Bands geben im Umgang mit Medien?
MANFRED GILLIG: Zunächst mal verweise ich auf die beiden vorhergehenden Antworten. Und danach begeben wir uns auf ein weites Feld. Ich halte nichts von Interview-Training, wie man es mittlerweile bei Künstlern einsetzt, damit die bloß nichts falsches sagen. Ich finde ein klares und ehrliches Auftreten ohne Sprücheklopferei am besten, um es mal so pauschal zu sagen.

Wenn Du schon immer mal was loswerden wolltest über Plattenfirmen und Medien, dann bitte hier:
MANFRED GILLIG: A tricky one. Das ist eigentlich zu viel, um es hier in Worte zu fassen. Aber wenigstens zwei Aspekte: Je enger man sich aneinander schmiegt, desto langweiliger wird es für den Konsumenten der Medien. Und über all die Jahre machen Plattenfirmen immer wieder den gleichen Fehler, daß sie versuchen, einen erfolgreichen, innovativen Trend zu schnell und zu extensiv auszuschlachten, so daß die Chose irgendwann kontraproduktiv wird. Aber so ist diese Branche nun mal: hin und her gerissen zwischen dem Business und der Kreativität, chaotisch und immer wieder faszinierend. Wenn's nicht so wäre, hätte ich vermutlich nicht mein Biologiestudium kurz vorm Diplom abgebrochen, um ausgerechnet Musikredakteur zu werden.
(Kontakt: Redaktion MUSIKWoche, Stahlgruberring 11a,
81829 München, Telefon 089 – 45114-0)

DAS LABEL AMIGA

AMIGA, das einstige und vor allem einzige Label der DDR für Unterhaltungsmusik von Rock bis Schlager, gilt seit der 94er Übernahme durch BMG Ariola als optimaler Umsatzbringer im Hause Bertelsmann. Dabei setzt AMIGA nicht nur auf die Auswertung des umfangreichen Backkatalogs, sondern zunehmend auch auf Neu-Signings. Ein Gespräch mit AMIGA-Chef JÖRG STEMPEL.

Als die BMG 1994 die Rechte am Amiga-Katalog erwarb, habt ihr den Label-Namen erst richtig wiederbelebt. Warum?
JÖRG STEMPEL: Als wir 1994 anfingen, besannen sich die Leute im Osten gerade auf ihre Vergangenheit. Vor allem deshalb, weil ihnen ständig vorgeworfen wurde, daß sie 40 Jahre nichts zu Wege gebracht hätten. Auf die wirtschaftliche Situation bezogen, in der die DDR 1990 begraben wurde, trifft das ja teilweise auch zu, aber hierfür gibt es viele Ursachen, und das ist auch ein ganz anderes Thema... Die Reaktion der Leute auf diesen Vorwurf war teils Frust, teils aber auch Besinnung auf die eigene Geschichte und rief echte Emotionen hervor, verbunden mit starken Erinnerungen – ganz persönlichen und oft mit Musik verbunden. Wir haben das aufgegriffen – vom Labelnamen »Amiga« über die Cover- und Bookletgestaltung und bis hin zur Repertoire-Auswahl. Allerdings haben wir sehr schnell begriffen, daß wir so im Westen nichts verkaufen können. Umgekehrt erging es ja vielen Werbern aus den alten Bundesländern mit ihrer Ansprechweise der Leute im Osten in den ersten Jahren nach der Wiedervereinigung ebenso. Also orientierten wir uns mit Cover, Headline, Compilations, Promotion und Marketing Richtung Westen, wie beispielsweise mit der CD »Das Beste aus der DDR« zum Kennenlernpreis. Dennoch war die Reaktion in den alten Bundesländern eher ernüchternd – es hat kaum jemanden interessiert, allenfalls die inzwischen in den Westen umgesiedelten Ostler, sofern sie unsere Botschaft überhaupt erreicht hat.

Woran liegt das deiner Meinung nach?
JÖRG STEMPEL: Es gibt viele Ursachen. Zum Beispiel, wenn sich in einer Diskothek die Pärchen für die Nacht fanden, lief »Hotel California« von den Eagles neben »Bataillon d'Amour« von Silly sowie »Du und ich« von Udo Lindenberg. Im Westen liefen die gleichen Titel – außer Silly. Ich will damit sagen, weder Konsumenten noch Medien hatten Kenntnis,

AMIGA-Chef Jörg Stempel hat mit dem Traditionslabel große Pläne

geschweige denn eine emotionale Bindung zur Musik aus dem Osten. Ausnahmen bestätigen natürlich die Regel.

Wie wollt ihr das ändern bzw. kann man das überhaupt?
JÖRG STEMPEL: Ja, dazu brauchen wir aber Partner – in erster Linie die Medien. Oder auch Prominente aus dem Osten, die bundesweit Sympathie und Glaubhaftigkeit genießen, können helfen, unser Repertoire publik zu machen. Vor allem brauchen wir Offenheit, auch Toleranz in den Medien und natürlich von den Musikfans. Was wir beisteuern können sind Ideen, möglichst originelle, und natürlich Geld, wenn dann noch das entsprechende Quentchen Glück dazu kommt...

Ideen und Glück hat man nicht jeden Tag, aber Bertelsmann hat doch Kohle ohne Ende, sollte man denken...?
JÖRG STEMPEL: Bei Bertelsmann gilt das Profitcenter-Prinzip, das heißt, wir müssen mit dem wirtschaften, was wir einnehmen. Bei ca. 8 Mio Jahresumsatz können wir uns keine siebenstelligen Marketingkampagnen leisten. Nachweislich fallen am Markt aber vor allem die mit großem Budget initiierten Aktionen auf – siehe Marktanteil der Compilations und deren TV-Spot-Kampagnen. Ich sehe schon die zornigen Blicke der Compilation-Vermarkter, wenn ihre Aktionen nur aufs Geldausgeben reduziert werden. Sicher muß man das aufgrund der vielen Produkte am Markt noch differenzierter sehen, aber vom Prinzip her stimmt es. Wir liefern also den Song für die neue Levis-Kampagne oder machen mit dem Krug-Album zu »Abgehauen« soviel Umsatz, daß wir uns eine geile TV-Kampagne für »Das Beste von Amiga« leisten können.

Letztendlich schreibt ihr aber doch tiefschwarze Zahlen...?
JÖRG STEMPEL: Zum Glück ist das Interesse unserer Konsumenten am Backkatalog groß genug. Ein bißchen Fleiß, Engagement und Verstand gehören sicher auch zu unserer bisher erfolgreichen Geschichte als Label Amiga. Da ist selbst bei den Kollegen im eigenen Hause nach anfänglichem Mitleid á la »Ach, die Armen müssen versuchen, ihre Sch... zu verkaufen!« und Belächeltwerden, Motto »Die Amiga-Quichottes wollen wirklich die Windmühlen anhalten«, eine anerkennende Haltung entstanden. Wir haben zwar keine spektakulären Produkte, bis auf einen völlig unerwarteten Chart-Entry bis auf Platz 16 mit unserer allerersten Single – den Sandmann's Dummies, aber immerhin solide schwarze Zahlen.

Erfolg ist also vorhanden. Wie wollt ihr diese Position halten bzw. gar ausbauen?

JÖRG STEMPEL: Mit viel Geduld, Durchhaltevermögen, Glauben an unser Ziel – Osthits auch im Westen zu verkaufen – und natürlich, wie bereits erwähnt, mit Partnern!! Im Tagesgeschäft, wenn uns mal wieder Unwissenheit, leider immer noch Ignoranz, und manchmal auch Arroganz mürbe macht, geht mir oft der Song von Wolfgang Petry durch den Kopf: »Augen zu und durch«. Vielleicht ein paar Beispiele, die deutlich machen, was ich meine: Da werden Fernsehsendungen zum Tag der Deutschen Einheit konzipiert, stellvertretend singen Künstler aus den jeweiligen Bundesländern ihre Hits. Angelika Milster, die angeblich irgendwann in Mecklenburg-Vorpommern geboren ist, startet dann für den ostdeutschen Norden und die drei bekannten Damen mit den wunderhübschen Pudels vertreten Sachsen... Oder: Da werden Sendungen mit den schönsten deutschen Schlagern zu einem Festival zusammengezimmert, bei denen dann allenfalls der berühmte Quotenossi auftritt. Meistens muß die Gruppe »Karat« dran glauben, weil ja gottseidank die »Sieben Brücken« auch im Westen bekannt sind – wenn auch mehr die Maffay-Version. Dabei hat

Die ostdeutsche Kultband RENFT veröffentlicht nach fast 25 Jahren ein neues Studioalbum bei AMIGA.

Karat noch mindestens fünf genauso starke und zehn weitere geile Songs. Ganz abgesehen davon, daß Karat keine Schlager-Band ist, gibt es neben ihnen auch andere interessante Künstler. Oder: Da veranstaltet die BILD-Zeitung eine Riesenaktion »Wir wählen den Schlagerhit des Jahrhunderts«. Hundert Titel kommen zum Abdruck, kein einziger aus dem Osten. Erst nach massiven Protesten von BILD-Zeitungs-Lesern aus den Neuen Bundesländern wird zwei Tage später nachgebessert – mit 20 Ossi-Songs. Aber wiederum nur in der BILD-Ausgabe Ost, weil »unsere Menschen in Wanne-Eickel und Ingolstadt diese Lieder doch gar nicht kennen«. Wie denn auch, wenn sie nicht gespielt werden oder im TV zu sehen sind – O-Ton eines Musikredakteurs vom SDR im Jahr 8 der Wiedervereinigung, also 1997, zur neuen CD von City: »Ostbands spielen wir nicht«!!! Da werden wir das Argument noch in 20 Jahren hören. Aber ein Lichtblick: der stellvertretende Chefredakteur der BILD-Zeitung war meinen Argumenten gegenüber sehr aufgeschlossen und versprach, bei einer nächsten Aktion auch unsere Songs/CDs in die gesamtdeutsche Promotion der auflagenstärksten Zeitung einzubeziehen. Vielen Dank im voraus – und das ist nicht ironisch gemeint.

Ihr habt eine erfolgreiche Backkatalog-Auswertung hinter euch. Wie lange könnt ihr davon noch leben und wie geht's weiter?
JÖRG STEMPEL: Seit 1996 kümmern wir uns neben der Backkatalog-Auswertung verstärkt auch um Neuprodukte, zum einen stellt sich das in unserer Kooperation mit Philip Morris dar, mit unserem 1997 aus der Taufe gehobenen »f6 Music Award« – dem Nachwuchswettbewerb in Sachen Rock, Pop und Dance der Neuen Bundesländer. Für uns eine effiziente Form der Entdeckung neuer Talente und eine sehr wichtige Zusammenarbeit mit diesem Kooperationspartner. Zum anderen arbeiten wir auch mit schon zu DDR-Zeiten populären Künstlern aus den Neuen Bundesländern weiter, wenn sie unter heutigen Marktbedingungen verkaufbares Repertoire vorlegen.

Stört bei der Vermarktung von neuen Künstlern eigentlich der Name »Amiga« ?
JÖRG STEMPEL: Ja und Nein. Ja – weil die bereits erwähnten Ignoranten und Oberbescheidwisser Amiga mit Ostmonopol-Label gleichsetzen: von der Partei kontrolliert, von der Stasi überwacht, ausgestattet mit ewig gestriger Musik und pseudophilosophischer Ost-Lyrik. Und Vorurteile abzubauen, erfordert mühselige Überzeugungsarbeit, viel Geduld und Beherrschung, um Wutschreie runterzuschlucken. Letztendlich aber hel-

fen nur erfolgreiche Produkte. Und Nein – denn als Argument sei gesagt, Amiga wurde bereits 1947 gegründet, also zwei Jahre vor der DDR und hat aus dieser Zeit der Endvierziger und fünfziger Jahre die geilsten alten Schlager-, Swing- und Jazzaufnahmen in seinem Programm, konnte zum 100. Brecht-Geburtstag eine 20-teilige CD-Box präsentieren – die hat kein anderes Label auf der Welt! – und hat einen Bestand von 30.000 Titeln. Ich bin so vermessen, zu behaupten, daß mindestens 1% davon, also 300 Titel, mit jedem West-Hit mithalten können, auf die wir nur mit Hilfe der Medien oder anderer Partner aufmerksam machen müssen. Außerdem hat Amiga ein paar wunderbare Platten mit Manfred Krug – jetzt darf ich mal Fan sein – die weder ins Formatradio noch ins Chart-Schema passen. Übrigens wurden sie schon Anfang der 70er Jahre im angeblich verstaubten Amiga-Studio produziert und klingen auch heute noch, inzwischen auf CD veröffentlicht, richtig geil nach handgemachter Musik. Und das sehe ich nicht nur allein so. Musiker, wie z.B. JAZZKANTINE und FETTES BROT bestellen bei mir die CDs, weil sie die Songs ebenfalls klasse finden, Remixer fragen bei uns nach Samples von Krug-Platten und ich selbst würde am liebsten mit ihm eine neue Platte produzieren, denn...der kann's und hat's eben. Um auf deine Frage zurückzukommen... Obwohl ich mich bei den vielen geschilderten Vorurteilen und Widrigkeiten auch schon dabei ertappt habe, den Namen Amiga einfach in der historischen Ablage zu versenken, neige ich viel mehr dazu zu sagen: Nein, wenn andere – aus welchen Gründen auch immer – ihre Herkunft aus dem Osten lieber verleugnen, ist Amiga für mich nicht nur das älteste deutsche Schallplattenlabel, sondern ein Kultlabel, das seinen Fortbestand erhalten und seine Daseinsberechtigung nachweisen will und muß.

Wie siehst du die Chancen, heute Neuprodukte am Markt zu plazieren?
JÖRG STEMPEL: Wir haben vorher schon mal über die Rolle der Medien gesprochen. Wenn heute jemand seinen neuen Song bei uns vorstellt, dann denke ich sofort: »An welche Zielgruppe kann ich den verkaufen und wie kriege ich den neuen Song via Medien an den Konsumenten?« Wir reden also sofort immer auch über Marktchancen, Radio- und Fernsehformate, Zielgruppenansprache etc. Ich behaupte sogar, der gute Song allein reicht heute nicht aus. Promotion und Marketing sind unerläßlich und daher beinahe wichtiger als das Schreiben von guten Titeln. Bei einem Übermaß an neuen Veröffentlichungen kommt selbst der Hit heute nicht von selbst in die Charts. Dabei stellt sich die Marktsituation für mich heute folgendermaßen dar: Da sind zum einen die sogenannten Trendprodukte, sie kommen oft aus dem Underground, aus der Subkultur und werden in den

Medien hochstilisiert, wie beispielsweise PRODIGY oder RADIOHEAD. Zum anderen der Titelseiten-Pop: Schöne, junge Menschen, die die Titelseiten unserer Illus übervölkern, meist sind es Darsteller aus Daily-Soaps mit hohen Einschaltquoten bzw. Moderatoren von Jugendsendungen, Models oder Hauptdarsteller aus den BRAVO-Lovestories. Das sind für mich Reißbrettprodukte, die im Studio für den Markt – sprich die Zielgruppe – paßfähig gemacht werden, egal, ob die Auserwählten singen können oder nicht. Thomas Ohrner hat das mal in einer Talkshow so eingeschätzt: »Meine Platten aus meiner Zeit als Kinderstar haben die Mädels früher weniger wegen der Musik gekauft, sondern weil sie sich das Cover über ihr Bett hängen wollten.« Nicht zu vergessen natürlich die Marketingprodukte, jüngstes und bestes Beispiel ist Guildo Horn. Yuppies und andere, die glauben, Trendsetter zu sein und mit klassischen Schlagern eigentlich wenig am Hut haben, finden es bei entsprechendem Stimmungspegel cool, auch nach Roger Whittaker und Rex Gildo zu tanzen. Nüchtern würden sie es nie zugeben – es wäre unter ihrer Würde. So wie Fußballidol Matthias Sammer in den Medien belächelt wird, weil er sich zum guten Schlager bekennt, denn das ist uncool. Jetzt kommt Guildo, den man nicht seiner Musik oder seiner Wahnsinnsstimme wegen liebt, denn er benutzt sowieso überwiegend Coverversionen. Aber weil er dem gelackten Schlagerklischee und seinen Vertretern voll die Kante gibt, ist er heute angesagt – eine clevere Marketingkampagne.

Stell dir vor, die gute Fee kommt und du hast 3 Wünsche frei...
JÖRG STEMPEL: Eigentlich habe ich ja mindestens zehn... Zum Beispiel einen Nummer-1-Hit landen. Damit kann man auch so schöne Kompensationsgeschäfte machen... Wenn z.B. Detlef Buck wieder so einen genialen Film über den Osten macht wie »Wir können auch anders« – dann würden wir ihm gerne die passende Musik liefern. Dieses Angebot bzw. Wunschtraum betrifft auch andere Bereiche, wie TV-Serien und -Filme oder Werbung für Markenprodukte. Also bitte die Zusage für den offiziellen Song zur nächsten Fußball-WM oder zur neuen Kampagne von VW – Rolls Royce... Oder auch Bill Clinton als Saxophonist auf der Jubiläums-CD der Puhdys...   *(Interview aus dem Sommer 98)*

SCYCS

SCYCS, die gleich mit der allerersten Single »Next November« in vorderster Chartsfront mitmischten, haben das Unmögliche möglich gemacht: Während es beinahe schick ist, als Band aus Hannover zu kommen, weil ja schon so viel gutes von dort kam – FURY IN THE SLAUGHTERHOUSE, SCORPIONS, TERRY HOAX usw. –, kann man es als Künstler nur 100 Kilometer östlicher, nämlich in Magdeburg, eigentlich gleich vergessen, den Plattenfirmen oder gar den Medien irgendwie aufzufallen. Wer hier Musik macht und an einem landesweiten Durchbruch glaubt, muß schon ein großer Träumer sein. Magdeburg ist nicht unbedingt Mekka deutscher Popmusik. Wozu auch, in der Landeshauptstadt Sachsen-Anhalts liegt in Sachen Musikkultur sowieso der Hund begraben, Liveclubs gibt es kaum

Scycs

und WOM hat jetzt auch dicht gemacht. Doch ausgerechnet hier sind SCYCS zu Hause, der Beginn eines (ostdeutschen) Märchens...

Es waren einmal fünf nette Jungs aus Magdeburg, die alle einen festen Job hatten, was in der sachsen-anhaltinischen Region schon mal was besonderes war. Und sie hatten ein besonderes Hobby, was sie verband: Musik. Sie spielten in einem kleinen Probekabuff und es hörte sich ein bißchen nach dem an, was so in den amerikanischen Alternative-Charts läuft. Aber nur ein bißchen, denn da es hier nur eine relativ kleine Musikerszene gibt und noch weniger Möglichkeiten, live zu spielen, gibt es auch keine Mucker-Polizei, die mit verschränkten Armen im Publikum steht und darauf achtet, daß die Jungs möglichst nah an den amerikanischen Originalen sind. So konnten es sich die Fünf leisten, musikalisch ihr ureigenes Ding durchzuziehen. Das war beachtenswert und wurde aber nicht wirklich beachtet. »Wir leben hier eigentlich wie in einer Mondlandschaft, wo nicht viel los ist«, erklärt einer der Jungs, nämlich Sänger und Kopf der Band Stephan Michme. Der hatte immerhin einen Draht in die Popwelt, als Moderator der Sachsen Anhalt-Welle wußte er, wie man ins Radio kommt – insofern verwunderlich, daß er dennoch an seine Band glaubte...

Irgendwann wollten die netten Jungs von der Börde auch mal ein paar Songs aufnehmen, schließlich verlangte die stetig wachsende Fangemeinde danach. Stephan Michme und seine Kumpels mieteten sich ins Magdeburger Jet Set-Studio ein. Das gehört Gitarrist Ali Albrecht, der zu DDR-Zeiten bei JUCKREIZ spielte. Kein wirklicher Ostrockstar, aber einer, der mit Maßstäbe setzte. JUCKREIZ spielten Neue Deutsche Welle und wäre keine Mauer gewesen, hätten sie vielleicht Nena & Co aus den Charts gekickt. Die Mauer stand aber und so sorgten sie zumindest dafür, daß dieser grauenhafte DDR-Lyrik-Rock ein bißchen aus den Radios verschwand. Überhaupt hatte Magdeburg keine Stars: In den 60ern gab es hier die legendären Klosterbrüder, die »westlichen« Rock spielten, das Maul aufrissen und prompt verboten wurden. In den 70ern tauchten sie aber wieder auf, nannten sich sinnigerweise »Gruppe Magdeburg« und wurden – nach einigen erfolgreichen DDR-Rock-Jahren – wieder verboten. Der Kern der Band ging in den Westen: der Chef der Magdeburger trommelte fortan bei Grönemeyer. Das wars dann aber wieder an Magdeburger Rock, von dem man auch überregional hörte. Mal abgesehen von den kleinen Lichtblicken in den 80ern, die genannten NDW-JUCKREIZ und die wirklichen Erfinder des Crossover: REGGAE PLAY (die vermengten deutsche Texte und Witze über Honecker & Co mit Reggae und Breakdance), sollte es noch bis zum Ende der 90er dauern, bis auch die immerhin 274.000 Einwohner zählende Stadt ein paar Popstars hervorbrachte.

Doch zurück zu unserem sympathischen Quintett, die sich übrigens SCYCS nennen, und ihrer Demo-Produktion. Die war nicht unbedingt ein wirklicher Knaller, aber sie ließ zumindest aufhorchen. Die ostdeutsche Zigarettenmarke f6 rief zu dieser Zeit erstmals den »f6 Music Award« aus: Bands aus den neuen Bundesländern sollten ihre Tapes einschicken, und der besten winkte ein amtlicher Plattenvertrag. SCYCS schickten ihr Tape ein und gewannen erstmal den Vorentscheid in Sachsen-Anhalt. In Berlin zum Finale im Juni 1997 reichte es allerdings nicht zum Sieger, schließlich ist das hier kein wirkliches Märchen. So gab es nur Platz 2 verbunden mit einer Demo-CD-Produktion und einige Kontakte: beispielsweise suchte der Moderator des Finales für seine Sendung auf Radio Fritz einen neuen Partner für die Moderation und fand ihn in SCYCS-Sänger Stephan Michme. Schirmherr des f6-Awards war Konzertveranstalterlegende Fritz Rau, der die jungen Magdeburger ebenfalls ins Herz schloß und sie bei einem riesigen Open Air im Mai 98 mit Maffay und Ramazzotti auf eine Bühne stellte. »Er hat uns wie ein väterlicher Freund weiter beobachtet und uns viele wichtige Tips gegeben« sagt Stephan Michme heute über Fritz Rau.

Ein paar Monate zuvor, nämlich Ende 1997, war noch alles beim alten, SCYCS war nach wie vor Hobby und alle gingen ihren eigentlichen Jobs nach. Stephan Michme saß im Rundfunkstudio des SAW und interviewte hier die eine oder andere Band. Bei einer wurde er besonders hellhörig, dabei war nicht die Band für Michme das entscheidende, wohl aber der dahinter steckende Produzent. Das war Mario Thaler aus Weilheim, der in letzter Zeit aufgrund seines glücklichen Händchens an den Reglern als eine der Produzentenadressen Deutschlands gilt. Bands wie NOTWIST oder MILES konnten von ihm schon profitieren, und die Medien sprechen neuerdings von einer Weilheimer Szene. Zu Thaler wollten die SCYCSer auch, Stephan Michme erzählt: »Der interviewten Band hatte ich nach unserem Gespräch erzählt, daß ich mit meiner Band vorwärts kommen möchte. Wir schnürten ein Paket mit unseren Demo-CDs und konnten die Antwort von Mario gar nicht abwarten...« Der meldete sich jedoch schnell, zeigte sich interessiert und schon saßen die fünf Magdeburger im Weilheimer Studio bei Mario Thaler. Hier entstand zwar kein Album und Thaler zückte auch keinen Majordeal aus dem Ärmel (wie gesagt, es ist ja kein richtiges Märchen), aber: (Zitat Stephan Michme) »Nachdem wir zusammen Silvester gefeiert hatten, erlebten wir im Studio eine Woche lang magische Momente. Der Song ›Next November‹ war geboren.« Nun überschlugen sich aber doch die Ereignisse. »In dieser Zeit ging es drunter und drüber«, umreißt der charismatische Sänger die damalige Situation. Zunächst wurde in der Berliner Firma »Büro 2000« das passende Management gefunden, die sich wiederum um einen entsprechenden Deal bei einer Plattenfirma bemühten. Interessierte Labels gab es einige, und so fanden sich die A&Rs dieser Plattenfirmen Ende Mai 98 im Berliner Hard Rock-Café zum selbstorganisierten Showcase ein. Schließlich unterschrieben Stephan Michme – und um die anderen endlich auch mal zu nennen –, Dirk Alstein (b), Marko Baumbach (dr), Tom Michme (key, programming) sowie Mario Swigulski (g) bei Edel. »Bei Edel hatten wir einfach das größte Mitspracherecht«, erklärt der SCYCS-Frontmann die Qual der Wahl, »Vom Cover-Layout bis zum Video-Script zur zweiten Single ›Grounded‹ lassen sie uns fast allein arbeiten.« Aber es wird noch märchenhafter, eine TV-Produktionsfirma (die das Büro 2000 ganz gut kennen) suchte für eine RTL-Daily-Soap eine junge Band und entschieden sich für SCYCS. So spielte die Band in der TV-Serie eine Band, die tagtäglich den Song »Next November« probte. Ein Song der realen Band und bekanntlich auch inzwischen der erste Hit. »Wir wollten zuerst gar nicht mitmachen, aber wir haben uns dann davon überzeugen lassen, daß wir uns eine bessere Promotion nicht hätten wünschen können«, schildert Stephan Michme die Begegnung mit der RTL-Serie »Unter uns«. »Next November« war praktisch schon ein kleiner Hit, als es die Single noch gar nicht zu kaufen gab. Gekauft wurde nach Veröffentlichung jedoch reichlich, Platz 14 war die beste Chartsplazierung. »Grounded«, die zweite Single, folgte ziemlich schnell und kletterte ebenfalls in die obere Chartshälfte, womit die Frage nach dem One-Hit-Wonder schon mal verneint werden kann. Während diese Zeilen geschrieben werden, sitzen SCYCS mit Produzent Thommy Hein noch im ehemaligen Preussentonstudio (es ist inzwischen das Thommy Hein-Studio) und geben dem ersten Longplayer den letzten Schliff. Was man bereits hören konnte (Danke, Ihr zahlreichen Konzertveranstalter) klingt vielversprechend und schließt nahtlos an die Single-Erfolge an: rockig arrangierter und handgemachter Powerpop mit eingängigen Hooklines, die sich immer wieder in den Gehörgängen festschrauben. »PAY TV« soll das Debüt heißen, aber eigentlich könnte auch schlicht »Ohrwürmer« drauf stehen. Das Titelstück selbst ist allerdings nicht der nächste Hit. Der Zwei-Minuten-Song ist der Soundtrack ihrer Tourerlebnisse und führt zurück zu ihren Punkwurzeln aus den Anfangstagen. Mehr Hitpotential bietet da schon »The Plane«: »Unser Lieblingssong«, wie Stephan Michme erklärt. »Er erzählt die Geschichte von Menschen, die in einem abstürzenden Flugzeug sitzen und sich gegenseitig etwas vormachen. Die Nummer fängt sehr bedächtig an, doch wenn der Refrain losgeht, bricht die Hölle aus. Feedback-Arien inklusive!« Die nächste Single wird »Underwater Love Song«, ein sehr balladeskes Stück, das SCYCS von einer ruhigeren Seite zeigt. »Ein extrem trauriges Lied von einem Kind, das schon im Bauch der Mutter sein Leben verlor. Aber es ist keine Schmalzballade, eher optimistisch«, sagt der Sänger, von dem auch alle Texte stammen.

Überhaupt liegt die Faszination des Albums im Wechsel von Up-Tempo-Nummern und leiseren Passagen. Und mit »Slow Motion Day« liefern SCYCS den Sommerhit 99. Die Entstehung der einzelnen Songs erklärt Stephan Michme so: »Unser Gitarrist Mario sucht nach guten Riffs, die schräg klingen. Das geht so lange, bis ich einen Text oder eine Hookline finde, die darauf paßt, dann steigen die anderen ein. Dann wird gejammt, gefeilt und diskutiert, bis jeder von uns mit dem Song zufrieden ist.« Zufrieden darf man mit SCYCS in mehrfacher Hinsicht sein: sie liefern in Kürze ein gutes Album ab und sie zeigen Bands, daß es durchaus Sinn macht, handgemachte Musik in Zeiten von Samples und Dancefloor zu spielen, die Kopf und Herz gleichermaßen trifft. In Magdeburg selbst sind SCYCS inzwischen wahre Helden. »Kürzlich haben uns die Leser der größten Tageszeitung zu den Vize-Magdeburgern des Jahres 1998 gewählt«, freut sich Stephan. »Nur zwei Jungs, die ein Portemonnaie wiedergefunden hatten, haben uns geschlagen.« Dabei sind SCYCS nicht nur Imageträger für die Landeshauptstadt Sachsen-Anhalts, sondern vor allem Hoffnungsschimmer für unzählige Musiker in der ganzen Region. Die Provinzrocker haben endlich den nötigen Motivationsschub bekommen, sie beackern die wenigen Live-Möglichkeiten, die einst auch für SCYCS das Nonplusultra waren. Nichts ist mehr unmöglich: die nächsten GUANO APES kommen aus Schönebeck und die besseren R.E.M. wohnen in Wernigerode, vielleicht sprechen wir auch in Kürze von der Magdeburger Schule... Für SCYCS selbst findet das Märchen am 19. April seinen vorläufigen Höhepunkt, denn dann wird der erste Longplayer in die Läden gestellt. Die Realität beginnt.

(Feature vom März 1999)

SHORT CUTS

Und wann habt Ihr es geschafft? Ganz einfach, wenn Ihr in Büchern zitiert werdet. Im folgenden einige Statements von Musikern über das Musikgeschäft.

Stoppok

STOPPOK über das Business:
»Saure Drops und Schokoroll« erschien 1982, 1987 kam dann »Nie genug«. Das waren meine beiden ersten Versuche, mit der Musikindustrie klarzukommen und jedes Mal hatte ich danach nachhaltig die Schnauze voll. Es hat lange gedauert, bis ich mich der ganzen Maschinerie stellen konnte. Wenn du Anfang 20 bist und so ein Künstlereinkäufer dir erzählt, er würde wahnsinnig auf deine Musik abfahren und dich unterstützen, dann glaubst du ihm das einfach. In Wahrheit wollen diese Leute natürlich was ganz anderes – du begreifst erst allmählich, daß in diesem Geschäft fast alle mit gespaltener Zunge reden. Mittlerweile bin ich da ruhiger, mir meiner eigenen Möglichkeiten ziemlich sicher. Und wenn mir irgendein Chefetagen-Penner was erzählen will, schalt ich ab.

DONIS von THINK ABOUT MUTATION über den Chef seiner Plattenfirma MOTOR:
Der Labelchef von Motor ist genauso alt wie ich. Ich konnte mich zum allerersten Mal mit einem Labelchef normal über musikalische Intentionen unterhalten. Und er versteht sogar, was wir wollen. Ohne, daß wir ihm das lange einreden müssen. Für uns war das eine völlig neue Erfahrung.

Think About Mutation

FLUX von OOMPH über A&R-Politik:
Es ist erschreckend, feststellen zu müssen, daß es heute unter den Major-A&Rs sehr wenige Trendsetter gibt. Man hätte schon eine lange Zeit vorher aus diesem Genre mehr machen können, weil es sehr viele Bands gibt. Aus diesem Grund war für uns klar, daß wir eigentlich nur zur Virgin gehen würden, weil diese Firma uns schon 1995 unter Vertrag nehmen wollte, wir aber nicht aus unserem bestehenden gekommen sind. Viele A&Rs haben damals von uns verlangt, einfachere Songs zu produzieren. Sprich: Weniger Bassdrums, damit das Marketing besser funktionieren kann... Wir lehnten dies aber aus künstlerischen Aspekten strikt ab.

YESSICA von den YETI GIRLS über neue Maßstäbe:
Ich habe Thorsten von FURY IN THE SLAUGHTERHOUSE getroffen. Er meinte, daß Fury gerade vom Videodreh aus Kanada zurück ist. Vor einem Jahr hätte ich gedacht: super, nach Kanada. Unsere Plattenfirma Wea meinte, daß wir da auch drehen können. Weil es da billiger ist.

FRANK Z. von ABWÄRTS über die häufigen Label-Wechsel:
Teilweise war es so, daß die Verkaufserwartungen nicht erfüllt wurden. Aber es ist ja auch absurd. Da wird irgendwie unendlich Kohle in den Kram

Dead Poets

geschustert. Bei uns gings ja noch, ich kenne da ganz andere Beispiele, ja und wenn das nicht sofort funktioniert, bist du weg vom Fenster. Die letzten beiden ABWÄRTS-Platten kamen bei der EMI. Ein dreiviertel Jahr, nachdem wir da unterschrieben hatten, war von den Leuten, mit denen wir eigentlich zu tun hatten, keiner mehr da. Die haben da eine Rotation, wir hatten dann gar keine Ansprechpartner mehr... Ich hatte schließlich gar keine Lust mehr, bei der EMI was zu machen...

PACO von den DEAD POETS über das Zustandekommen des Deals mit der BMG ARIOLA München:
Wir haben jahrelang überall Konzerte gespielt und im Laufe der Zeit sind einige Kontakte entstanden. Ausschlaggebend waren zwei Dinge. Zum einen, daß wir unseren jetzigen Manager kennengelernt haben, der unser Tape gehört hatte und begeistert war. Zum anderen gewannen wir den Newcomer-Preis von SWF3. Da bewerben sich immer so fünfhundert bis tausend Bands mit ihren Songs. Als wir damals den Jahressieg hatten, kam auch die business-technische Seite ins Rollen.

Megaherz

ALEXX W: von MEGAHERZ über die Zusammenarbeit mit der Plattenfirma ZYX:
Wenn einer die drei Buchstaben gesehen hatte, dann kamen häufig immer die gleichen Fragen: »Ja, was macht Ihr denn da? Was soll das bitte? Was habt Ihr zwischen Whigfield, Rednex und Caught in the Act zu suchen?« Es war schon ein bißchen seltsam, daß wir uns mit diesen Vorurteilen immer wieder auseinander setzen mußten. Klar ist, daß eine Plattenfirma, die von Dancepop-Selbstläufern verwöhnt wird, nicht unbedingt auf große Medienarbeit im Rockbereich setzt. Der Endverbraucher wußte fast nie, daß es eine Band gibt, die Megaherz heißt. Aus all diesen Erfahrungen hatten wir öfter große Frustmomente. Von Januar bis Juni wußte keiner, ob es überhaupt weitergehen sollte. Es ging hin und her. ZYX hielt aber dennoch an uns fest und steht total hinter uns. Jetzt werden die Fehler, die bei der ersten Produktion aufgetreten waren, schon im Keim erstickt und vermieden. Heute fangen wir nicht erst an, 18 Wochen nach der CD-Veröffentlichung Interviews zu geben.

Rainbirds

ALMUT KLOTZ von den LASSIE SINGERS über merkwürdige Marketing-Ideen und Mißverständnisse beim Booking:
Die Plattenfirma hatte eine Kampagne gestartet, die es – glauben wir – vorher und hinterher niemals mehr gab: Auf den Fenstern der U-Bahn-Wagen waren wir mit unserem erschreckend 50er Jahre-bunten-Cover geklebt. Es war jedesmal ein Heidenschreck, wenn die U-Bahn einfuhr und man nichtsahnend einsteigen wollte und den eigenen Bandnamen da prangen sah. Alle sprachen uns darauf an, mit leichtem Spott oder indiehafter Verachtung. Unser Image war jetzt komisch. Es lag aber auch an uns, warum mußten wir diese komischen Cheerleader-Anzüge tragen, die später durch eigens für uns für Tausende von Mark geschneiderten Lassie-Anzüge, die wie Pyjamas aussahen, ersetzt wurden? Unsere erste Tour war auch ganz anders, als wir gedacht hatten. Erstens kamen nicht viele Zuschauer, und zweitens hatte unser Booker uns in merkwürdige Live-Art-Kleinkunst-Bistros gebucht, wo Flügel auf der Bühne standen und die Menschen auf Stühlchen an Tischchen saßen.

KATHARINA FRANCK von den RAINBIRDS über das Radio:
Das Radio ist uns einfach insofern wichtig, weil es immer noch das Medium ist, mit dem man schnell und einfach vielen Leuten unsere Musik zugänglich machen oder auch darüber informieren kann, daß wir gerade auf Tour sind. Wir setzen uns aber nicht hin und denken uns, okay, jetzt machen wir zwei Songs fürs Radio und den Rest machen wir für uns.

WOLFSHEIM auf die Frage, warum sie trotz Erfolg nicht bei einer Majorcompany sind:
Markus Reinhard: Wenn wir es schaffen, aus dem Independentbereich heraus Leute anzusprechen, die mit Independent überhaupt nichts am Hut haben, wäre uns das am liebsten. Denn wenn du es mit einem kleineren Aufwand schaffst, hast du auch das Gefühl, es geht den Leuten um die Musik und nicht um Werbung oder Bestechung.
Peter Heppner: Unser Label »Strange Ways« ist ein bißchen Familie. Und die läßt man auch nicht einfach sitzen, um sich von einer reicheren Familie adoptieren zu lassen. Da kann man sich auch sicher sein, daß man nicht wie eine heiße Kartoffel fallen gelassen wird, wenn's mal schwieriger wird.
Markus Reinhardt: Wir haben ja auch so schon ganz beachtliche Verkäufe erreicht. Wenn Majors uns fragen, sagen sie oft: ›Mit uns könnt ihr aber so und so viele Verkäufe erreichen.‹ Dann sagen wir meist: ›Das haben wir schon ohne eure Werbe-Etats erreicht, nur weil die Leute das gut fanden.‹ Meistens wissen sie dann gar nicht mehr, was sie uns bieten können.

Mr. Ed Jumps The Gun

SEBASTIAN KRUMBIEGEL von den PRINZEN über seine Solo-Platte »KAMMA MACHE NIX«:
Die Sache funktioniert heute wirklich so, daß die Leute deine Platte gar nicht registrieren, wenn du keinen Radio-Hit hast. Bei unserer Plattenfirma BMG haben sie mir gesagt, daß sie mich zwar machen lassen, aber wenig Erfolgschancen sehen. Wir haben von dieser Seite nicht viel zu erwarten.

ERIC von SUBWAY TO SALLY über die ständige Unzufriedenheit mit Labels, Managern usw.:
Wir gehen selbst mit hohem Engagement an unsere Sache – und verlangen von Leuten, die mit uns am selben Strick ziehen, gleiches. Natürlich sind wir oft ziemlich ungeduldig und eigentlich nie mit unseren Betreuern, Managern, Presseleuten etc. wirklich zufrieden.

OLLY von MR. ED JUMPS THE GUN über das Musik-Business:
Als wir mit Ende 20 angefangen haben, waren wir schon nicht mehr die jüngsten Mucker. Du siehst jetzt alles ein bißchen cooler. Wenn du deine Fratze heute im Fernsehen siehst, freust du dich wie ein Blöder. In diesem Moment glauben deine Eltern für einen kurzen Augenblick wieder an dich. Du bist aber dadurch nichts besonderes. Viele Bands, die den schnellen Erfolg haben, streiten sehr rasch um GEMA-Gebühren und solch einen Scheiß. Was sind daran schon Bands kaputt gegangen... An uns ging dies alles vorbei. Du weißt nach all den Jahren, wie jeder Einzelne funktioniert. Wir sind, obwohl es so schnell mit dem Erfolg passierte, keine geklonte Gruppe. Wir sind über alle möglichen Dörfer getingelt.

LARS RUDEL von den BLIND PASSENGERS über den Labelwechsel von SPV zu SONY:
Wir haben nicht das Album wegen des Vertrages so gemacht, sondern den Vertrag so bekommen wegen des Albums. Wir fanden, daß »Bastard« so gut geworden war, daß die Power einer vergleichsweise kleinen Company wie SPV nicht ausgereicht hätte, um rauszuholen, was drin steckt. Es gab mehrere Angebote, die wir genau geprüft haben, bevor wir bei »epic« unterschrieben. Die SPV hat uns in diesem Schritt übrigens bestärkt. Schließlich haben sie auch die Rechte an unserem Backkatalog...

VI. DAS ENDE VOM LIED

Besser hätte die Überschrift für den letzten Abschnitt gar nicht lauten können, da sie so wunderbar zweideutig ist: Zum einen steht sie eben tatsächlich für den letzten Teil dieses Buches, zum anderen ist sie Slogan einer neuen Kampagne, die von Plattenfirmen, Musikverlagen, Verwertungsgesellschaften, Autoren, Künstlern und Produzenten pünktlich zur 99er POPkomm initiiert wurde. Denn schwang in den bisherigen Buchabschnitten immer ein Hauch von Optimismus mit, ist die mächtige Musikindustrie am Heulen: laut einer Prognose sollen im Jahr 1999 rund 60 Millionen kopierte Tonträger im Umlauf sein. Und ca. 10 Millionen davon werden schwarzgebrannt und illegal verkauft. Allein dadurch verliert die Musikindustrie 1999 ein Umsatzvolumen von DM 220 Millionen. Das entspricht in etwa dem Umsatz einer großen Record-Company.
Doch der Reihe nach!

DER ANFANG VOM ENDE

In der Musikbranche wurde schon öfter gejammert. Beispielsweise bei Einführung der Tonbänder, damals hatte die GEMA die grandiose Idee, Namen und Adressen sämtlicher Käufer zu speichern, um möglichen Mißbrauch schneller auf die Schliche zu kommen. Das läßt uns heute natürlich genauso schmunzeln wie über die Kampagne »Hometaping is killing music«, die in etwa zwanzig Jahre zurückliegt. Das Bewußtsein der Konsumenten hat sich dadurch nicht geändert und zieht sich wie ein roter Faden in jetzige Zeiten: während es jedem logisch erscheint, daß es sich um Diebstahl handelt, wenn man sich in einem Supermarkt einen Schokoriegel in den Rachen schiebt, ist das Überspielen von Musik eher eine coole Angelegenheit. Wer von uns hat das nicht schon mal gemacht? Einem lieben Kumpel gesagt, daß er sich die neue Grönemeyer oder 'ne alte AC/DC nicht extra kaufen müsse, weil man sie ihm ja problemlos überspielen kann. Der »richtige« Sammler wollte natürlich diesen Sound nicht nur auf einem kleinen ollen Tape, sondern schon auf einem Silberling, weshalb er sich dann doch früher oder später die »Compact Disc« zulegte. Dabei hatte der Sammler anfangs diesen neumodischen Silberling gar nicht bzw. nur bedingt gewollt, schließlich wurde den silbernen Scheibchen ein »kalter« Klang nachgesagt, außerdem konnten die kleinen Booklets wohl kaum die Faszination eines LP-Covers ersetzen. Wer dennoch als sogenannter Endverbraucher für Fortschritt war, spürte es zumindest in der Brieftasche: denn während der Preis für eine LP bei ca. 20,- DM lag, gab es die CD fortan für etwa 30,- DM (und meist noch darüber). Im übrigen oftmals für die gleiche musikalische Leistung (PS: natürlich gibt es viele CDs, die die Gesamtdauer von fast 80 Minuten ausschöpfen, allerdings gibt es auch viele CDs, von denen man wünschte, es wäre nicht so). Die Hilferufe vieler Plattenfans »Save The Vinyl« wurden dabei mal abgesehen von in Nischen arbeitenden Labels schlichtweg ignoriert, die Musikindustrie rieb sich die Hände: nicht nur, daß ein Album im Einkauf soviel kostete wie vorher im Verkauf (bei fast gleichen Herstellungskosten), sondern zahlreiche Freaks haben auch ihre LP-Sammlung durch eine CD-Sammlung ersetzt und sich oftmals Silberlinge gekauft, die sie ja eigentlich als Vinyl schon zu Hause zu stehen hatten. Um diesen Vorgang zu beschleunigen, wurde die Musikindustrie richtig innovativ: so fanden sich auf den CDs Bonustracks, die auf der »normalen« LP eben nicht waren, und wie Fans nun mal sind, wollten sie soviel Songmaterial ihrer Stars wie nur möglich. Obendrein gab/gibt es immer mehr Alben, die nur noch als Compact Disc erschienen. Der Siegeszug des Silberlings war unaufhaltsam.

Und die Branche geriet scheinbar in Höhenflüge: zum Beispiel wurde der Minidisc ähnlicher Erfolg wie der CD prognostiziert (natürlich nur kurzzeitig) und den wirklichen Vogel schoß man erst ab, als sich Plattenfirmenbosse in den Medien hinstellten und meinten, ihre Tonträger wären

TIM RENNER: Angefangen im Jahre 1986 als Junior Produktmanager bei der POLYDOR, um – wie er sagt – »die Branche zu entlarven«, übernahm er 1989 die Leitung der Polydor Progressive-Abteilung, 1994 wurde er Geschäftsführer von Motor Music.
Im Dezember 1998 wurde Renner President der Universal Music Group. Außerdem gehört er zu den Initiatoren von »Copy Kills Music«.

Kulturgut (sorry: wenn Blümchen Kulturgut ist, dann ist das hier die Bibel!) und sollten in den Läden schlappe 50 Märker kosten, schließlich kostet ja ein gutes Buch auch so viel... Die Diskussion war noch gar nicht abgeschlossen, da bot sich im Handel ein ganz anderes Bild: das Einzelhandelsterben begann (im übrigen von der Musikindustrie mitverschuldet) und die großen Elektromärkte, die auch CDs anbieten, schossen wie Pilze aus dem Boden und agieren flächendeckend. Auch da freute sich die Industrie (sicherlich darf man nicht für alle sprechen), denn wenn die Außendienstler der Plattenfirmen in einem kleinen Shop mal zehn CDs und in einem weiteren vielleicht zwanzig reinstellen konnten, konnten sie jetzt bei so einem »Fach«markt mit einem Schlag hundert loswerden (bei vielen anderen Themen auch wesentlich mehr)... Es ist natürlich nicht zu verurteilen, daß die Musikindustrie daran interessiert ist, große Mengen zu verkaufen, nur die Vorgehensweise im Unterscheiden großer und kleiner Läden läßt bitter aufstoßen: wird in einem großen Markt von der Industrie sogar Geld für diverse Regale und Hörstationen ausgegeben (Werbekostenzuschuß – das Thema hatten wir ja schon), müssen die kleinen überlegen, wie sie die Mindestbestellzahl zusammen kriegen. Die Situation ist so schizophren, daß es in den großen Märkten die CDs oftmals günstiger gibt, als sie der kleine Händler jemals von der Industrie bekommen würde. Der Kunde, der nichtswissende, weiß nicht, daß der große Elektrofachmarkt die neue Michael Jackson für 18,99 bekommen hat, während der kleine für diesen Silberling 21,99 (im übrigen ist selbst das ein guter Preis) berappen muß, also meidet der Kunde den Einzelhändler, weil er bei diesem Raffgier vermutet, zumal er außerdem aus den Medien weiß, daß die CD in der Herstellung maximal DM 2,– kostet.... Das Ende der Geschichte wäre gewesen, daß es irgendwann nur noch die großen Ketten gegeben hätte, die dann gegenüber der Musikindustrie ihre Forderungen (Beispiel: »Die Michael Jackson-CD wollen wir jetzt für 14 Mark im Einkauf!«) durchgedrückt hätten. Dank Internet wird der Kuchen, der aufgeteilt wird, neu gebacken, das verhindert zwar nicht das weitere Sterben der Einzelhändlerläden, wohl aber, daß wir künftig nicht nur in Märkten shoppen müssen, wo der Kunde »nicht blöd« ist bzw. nur »die Guten« arbeiten. Ein Berliner Einzelhändler hatte mal auf diese Werbekampagnen der großen Ketten sympathisch und vor allem treffend reagiert: »Wir sind die Blöden!« Und noch ein Querverweis: diese »Fach«märkte, diese lieben Partner der Musikindustrie, sind auch die, die jetzt CD-Brenner und CD-Rohlinge im Sonderangebot anbieten!!! Daß heute immer mehr CDs gebrannt statt gekauft werden, ist praktisch die Retourkutsche: die Musikindustrie wollte unbedingt die CD, jetzt hat sie sie... Und neuerdings mit all ihren Möglichkeiten!

SOVIEL SPASS FÜR WENIG GELD

»Soviel Spaß für wenig Geld« nennen DIE PRINZEN ihre 99er Platte und haben, der Situation entsprechend, einen ziemlich aktuellen Titel gewählt. Die moderne Freizeitkultur macht es nämlich möglich, Spaß und Sparen (illegalerweise) zu verbinden. Zwar behauptete einmal Nick Cave in einem Interview, daß »vor einem Computer sitzen und rumzuklicken das langweiligste der Welt ist«, doch in der Praxis sieht es anders aus. Deshalb bleibt der Musikindustrie das Lachen auch im Halse stecken. So weckt das Internet in der Musikindustrie eben nicht nur positive Kreativität, sondern vor allem Existenzängste. Und die bestehen wegen MP3, einem Computerformat zum Musik-Download ohne Kopierschutz. MP3 ist praktisch ein Dateiformat, in dem audio-files auf einem Computer abgelegt werden. Dabei lassen sich digital gespeicherte Daten auf ein Zwölftel der Originalmenge komprimieren, wodurch ein relativ schnelles Herunterladen eines Songs in CD-Qualität aus dem Web möglich wird. Selbst die benötigte MP3-Software kann man sich direkt aus dem Netz auf die Festplatte laden, entweder die jeweils neueste für vielleicht 50 Mark, oder aber eine Version »darunter« als Freeware. Das Problem dabei: rund 90.000 illegale Tracks lagern im Netz, weltweit 75 Millionen verkaufte CD-Rohlinge im Jahre 98 lassen das Dilemma erahnen und die damit verbundenen Ängste verständlich erscheinen. Da dieses Buch ja mehr zeigen soll, was alles gehen kann, und nicht, was alles nicht funktioniert, sei der Hinweis erlaubt, daß es zwar absolut Mist ist, wenn man Deine Platten kostenlos aus dem Netz beziehen kann und Du nicht einen Pfennig für Deine genialen Hooklines siehst, aber daß MP3 durchaus nützlich für Dich sein kann. Zumindest in Deinem jetzigen Stadium als Musiker. Denn Du bist nicht nur mehr dem schlechten Geschmack der A&R's ausgeliefert und Deine eigene CD läßt sich neuerdings auch ohne Listung und Goodwill eines »Fach«marktes verkaufen, nämlich im Internet. Und Dank MP 3 kannst Du Dich der ganzen Welt mit Hörproben vorstellen. Vielleicht wird jetzt ein kleines Indie-Label in Haiti auf Euch aufmerksam. Antworten jetzt noch junge Bands, daß sie in einem Konzert entdeckt worden sind oder der A&R in einer Zeitschrift darüber gelesen hatte, werden nicht wenige Bands schon in Kürze sagen: »Durch MP3 hat uns der A&R im Internet entdeckt!« Aber verlagert Eure Aktivitäten nicht nur auf die Internetgeschichten, es mag zwar vorkommen, daß der eine oder andere A&R tatsächlich mal eine vielversprechende Band im Netz entdeckt, aber es ist wohl kaum anzunehmen, daß jemand, der in der Woche 100 Tapes auf den Tisch bekommt und nicht mal die komplett hört, auch noch im Internet rumsurft, um sich weitere 100 Bands anzutun.

Um nochmal auf die für die Musikindustrie bestehende Gefahr durch MP3 zurückzukommen: sie besteht z.Z. nicht wirklich bzw. hält sich der »Schaden« noch in Grenzen, 1998 wurden 20 Millionen Mark Verlust durch den Internet-Raub offiziell geschätzt, bei 4,9 Milliarden Mark Umsatz eher ein Trinkgeld. Und schließlich gab es auch ohne MP 3 schon immer Raubkopien. Selbst Schallplatten wurden vom Vinyl bis zum Cover gefälscht und vertrieben, 1986 beispielsweise sollen diese Fälschungen 5% vom Gesamtumsatz der Phonobranche ausgemacht haben, in Asien waren es gar 25%. Und der CD erging es nicht anders. Der MP 3-Trend zeigt allerdings steil nach oben (der 98er Verlust hatte sich im Vergleich zum Vorjahr verdoppelt), weshalb die Musikwirtschaft nicht tatenlos zusehen kann und will. Allein in Deutschland wurden in den letzten Monaten ca. 100 illegale Internet-Seiten geschlossen. Eine eigens dafür gebildete Fahndungstruppe sucht in Zusammenarbeit mit ähnlichen Organisationen in 70 Ländern nach den illegalen Sounddateien. Hinzu kommt noch, daß der Umgang mit MP 3 vielen nicht geläufig ist, das Herunterladen eines Albums eine Weile dauert (was ja wiederum Telefon- und Providergebühren kostet) usw. Dennoch kein Aufatmen für die Musikindustrie, denn das Überspielen auf einen CD-Rohling ist ein Kinderspiel!

COPY KILLS MUSIC

19,5 Millionen kopierte Musik-CDs sind im ersten Halbjahr 1999 entstanden, wie erwähnt vermutet man am Ende des Jahres 60 Millionen kopierte Musik-CDs. Für das erste Halbjahr 1999 ist ein Umsatzrückgang von 10% zu verzeichnen. Das verschlägt einem dann natürlich schon den Atem, weshalb einige Macher im August 99 die Gemeinschaftsinitiative »Copy Kills Music« gründeten (auch wenn dieser Rückgang nicht nur aufs Kopieren zurückzuführen ist: Arbeitslosigkeit, Existenzängste usw. tragen ebenso dazu bei). Mit Anzeigen in den Printmedien und Spots in Radio und

SABRINA SETLUR & THOMAS HOFMANN: Thomas Hofmann gründete 1993 mit Moses Pelham das Rödelheim Hartreim Projekt, später das Label 3p, bei dem er Geschäftsführer und Labelmanager ist.
Zu den erfolgreichsten Künstlern bei 3p zählt Sabrina Setlur.
Beide betonten auf der Pressekonferenz zu »Copy Kills Music«,
wie wichtig jede verkaufte CD ist, denn nur so lassen sich noch
unbekannte Acts aufbauen. Hofmann erhielt für die Kampagne zum Sabrina Setlur-Album »Die neue S-Klasse« den Marketing-ECHO 99.

TV möchte man bei den Endverbrauchern, speziell bei den Kids auf den Schulhöfen, für ein neues Musikbewußtsein werben. »Das Ende vom Lied« heißt es da, und: »10.000 Raubkopien vernichten eine Newcomerband!«. Das klingt tragisch und ist es auch. Und es ist der Musikindustrie aufs Wort zu glauben, daß sie, wenn sie schon mal sparen muß, bei jungen innovativen Bands spart und nicht an Blümchen-Nachfolgern und Bravo-Hits-Compilations. Auf einer Pressekonferenz zur Kölner POPKOMM 99 wurde die Initiative erstmals vorgestellt, ein paar Vertreter aus der Branche wie Peter Zombik von der Phonographischen Wirtschaft, Thorsten Weßel vom Verband Unabhängiger Tonträgerunternehmen oder Tim Renner von der Universal Music Group klagten ihr Leid und Schützenhilfe gab es von Prominenten wie Smudo von den FANTASTISCHEN VIER, Sebastian Krumbiegel von den PRINZEN oder SABRINA SETLUR. Das Aktionen nötig sind, die auf diesen Mißstand, nämlich den Diebstahl geistigen Eigentums, hinweisen, möchte ich gar nicht bezweifeln, nur ob solche Initiativen Wirkung zeigen, kann ich kaum glauben. Zum Beispiel könnte ich wetten, daß die Anzeigen »Das Ende vom Lied« genau in den Magazinen erscheinen, wo ein Heft oder gar nur einige Seiten später CD-Brenner beworben werden...

Die Initiatoren planen gar, Stars auf die Schulhöfe zu schicken! Das sieht dann ungefähr so aus: der Star wird zur Schule vorgefahren, begleitet von der Presse, und erzählt den Kids, daß er und seine Plattenfirma bald kein

Geld mehr hat. Das verstehen die Kids vielleicht sogar, doch der Zehner Taschengeld in der Woche wird auch nach Wiederabfahren des Stars trotzdem nicht mehr und die CD-Singles kosten dann immer noch um die 12 Mark... Vielleicht sollten solche Kampagnen viel früher einsetzen: wenn irgendwo ein Liveclub oder gar eine Musikschule schließt, weil unterm Strich 10.000,– am Jahresbudget fehlen, gibt es keine Initiativen, jedenfalls keine bedeutenden, weil auch so etwas Geld kostet. Deshalb: bevor Ihr jetzt mit jammern wollt, denkt an Eure Chancen auch durch CD-Kopieren. Bands, die keine Kohle haben, können ihre Musik dennoch auf einem Silberling unterbringen, weil sie statt tausend nur hundert oder statt hundert erstmal nur zehn brennen lassen. 700.000 CD-Brenner wurden bis Ende 98 für den privaten Gebrauch im deutschen Markt verkauft, in zwei Jahren sollen es schon 3,4 Millionen sein. Der Gedanke ist schon beängstigend, doch statt solcher Kampagnen, die letztlich Euch, den Musikern, eher Angst machen (Motto: »Die Musikindustrie wollte mich sowieso nie richtig, seitdem gebrannt wird, erst recht nicht mehr!«), sollten von der Musikindustrie rechtliche und technische Lösungen gesucht werden. Zum Beispiel hohe Lizenzabgaben für Vervielfältigungsgeräte erkämpfen oder aber an der Verschlüsselung der Tonträger arbeiten.

In diesem Sinne: es ist schwer, im Musikbiz Fuß zu fassen. Aber Ihr wißt es selbst: es war noch nie einfach. Und vielleicht bringen die technischen Neuerungen ja auch Chancen mit sich. Bleibt also dran!

SMUDO & SEBASTIAN KRUMBIEGEL: Smudo von den **FANTASTISCHEN VIER** und Sebastian Krumbiegel von den **PRINZEN** unterstützen ebenfalls die Kampagne »Copy Kills Music«.

LEXIKON IMPRINT VERLAG

Das große Lexikon über Stephen King
Das Kompendium des King of Horror – die Romane und Filme, Orte und Figuren.

Von Marcel Feige
Lexikon Imprint Verlag

Lexikon der Filmkomiker
Ihr Leben, ihre Rollen, ihre Filme – über 300 Filmkomiker: Rowan Atkinson, Zasu Pitts, Buster Keaton, Charlie Chaplin, Jim Carrey, Leslie Nielsen, Laurel & Hardy und viele mehr.

Von Rainer Dick
Lexikon Imprint Verlag

Drogen-Lexikon
Drogen, Rausch & Recht – Das ABC der psychoaktiven Substanzen

Von Bernhard van Treeck
Lexikon Imprint Verlag

Lexikon der Country Music
Ein Jahrhundert Country Music: Die Künstler und ihre Platten, die Stilrichtungen und Geschichte der Country Music

Von Werner W. Frick
Lexikon Imprint Verlag

Das Lexikon rund ums Blut
Der rote Lebenssaft in Mystik und Mythologie, Magie und Medizin, Religion und Volksglaube, Legende und Literatur

Von Friedhelm Schneidewind
Lexikon Imprint Verlag

Horror-Lexikon
Von Addams Family bis Zombieworld: Die Motive des Schreckens in Film und Literatur

Von Christian v. Aster
Lexikon Imprint Verlag

Chanson-Lexikon
Zwischen Kunst, Revolution und Show – Die Lieder und Interpreten der tausend Gefühle

Von Siegfried P. Rupprecht
Lexikon Imprint Verlag

Graffiti-Lexikon
Vollständig überarbeitete und umfassend aktualisierte Neuausgabe.

Von Bernhard van Treeck
Lexikon Imprint Verlag

Hippie-Lexikon
Psychedelic, Peace & freie Liebe – Das ABC der Flower-Power-Ära

Von Michael G. Symolka
Lexikon Imprint Verlag

JEDER BAND 352 SEITEN, MIT ABBILDUNGEN, DM 29.80. ÜBERALL IM BUCHHANDEL!

JEDEM SEIN LEXIKON!

HipHop-Lexikon

Rap, Breakdance, Writing & Co:
Das Kompendium der HipHop-Szene.

Von Sebastian Krekow, Jens Steiner & Mathias Taupitz

Lexikon Imprint Verlag

Das Lexikon der Blondinen

Mehr als Traumfrau und Sexbombe,
Engel und Vamp, Fee und Witzfigur

Von Siegfried P. Rupprecht

Lexikon Imprint Verlag

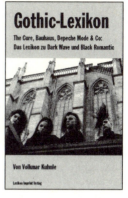

Gothic-Lexikon

The Cure, Bauhaus, Depeche Mode & Co:
Das Lexikon zu Dark Wave und Black Romantic

Von Volkmar Kuhnle

Lexikon Imprint Verlag

Beat-Lexikon

Vom Mersey-Beat bis zum Bubblegum –
Die Sound-Invasion der Sixties

Von Manfred Langner

Lexikon Imprint Verlag

Lexikon der Rockgitarristen

Von Ritchie Blackmore bis Frank Zappa.

Von Michael Rudolf & Frank Schäfer

Lexikon Imprint Verlag

Alien-Lexikon

E.T., die Gremlins, Alf, Spock & Co.
Das große Buch der Außerirdischen

Von Marcel Feige

Lexikon Imprint Verlag

Das Lexikon der Kultfilme

Klassiker, Kuriositäten, Katastrophen:
Kino-Phänomene mit ewiger Faszination

Von Radi Steiner und F.-B. Habel

Lexikon Imprint Verlag

Reggae-Lexikon

Rastas, Riddims, Roots & Reggae:
Vom Ska zum Dancehall – Die Musik, die aus Jamaika kam

Von Rainer Bratfisch

Lexikon Imprint Verlag

Techno-Lexikon

Alles über House, Trance, Dancefloor, Breakbeat,
Gabber, Ambient, Drum & Bass und Triphop.

Herausgegeben vom Raveline-Magazin

Lexikon Imprint Verlag

WWW.LEXIKON-IMPRINT.DE   WWW.SCHWARZKOPF-SCHWARZKOPF.DE

INHALT

EINLEITUNG   5

I. DIE OCHSENTOUREN ODER DAS LEBEN VOR DER ERSTEN PLATTE   6
Der Bandname • Vom Beschaffen der richtigen Adressen • Adressen von Stadtmagazinen • Das Infopäckchen für Veranstalter • Der Aufhänger • Corporate Identity • Das Porto • Das Info • Das Foto • Nachgefragt bei Markus Wustmann, Fotograf • Das Plakat • Das Demo • Der Kontakt zum Veranstalter • Der Konzertvertrag • Erläuterungen zum Gastspielvertrag • Das Management • Der Manager-Vertrag • Nachgefragt bei Thomas Ritter, Manager • Die Bookingagentur • Wie wird man für eine Bookingagentur interessant? • Bandwettbewerbe – Chance oder Witz? • Vereinsmeierei? • Hilfe für Bands im Internet •

II. DAS DEBÜTALBUM ALS EIGENPRODUKTION   130
Nachgefragt bei Noiseworks Records • Nachgefragt bei Sowieso Musikproduktion • Nachgefragt bei Elbtonal • Nachgefragt bei Big Noise • Die Aufnahmen • Die CD-Pressung • CD-Presswerke • Das Cover • Der Labelcode • Der EAN-Code • Die ISRC-Nummer • GEMA-Gebühren • Der CD-Eigenvertrieb • Argumente für den Handel • Handelt der Handel? • Wie kommt man als Band in die Printmedien? • Nachgefragt bei Michael Weilacher, Chefredakteur ME/Sounds • Relevante Musikmagazine • Promotion für die eigene CD • Nachgefragt bei den Promotern Ina Reeg (Vielklang), Merle Lotz (ML PR & Medienservice) und Guido Altmann (Alex Merck Music) • Wie kommt meine Band auf MTV? • Nachgefragt bei Johannes Mertmann, MTV-Head Of Talent & Artist Relations • Promotion-Agenturen •

III. »DAS ZIEL« – DER PLATTENVERTRAG   209
Die Typen der Plattenfirmen • Welche ist die richtige Plattenfirma? • Der A&R – Manager • Nachgefragt bei Jürgen Oxenknecht, Freelance A&R bei der EMI • Nachgefragt bei Frank Maaß, Geschäftsführer von TURBO BEAT • Die Bewerbung bei den Plattenfirmen • Die Adressen der Plattenfirmen • Brauche ich einen Musikverlag? • Der Plattenvertrag • Die Vertragsarten • Der Bandübernahme- oder Lizenzvertrag • Mustervertrag Bandübernahme • Der Künstlervertrag • Der Produzentenvertrag • Weitere Deal-Varianten • Was im Plattenvertrag noch stehen sollte • Der Produktmanager • Die anderen Helfer • Nie mehr Schummelcharts?!

IV. DIE INSTITUTIONEN   251
Die GEMA • Die GEMA-Mitgliedschaft • Die Mitgliedsarten der GEMA • Die Anmeldung Eurer Songs • Kohle von der GEMA • Die GVL • Wann gibt es Geld von der GVL? • Die Künstlersozialkasse (KSK) • Was muß ich der KSK zahlen? • Die Versicherungen • Das Finanzamt

V. MEINUNGEN & ANSICHTEN   266
Bell Book & Candle • Das Label K & P Music • Lecker Sachen • Glow • Manfred Gillig (Chefredakteur Musikwoche) • Das Label Amiga • Scycs • Shortcuts • Yeti Girls, Stoppok, Think About Mutation, Oomph, Frank Z. (Abwärts), Dead Poets, Megaherz, Lassie Singers, Rainbirds, Wolfsheim, Sebastian Krumbiegel (Die Prinzen), Subway To Sally, Mr. Ed Jumps The Gun und Blind Passengers.

VI. DAS ENDE VOM LIED   310
Der Anfang vom Ende • Soviel Spaß für wenig Geld • Copy Kills Music